우리말의 신비
'ㄹ'
고침판

우리말의 신비 '**ㄹ**' 고침판

초  판 1쇄 발행  2005. 4. 25.
고침판 1쇄 인쇄  2008. 7.  7.
고침판 1쇄 발행  2008. 7. 10.

지은이    정재도
펴낸이    김경희
펴낸곳    (주)지식산업사
주  소    본사: 경기도 파주시 교하읍 문발리 520-12
          서울사무소: 서울시 종로구 통의동 35-18
전  화    본사: (031)955-4226~7, 서울사무소: (02)734-1978
팩  스    본사: (031)955-4228, 서울사무소:(02)720-7900
인터넷    한글문패  지식산업사
          영문문패  www.jisik.co.kr
전자우편  jsp@jisik.co.kr

등록번호  1-363
등록날짜  1969. 5. 8

ⓒ 정재도, 2005
ISBN  978-89-423-4048-4  03710

**책값은 뒤표지에 있습니다.**

이 책을 읽고 지은이에게 도움말을 주거나 묻고자 하는 이는 지식산업사 전자우편으로 연락 바랍니다.

# 우리말의 신비 '르'

고침판

정재도 지음

지식산업사

# 고침판을 내면서

한글이 뛰어난 것은 알면서 우리말이 뛰어난 것은 모른다. 우리말이 뛰어나지 않고서야 어찌 뛰어난 한글이 있게 되겠는가. 뛰어난 말을 적으려면 뛰어난 글이 있어야 한다. 한글이 뛰어난 만큼 우리말이 뛰어난 것을 밝히는 것이 이 책의 보람이다.

사실 단군 역사도 신화로만 몰아붙이는 황국사관의 끗발 때문에 혹시나 신비한 '르'까지 개갤까 보아, 이 책 첫판에 우리 한나라와 그 시조 한인을 내세우지 못했다.

그랬던 것을, 2005년 9월 초에 경상남도 김해 박물관이 창녕군 부곡면 비봉리에서 약 8,000년 전의 통나무배를 찾아 낸 것에 힘입어 이번 고침판에 싣는다. 또 2007년 2월에 들어 교육사람자원부가 고등학교 1학년 국사 교과서(32쪽) "단군왕검이 옛조선을 세웠다고 한다"의

6

끝 부분 '세웠다고 한다'를 '세웠다'로 바로잡아 신화로만 여겼던 우리 옛조선을 현실로 받아들인다고 한다.

이런데도 옛조선 이전의 한인나라, 한웅나라가 현실로 인정받지 못하고 곡두 신화로 몰리더라도, 그 신화 속에서 우리말의 신비스러운 'ㄹ'은 여전히 빛나고 있는 것이다.

이제 그 보배로운 우리말 'ㄹ'을 신화와 현실을 가리지 않고 마음 놓고 찾아 기릴 수 있게 되었다. 먼저 가장 가까운 우리 몸 가운데 거울인 '얼굴'에서 그 'ㄹ'을 찾아 보자.

## 얼굴이 온통 'ㄹ' 범벅

'얼굴'에는 '걸걸한 얼굴, 눌눌한 얼굴, 똘똘한 얼굴, 쌀쌀한 얼굴, 곱살한 얼굴, 까칠한 얼굴, 밀알진 얼굴, 싸늘한 얼굴, 가슬가슬한 얼굴, 까칠까칠한 얼굴, 능글능글한 얼굴, 둥글둥글한 얼굴, 서글서글한 얼굴, 숭글숭글한 얼굴, 어글어글한 얼굴, 유들유들한 얼굴, 쭈글쭈글한 얼굴' 들이 있다. (머리에 '머리털'이 있고) 그 아래 이마에 가로로 있는 '이맛살'은 '주름살'이다. 상글상글 웃는 눈에는 '메밀눈, 사발눈, 사팔눈, 샛별눈, 실눈, 쌍까풀눈, (왕)방울눈, 좁쌀눈, 통방울눈' 들이 있는데, '눈털'이라고도 하는 두 눈썹 사이의 세로 주름은 '눈살'이다. 그 아래 '눈까풀'이라고도 하는 '눈꺼풀'이 있고, 그 가장자리가 '눈시울'이다. 그 안에 '눈깔'이라고도 하는 '눈알'이 동글동글하고, 눈알 앞 가운데 도톰한 곳이 '눈망울'이다. 눈구멍 위쪽 '눈물샘'에서 '눈물'이 '눈물길' 따라 흐르는데, 눈물을 '이슬'로 빗대기도 한다. 눈도 무섭게 한 곳만 뚫어져라 하고 쏘아 보는 눈은 '눈발'이고, 정기가 있고 총기가 있어 반짝반짝 빛나는 눈은 '눈방울'이다. 그 아래 코에는 '개발코, 들창코, 말코, 함실코'도 있지마는, '콧물'이 나고, 찡그린 코의 주름은 '콧살'이며, '콧날'이 서야 예쁘고, 그 양쪽 끝에 '콧방울'이 불룩하다. 그 아래 '입살'이라고도 하는 얇실하여 예쁜 '입술', 그 양쪽 뺨에 '뺨살'이 몽실몽실하고, 토실한 '볼'의 '볼우물'(보조개)이 예쁘다. 그 뒤의 귀에 처져 있는 '귓불'을 '귓구슬, 귓방울'이라고도 한다. '턱살'은 아래턱의 위쪽 '힘살'과, 아래턱의 속된말이기도 하고, '턱알'은 아래턱의 낮은 말이다. (목 앞쪽 살은 '멱살'인데, '목살'이라고도 한다.) 이렇게 얼굴은 온통 'ㄹ' 범벅이다.

## 우리 나라가 모두 '3ㄹ'로 열렸다

'한나라'의 '한'도 '하늘'이고, '한인'도 '하늘'님인데, 그 나라터 '파미르'의 '미르'도 '물'이어서 우리 나라가 열리는 고갱이 말은 모두 '3ㄹ' 중심으로 비롯한다. 배달나라도 아직 정사 아닌 신화에 묶여 있지만, '하늘'님(한인)의 '아들'(한웅)이 '밝달' 나무 아래에 세우고, 옛조선을 '당골'(단군)이 '아사달'에 '서울'을 정하여 세웠다. 그리고 고구려 · 백제를 '하늘'(해모수)의 정을 받은 '버들'(하백의 '딸')의 '알'에서 태어난 주몽과 온조가 세우고, 신라를 '하늘'에서 내려온 '흰말'의 '알'에서 태어난 박혁거세가 세우고, 가라(가야)를 '하늘'에서 '보라줄'로 내려온 6개의 '알'에서 태어난 6왕들이 세웠다. 또 탐라나라를 보면 '땅굴'('세성굴')에서 3'을나'가 나오고, '바랄'을 건너온 '알' 모양 '구슬' 함에서 3'임금딸'이 나와서 세운 것이다. 무엇보다 이 탐라나라 열림은 독특하다. 동양이나 서양이나 나라 열리는 신화는 거의 ‘하늘’로 비롯하는데, 탐라나라가 열리는 데에만 ‘땅굴’과 ‘바랄’로 비롯한 것이다.

8,000년 전의 통나무배가 나왔다는 ‘부곡’의 본디 우리말 이름도 ‘ㄹ’로 끝나는 ‘가마실’이다. ‘가마실’은 ‘감실’이다. ‘감’은 ‘금’으로 “위, 좋다, 거룩하다” 따위 좋은 뜻이고, ‘실’은 “마을”이나 “고장”이라는 뜻의 땅이름에 붙는 말조각이다. 그 거룩한 곳에서 우리 역사상 거룩한 유물이 나타난 것이다.

한인의 한나라 7대 임금 중에서 누군가가 바이칼 호수로 옮고, 또 만주 단동에 한인현이 남아 있다. 한웅의 배달나라 18대 임금 가운데 14대 자오지(치우) 천왕이 서기전 28세기께 탁록에서 황제와 싸웠다. 단군의 옛조선 47대 가운데 어느 단군이 묻혔다는 것인지는 확실하지 않지만, 평양에 단군릉이 있다고 한다.

그리고 중국 산동성 가상현 무진리에 있는 무씨 사당에 한웅 강림과 단군 탄생 설화를 새긴 그림돌이 있다. 이런 역사 유적은 우리 나라도 아시아 대륙을 휩쓴 나라였다는 자랑과 함께, 우리 ‘한나라’라는 낱말이 “큰 나라”라는 뜻이라는 것을 밝혀 준다.

### 천부인도 ‘3ㄹ’, 일본 왕실 3가지 보물의 본보기

수수께끼였던 ‘천부인 3개’가 “칼, 돌북, 거울”의 ‘3ㄹ’이라는 사실은 우리 옛나라 역사에서 알게 된 자랑스러운 보람이다. 천부인은 왕권의 상징인데, 일본 왕권의 상징인 3종의 신기(세 가지 보물) ‘칼, 구슬, 거울’의 ‘3ㄹ’에 영향을 끼쳐 그 본보기가 된 것으로도 그 뜻이 크다. 그뿐 아니라 그 뒤 두 나라 역사 가운데 우리말로 풀면 ‘3ㄹ’ 중심으로 이루어진 이름들이 보인다는 것도 그냥 지나쳐 버릴 일이 아닌 볼거리다.

　　우리말의 뛰어난 요소는 여러 가지를 꼽을 수 있다. 그 가운데 으뜸이 우리말의 신비 '르'이다. 나라를 여는 것만이 아니다. 그 밖의 모든 분야의 고갱이 말이 '3르' 중심 '르' 끝낱말로 이루어져 있다.

### 우리 천지 개벽 신화에도 '3르'

　　옛날 우리 설이 음력 10월 1일부터 3일까지 3일 동안이었다. 그 '3'이 좋은 수였던지 서기전 2333년에 단군이 세운 개국날 10월 3일을 단기 4233년부터 개천절로 정했다.

　　그리고 드디어 우리나라 천지 개벽 신화에서도 '3르'을 찾아 냈다. 제주도 지방 무당 노래에

　　"혼돈 상태인 태초에

　　개벽 기운이 돌아

　　하늘과 땅이 생겨

　　푸른 이슬과 검은 이슬이 합쳐 개벽했다."

라는 신화가 보인다. 이 천지 개벽 신화의 고갱이를 이루는 '하늘, 땅, 이슬'이라는 낱말이 있다. 그런데 그 중 '땅'이란 말의 끝소리만 '르'이 아니다. 그러나 더욱 깊이 생각해 보자. 우리는 다른 낱말들로 '르' 끝낱말을 찾아 낼 수도 있다. 우리는 '안구(眼球)'를 '눈알'이라고 한다. 그렇다면 '지구(地球)'는 '땅알'이 아니겠는가. 역시 우리 천지 개벽 신화의 고갱이말이 '하늘, 땅알, 이슬'로 '3르'인 것이다.

　　※ '지구(地球)'라는 말은, 모로하시 데쓰지의《대한화사전》(1955~1960)에

10

보면, 명나라 끝 무렵 서광계(徐光啓, 1562~1633)가 그의 《신법산서(新法算書)》
에 쓴 말이다. (《중문대사전》(1972~1981)에는 《신법역서》로 되어 있다.) 서광
계는 1583년에 광둥에 와서 선교를 하고, 1600년 12월에 베이징에 온 이탈리
아 마테오 리치(1552~1010)에게서 서양 새 문명을 배워 '지여(地輿), 지체(地
體)' 들로 부르던 그것이 '알' 처럼 둥글다는 사실을 알게 된 것으로 보인다. 중
국에서 '日, 月, 星, 天' 이라고 하는 것을 우리말로는 '날, 달, 별, 하늘' 이라고
한다. 중국에서 '알' 처럼 생겼다고 한자로 '地球' 라고 한다면, 만일 한자를 모
르는 우리 겨레가 땅덩이가 '알' 처럼 둥글다는 것을 알았다면 우리말로는 '땅
알' 이라고 할 수밖에 없다. 이와 비슷한 보기로 우리 천도교에서는 '우주(宇
宙)' 를 '큰 울타리' 라고 하여 일찍부터 '한울' 이라고 하고 있다.

### '3ㄹ' 의 '3(셋)' 은 '하늘·땅·나' 의 상징

우리말에서 모든 분야의 고갱이 말들이 'ㄹ' 끝낱말로 통일되어 있
는 것도 신비스럽지만, 또한 그 알맹이 말들이 '3ㄹ' 중심으로 이루어
져 있다는 것도 놀라운 현상이다. 우리 겨레는 태어날 때, 3신(한인·
한웅·단군)할미가 3가지(정화수·흰쌀밥·미역국)을 올린 3신상을
차려놓고 3신풀이를 하며, 아이의 3가지(건강·수명·복)를 해산 후
3칠일까지 빌었다. 우리가 날마다 먹는 '아침·점심·저녁' 의 '세 끼',
전라도 '홍어·돼지고기·묵은김치' 의 '삼합(三合)' 도 '3(셋)' 으로
이루어져 있다. 대종교의 '세 마루', 옷의 '셋 갖춤', 왕비의 '삼 간택',
무덤살이 '세 해', '삼 정승', '삼복', '삼칠', …… 온통 '3(셋)' 투성이
다. 이 '3(셋)' 이란 숫자에 관해서 조용헌 교수는 "'3' 이라는 숫자는
매우 의미가 깊은 숫자이다. 우선 3은 천(天), 지(地), 인(人) 삼재(三才)

를 의미한다. 몽골의 들판 한가운데서 밤하늘을 쳐다보고 있노라면 이 세계는 '하늘'과 '땅' 그리고 '나'로 이루어져 있다는 사실을 실감한다. '도덕경'에서도 3은 심오한 의미를 지니고 있다. '일생이 이생삼 삼생만물'(一生二 二生三 三生萬物)이다. 1도 아니고 2도 아니고, 3에 이르러서야 만물이 생겨난다고 보았다"(조선일보, 2007. 3. 1)고 했다. '삼생만물'은 우리가 즐겨 쓰는 '삼시 세판'과 어울린다. 이 '3(셋)'이 'ㄹ'과 아우른 것이다. 다른 나라 말에서는 볼 수 없는 이 신비스런 우리말의 보람을 온 누리에 자랑하여 마땅하다.

2007. 4. 11
정재도 씀

## 우리말에서만 볼 수 있는 보람 'ㄹ'

세계에서 우리 한글이 가장 뛰어난 글짜라는 것은 아는 사람은 다 안다. 우리만 몰랐다.

그 뛰어난 한글을 낳게 한 바탕이 우리말이다. 우리말도 한자의 침략만 없었더라면 그렇게나 많이 사라지지 않고, 아마 한없이 피어났을 것이다.

우리말에는 다른 어느 나라 말에서 볼 수 없는 우리말만의 보람이 있다. 그 가운데 하나가 'ㄹ'의 쓰임이다.

한자 침략이 없을 때, 우리나라가 열리는 데에 'ㄹ'이 큰 구실을 했다.

동서양을 말할 것 없이, 어느 나라나 나라 세우기 신화는 'ㄹ'(하늘)에서 비롯한다. 그리스 신화의 으뜸신인 제우스는 하늘과 땅의 모든 것을 맡아 처리하고, 사람살이의 정치·법률·도덕을 지키는 존재다. 로마 신화의 으뜸신인 유피테르(영어 이름 : 주피터)도 같은 하늘신이다. 이렇듯 신화의 줄거리는 'ㄹ' (하늘)과 관계가 있는 것이다.

우리나라도 'ㄹ'로 나라를 열었다. 'ㄹ' (하늘: 한인)님의 'ㄹ' (아들: 한웅)이 한밝메(태백산) 'ㄹ' (밝달)나무 아래로 내려왔다.

고구려 주몽은 'ㄹ' (하늘: 천제)님의 아들 해모수의 정을 받은 'ㄹ' (버들: 해밝의 딸 유화)이 낳은 'ㄹ' (알)에서 태어났고, 백제 온조는 그의 세째아들이다. '하늘, 버들, 알'이 '3ㄹ'이다.

신라 박혁거세는 'ㄹ' (하늘)에서 내려온 'ㄹ' (흰말)이 품고 있던 'ㄹ' (알)에서 태어났다. '하늘, 흰말, 알'도 '3ㄹ'이다.

제주도 탐라 신화도 흥미롭다. 삼성혈에서 나온 3 '을나'의 '을'이 신라 김알지의 '알'과 같다지만, 어쨌거나 '을'이 셋이니, '3ㄹ'인 것만은 확실하다.

'ㄹ'은 세계 어느 나라보다도, 특히 우리나라에서 나라가 열리는 길라잡이가 되었다.

풍수지리에서 가장 좋은 집터로 "뒤 산 앞 물 골(마을)"을 꼽는다. 서울 한남동, 이태원 일대가 그런 곳이어서 큰 기업 회장들 집이 많다. 풍수에서 산은 '불'이다. 그러므로 '불, 물, 골(마을)'은 '3ㄹ'이다.

**화려하게 변하는 듣기 좋은 소리**

'ㄹ' (리을) 소리를 '굴림소리', '떨림소리', '떨음소리'라고들 한다. 물 흐르듯 부드럽게 흐르는 가락으로 율동적 느낌을 나타내며 잘 구르고 떨 수 있는, 듣기 좋은 소리다. "물방울이 송알송알 구슬돌이

동글동글.”을 소리 내어 읽어 보면, ‘ㄹ’ 소리가 살살 구른다. 잘 구르고 떨 수 있는, 듣기 좋은 소리다.

‘ㄹ’은 우리말에서 가장 많이 쓰이는 닿소리다. 그러면서도 우리말의 소리 가운데 가장 변화가 많은 소리다.

처음에는 ‘ㄹ’ 소리를 아주 줄여 버린다. 젖먹이 아이가 ‘할아버지’를 ‘하버지’나 ‘하부지’로 소리내는 것이다.

다음에는 ‘ㄹ’을 ‘ㅣ’ 소리로 낸다. 젖먹이 아이가 ‘물’이 먹고 싶으면 ‘무이’를 달라고 한다. ‘술’도 ‘슈이’라고 한다. 이것을 거꾸로 더듬어 올라가면 ‘술’의 옛말이 ‘슐’이었음을 알 수 있다.

‘가라’의 ‘ㄹ’이 ‘ㅣ’로 바뀌어 ‘가야’가 되고, ‘서라벌’의 ‘라’에서 ‘ㄹ’이 ‘ㅣ’로 바뀌었기 때문에 ‘서야벌’이 ‘서라발’과 같은 말이 된다.

‘밝잗’(밝은 잗)이 ‘백제’가 된 것도 ‘밝’의 ‘ㄹ’이 ‘ㅣ’로 바뀐 것이고, ‘밝달’(밝은 땅)이 ‘배달’이 된 것도 ‘밝’의 ‘ㄹ’이 ‘ㅣ’로 되고, ‘ㄱ’이 줄었기 때문이다.

‘ㄹ’이 ‘ㄷ’과 넘나드는 현상은 다 잘 안다. ‘바느질고리’가 줄어들면 ‘반짇고리’가 된다. ‘겯다’가 “때에 겯고 기름에 결어”라고 할 경우, ‘겯고’와 ‘결어’의 줄기가 같은 뿌리다.

그리고 ‘ㄹ’에는 두 가지 소리가 있다. ‘랄’이라는 음절의 첫소리 ‘ㄹ’과 끝소리 ‘ㄹ’이 그것인데, 이 둘은 소리가 다르다.


**바깥세 받지 않고 마음껏 피어나**

이 ‘ㄹ’은 변화가 화려하여, 한자의 침략 같은 바깥세에 눌리지 않고 마음껏 피어났다.

우리나라 ‘서울’을 뜻하는 말에는 처음부터 ‘서벌’(경주), ‘사벌 · 사불’(상주)나라, ‘소부리’(부여), ‘솔부리’(개성), ‘쇠벌 · 새벌’(철원) 들처럼 거의 ‘ㄹ’이 따라다녔다. 그것들이 마침내 ‘서울’이라는 지금의 말로 자리잡은 것이다.

우리나라 행정 땅이름 가운데 ‘임실’은 백제 때부터 지금까지 바뀐 일이 없는 “임의 마을”이라는 뜻의 순 우리말이다. 후기 신라 때 10정 가운데 하나로 청웅면에 ‘거사물정’이라는 군영을 두었고, 고려 때 남원부에 딸리기는 했어도, 그 본이름은 바뀐 일이 없다. 아마 ‘임실’이란 말의 끝 음절 ‘실’의 ‘ㄹ’ 때문이 아닌가 싶다. 다 바뀌었는데 오직 하나 안 바뀐 것이 ‘ㄹ’과 관계가 있다는 것이 놀라운 일이다.

‘ㄹ’은 우리 한나라 겨레와 얽혀, 사뭇 길깊은 인연으로 맺힌 보배다.


1947년에 노산 이은상 선생의 ‘3ㄹ’(얼 · 말 · 글) 운동 이야기를 듣고 ‘ㄹ’에 관심을 가지게 되어 끝음절의 끝소리가 ‘ㄹ’인 낱말을 모으기 시작했다.

1970년대까지 여러 자료에서 혹은 나날살이에서 찾아 모아서 갈라 늘어나 보았다. ‘해’와 ‘바다’도 끝음절 끝소리가 ‘ㄹ’이어야 아귀가 들어맞는데 어쩌나, 하다가 ‘해’는 ‘날’, ‘바다’는 ‘바랄’이었다는 것을 알았을 때에는 눈물이 날 정도로 우리말에 고마움을 느꼈다.

지금 한다고 해도, 여든이 넘은 데다가 컴맹이라 별수 없지만, 문명의 편리한 틀을 이용할 줄 모르고, 워낙 원시적 방법으로 주워 모으는 수밖에 없는 판이라, 1980년대부터는 이따금 ‘리을끝낱말’을 모아 보태려고 부분적으로 발표도 해 왔다.

그러나 이 일의 마무리를 2000년대에 들어서 하기 비롯했다. 늦었으나마 그런대로 '땅줄'(연고지와의 '연줄' 고리) 같은 새말을 보태기도 했으니 다행으로 여긴다.

오직 피어나는 '리을끝낱말'에 도움이 되었으면 하고, 이러한 우리 겨레말에서의 'ㄹ'의 끗발을 온 세계가 알았으면 하고 바라는 마음 간절하다.

2005년 1월 13일

푸른물 정재도 씀

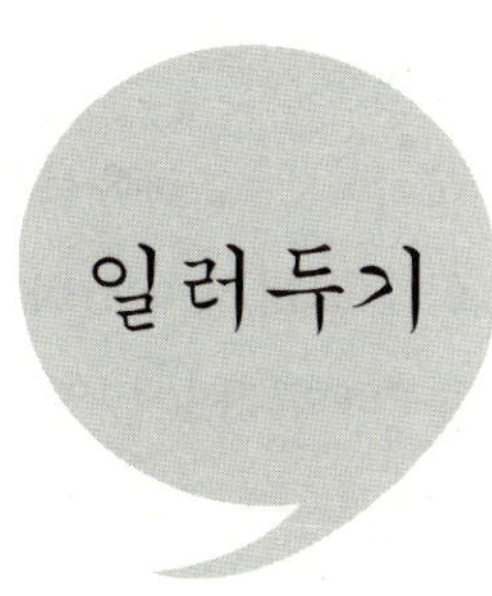


이 책에는 현행 한글 맞춤법, 우리 국어 사전의 표현 방식과 다른 것
이 있다. 다 들어 볼 수 없으므로 몇 가지만 보기로 들어 본다.

## ■ 낱말

**글자:** 한글학회와 북한 사전들에는 '글자'로 적고, 남한의 다른 사전
들은 '글字'로 잘못 알고 있다. '글짜'가 옳다.

'글짜'의 '−짜'는 '가짜, 공짜, 날짜, 대짜, 민짜, 별짜, 생짜, 알짜, 정
짜, 진짜'들의 '−짜'다. '날짜'가 "날을 적은 것"이라면 '글짜'는 "글
을 적은 것"이다. '기와, 물건, 수건, 온전, 항아리'도 '기瓦, 물件, 수巾,
온全, 缸아리'로 적으면 틀린다.

**둘째:** 수량을 나타내는 '하나째, 둘째, 셋째, 넷째' 무리도 제대로 된
것이고, 차례를 나타내는 '첫째, 두째, 세째, 네째' 무리도 제대로 된 것
이다. 고치기 전에는 그렇게 옳게 썼던 것이다.

'두째'를 서울에서는 '둘째'라고 한다. 그것은 서울 사투리다. 그런
데 '서울'이라는 지난날 표준말 대상 지역의 끗발에 눌려, 사투리 '둘
째'를 표준으로 삼는 바람에, 지금 '표준말 규정 제6항'에 '두째'의

‘세째, 네째’까지 없애 버렸다.

　조상들의 숨결이 스며 살아 있는 문화유산을 함부로 없앤다는 것은 있을 수 없는 일이다. ‘두째’도 살려 써야 한다.

　**무늬:** 옛날에는 ‘마디’를 [마지]라고 읽었기 때문에 그러지 못하게 하려고 아예 ‘마듸’로 적었다.

　‘무늬’도 ‘마듸’와 똑같은 경우다. 그래서 ‘무늬’라고 적었다. 그러나 지금은 그럴 필요가 없다. 한글 자모 이름 ‘니은(ㄴ)’이나 외래말 ‘머니, 소니, 비키니, 허니문’들의 소리를 잘못 내는 일이 없다. ‘늬’는 [느이]의 겹소리고, [니]라는 홑소리가 아니다.

　전에도 옛말로 ‘닝금’, 사전에 ‘니나노’ 타령이 있었고, 요새도 ‘니(네), 니글거리다, 니글니글, 니글니글하다, 니기미, 니얼니얼, 니울니울, 닉닉하다’로 적는《표준국어대사전》이 있다. 언제까지 전근대적 적기를 고집할 것인가. ‘무늬’도 ‘무니’로 적을 때가 되었다.

　‘어머니’의 ‘니’ 소리는 따로 가르쳐야 한다.

　**-(으)ㄹ걸, -(으)ㄹ게:** 지금 한글 맞춤법 ‘제6장 제53항’을 보면 ‘-(으)ㄹ걸, -(으)ㄹ게’로 예사소리로만 적게 되어 있다. 그러나

　‘-(으)ㄹ걸’은 “혼잣말로 ①아는 게 다른 것. ②했으면 좋았을 것”이란 뜻으로 “①안 올껄. ②있을 걸”처럼 맺어 “①안 올 걸(것을) 기다려? ②있을 걸(것을) 그랬다”와 구별이 된다.

　‘-(으)ㄹ게’는 “약속한다”는 뜻으로 “꼭 갈께.”처럼 맺어 “꼭 갈 게(것이)다.”와 구별이 된다.

　**으레:** 지금 ‘표준말 규정 제10항’에서 ‘으례, 케케묵다’를 ‘으레, 케케묵다’로 적기로 했다. 그래 가지고 어떻게 한글 맞춤법 제8항을 적용

하라는 건가.

　‘ㅖ’가 들어가는 낱말이 ‘으레, 케케묵다’만이면 몰라도 수두룩하다. 더구나 ‘케케’는 ‘켜이켜이’(켜마다)의 준 꼴이다.

-계: 예라계라.
-케: 콩케팥케.
-예: 그예, 아예.
-례: 오례쌀, 차례.
-게: 물계, 비게, 청게, 핑게.
계-: 계면, 계면굿(계면놀이), 계면돌다, 계면떡, 계면쩍다, 계면하다, 계수, 계시, 계시다, 계집, 겝시다.
예-: (예), 예기, 예끼, 예놈, 예덕나무, 예라(끼놈), 예쁘다, 예사, 예순, 예오, 예팥.


　‘계집년, 계집붙이, 계집사람, 계집아이(애), 계집장사, 계집종, 계집질’ 들은 셈에 넣지 않는다고 하더라도 모두 30개가 넘는다. 2개만 고치면 6푼(%)쯤밖에 안 된다. 그래 놓고 고쳤다고 하니 누가 따르겠나.

　그리고 무엇보다도 자꾸 고쳐 쌓는 것이 아니다.

　**고이다·꼬이다·쏘이다·쪼이다**: 고친 현행 표준말 규정 1부 2장 제5절 제18항의 겹수 표준말로 허용하는 것 가운데, ‘죄다/조이다’만은 상관없지만, 다음과 같은 것들은 섞갈리니까 겹수 표준말로 인정해서는 안 된다. 이는 긁어서 부스럼 내는 것이다.

괴다 : 밑을 괴다. 물이 괴다.
고이다 : 곰국이 잘 고이다.

꾀다 : 아이를 살살 꾀다. 벌레가 꾀다.
꼬이다 : 새끼줄이 잘 꼬이다.

쐬다 : 바람을 쐬다.

쏘이다 : 벌에게 쏘이다.

쬐다 : 볕을 쬐다. 불을 쬐다.
쪼이다 : 닭에게 쪼이다.

## ■ 띄어쓰기

### 도움풀이말

'만하다, 법하다, 뻔하다, 양하다, 척·체하다, 듯싶다, 듯하다, 성싶다' 들을 풀이말을 돕는 구실을 하는 말들이라고 붙여서 다룬다. 《우리말 큰사전》말고, 다른 모든 사전들이

'볼 만하다'

라고 '볼'과 '만' 사이만 띄어 쓴다.

'볼'의 말본 기능은 매김(관형)꼴이다. 그렇다면 그 '볼' 다음에는 '만'이 와야 한다. 그런데 '만하다'가 왔다.

'일하다' 앞에 '좋은' 꼴이 오면

'좋은 일 하다'

처럼 띄어 써야 한다. 앞으로는

```
(으)ㄹ   만 ∨ 하다
  ″      법 ∨ 하다
  ″      뻔 ∨ 하다
(느·으·이)ㄴ  양 ∨ 하다
  ″         척·체 ∨ 하다
(느·으·이)ㄴ·ㄹ  듯 ∨ 싶다
  ″            듯 ∨ 하다
  ″            성 ∨ 싶다
```

처럼 띄어 써야 하는 것이다.

**돌아가다 · 못하다 · 안되다 · 알아보다 · 우리말 · 찾아가다……: 낱말을

띄어 쓰면 그 각 낱말이 제 뜻을 제대로 지니고, 붙여 쓰면 각 낱말의 뜻이 약해지거나, 그나마도 지니지 못하고, 뜻이 달라져 버린다. ‘밤 낮’은 “밤과 낮”이고, ‘밤낮’은 “늘”이라는 뜻이다.

다음과 같은 말들은 지금 규정으로는 붙여 쓰도록 되어 있으나, 띄어 쓰는 경우도 있다.

돌아가다(제 자리로 가다. 죽다)
돌아 가다(곧장 가지 않고 멀리 돌아서 가다)

못하다(견줄 대상에 못 미치다)
못 하다(어떤 일을 할 수가 없다)

안되다(마음이 언짢거나 얼굴이 상하다)
안 되다(일이 제대로 되어야 할 텐데 그렇지 못하다)

알아보다(알려고 하지도 않고 그냥 알게 되다)
알아 보다(애써 살펴보아 알려고 하다)

※ ‘알아보다’에는 시킴꼴이 없지만(알아보아라-X), ‘알아 보다’에는 시킴꼴이 있다(알아 보아라-O).

우리말(우리 말 중에서 우리 고유한 말 = 토박이말)
우리 말(우리가 쓰는 모든 말 = 한국말)

찾아가다(사람을 만나거나 볼일을 보러 가다)
찾아 가다(잃었거나 맡겼거나 빌린 것을 찾아서 가지고 가다)

**우리나라**

《표준국어대사전》에만 ‘우리나라’라는 올림말이 붙은 채로 올라 있다. 띄어쓰기와 사전 편찬 원칙에서 벗어난 것이다. 올림말로 할 수 없는 ‘우리 마을, 우리 집, 우리 아버지, 우리 친구’들은 어쩌란 말인가. 여기서는 ‘우리 나라’, ‘우리나라’식으로 띄어 쓰나 붙여 쓰나 뜻이 달라지지 않으니까 그대로 두었다. 하지만, 뜻이 달라지는 경우가 있으니까, 사전에서 특수한 경우가 아니면 함부로 띄었다 붙였다 해서는 안 된다.

## ■ 사이시옷

### 뚱딴지 같은 규정

지금 '한글 맞춤법 제30항 3'에 두 음절로 된 한자말

'곳간(庫間). 셋방(貰房), 숫자(數字), 찻간(車間), 툇간(退間), 횟수
(回數)'

는 사이시옷을 받치어 적는다고 뚱딴지 같은 규정을 늘어놓았다.

할 테면 하고 말 테면 말지 무슨 잠꼬댄가. 더구나 '방'과 '퇴'는 '온
돌' 처럼 한글이 없을 때 한자로 취음하여 적기는 했어도, 순 우리 토박
이말이다.

6개(실제로는 4개)를 골라낸 발상이 비웃음을 샀다. 아무렇게나 함
부로 하는 것이 아니다.

### 사이시옷 갈라적기

1990년대 중반에야 갈라적기를 완성했으니, 우리 국어사전들에
'판자집'은 없고, '판잣집'(판자로 지은 집)만 잘못 올라 있다.

같은 말이라도 사이시옷을 받쳐 적는 경우와, 받쳐 적지 않는 경우
의 뜻이 다른 것이 있다.

### (1) 재료 이름으로 갈라 보기

갈기머리(짐승 갈기 털로 꾸민 머리)
갈깃머리(묶을 때 아래로 쳐진 머리)

고기밥(고기 썰어 섞어 지은 밥)
고깃밥(고기의 먹이로 주는 밥)

고무주머니(고무로 만든 주머니)
고뭇주머니(고무 지우개 따위를 넣는 주머니)

과자집(집 모양으로 만든 과자)
과잣집(과자를 파는 가게)

고기배(고기를 많이 먹은 배)
고깃배(고기를 나르는 배)

기와집(기와 지붕 집)
기왓집(기와를 파는 가게)

나무바리(나무로 만든 바리때)
나뭇바리(마소가 나르는 나무 짐바리)

나무배(나무로 만든 배)
나뭇배(나무를 나르는 배)

나무집(나무로 지은 집)
나뭇집(나무를 파는 가게)

띠집(띠로 지붕을 인 집)
띳집(띠를 파는 가게)

모래섬(모래로 쌓은 섬)
모랫섬(모래를 담는 섬)

쇠줄(쇠로 만든 줄, 철삭)
쇳줄(쇠가 묻혀 있는 줄기, 광맥)

슬레이트집(슬레이트 지붕 집)
슬레이틋집(슬레이트를 파는 가게)

유리상자(유리로 만든 상자)
유릿상자(유리를 넣는 상자)

유리집(유리로 지은 집)
유릿집(유리를 파는 가게)

종이상자(종이로 만든 상자)

종잇상자(종이를 넣는 상자)

판자집(판자지붕이나 판자벽 집)
판잣집(판자를 파는 가게)

## (2) 재료 아닌 말 갈라보기

개강활(산이나 들에 나는 강활)
갯강활(바닷가에 나는 강활)

개나리(물푸레나뭇과 잎 지는 떨기나무)
갯나리(바닷가에 나는 나리)

개놈('못된 사람'의 낮춤말)
갯놈('갯사람'의 낮춤말)

나무갓(줄기와 잎이 많은 나무 윗부분)
나뭇갓(땔나무 가꾸는 산)

머리방(머리를 다듬는 집)
머릿방(안방 뒤의 작은 방)

새길(새로 난 길)
샛길(사이에 난 길)

새서방(새로 장가든 서방)
샛서방(본서방 아닌 딴서방)

## (3) 소리로 맞춰 보기

돌집 [돌집] (돌로 지은 집)
　　　[돌찝] (돌을 파는 가게)

벽돌집 [벽돌집] (벽돌로 지은 집)
　　　　[벽돌찝] (벽돌을 파는 가게)

양철집 [양철집] (양철 지붕 집)
　　　　[양철찝] (양철 파는 가게)

얼음집 [얼음집] (얼음과 눈덩이로 지은 집)

[얼음찝] (얼음을 파는 가게)

※ 사전들에 나와 있는 "고기밥 : ①물고기의 먹이. ②= 미끼"의 '고기밥'은 잘못이고, '고깃밥'이 옳다.

※《표준국어대사전》(1999)의 '나뭇독'(나무로 만든 독)은 잘못이고, '나무독'이 옳다.

## ■ 숫자

이 책 '마무리' 대목 '리을끝낱말 모음'에 숫자로 나타내는 다음과 같은 것들이 있다.

**전골(고기전골 … 5):** '전골'이란 말이 들어가는 낱말이 '고기전골, 곱창전골, 낙지전골, 버섯전골, 송이전골'의 5개가 있다는 뜻이다.

〔**60개 남짓**〕: 낱말 수를 세다 보면 사투리나 북한말이 끼이어 들기도 한다. 그런 것까지 세어 넣기가 뭣하면 그 밖에 더 있다는 뜻으로 '남짓'이라고 했다.

〔**20개쯤**〕: 낱말을 찾아 모은다 해도 다 찾아 낼 수는 없다. 그러나 이만하면 거의 찾아 냈다고 생각될 때 '쯤'으로 했다.

〔**20개 가깝다**〕: 낱말을 19개 정도 찾아 냈는데, 더 있을 것 같기도 하고, 실제로 1개 정도 쓰이는 것 같은 낱말을 더 적어 넣었을 때, 20개라고 잘라 말하기 어려워 '가깝다'고 했다.

## 그 밖에

이 책에서는 주로 '리을끝낱말'을 다루었고, '리을속낱말'은 더 많으나 일부 특이한 경우에만 다루었다.

[보기] 안이름말② (리을속낱말) ※ 이 책 220~232쪽

꾸미는 말② : 갈쌍, 깔딱, 날름, ……

줄기와 뿌리② : 갈기다, 깔기다, 날뛰다, ……
그 밖의 것들 : 갈팡질팡, 걸핏, 골고루, ……

# 차 례

## 마무리 ······················································· 253



## 희망의 '리을' ··········································· 293



[붙임]

## 우리말과 한자　　　　　　　　　　301



※ 토막얘기 : 박양자

끼움그림 : 조연희

# 금 사상과 우리말

# 조상들의 곰 사상

우리 조상들에게는 '곰' 사상이 있었다. '곰'이 쓰인 자취를 더듬어 보면, "거룩하다, 높다, 신(神), 위(上), 좋다, 크다, 훌륭하다" 따위를 뭉뚱그린 '으뜸'이란 뜻으로 쓰였다는 것을 알 수 있다.

'곰'이란 소리가 제주도에 아직 남아 있다고는 하나, 지금은 '감, 검, 곰, 금, 김' 들로 바뀌어 쓰이고 있다.

'상감(上곰), 왕검(王곰), 곰녀(곰女), 임금(임곰), 김수로(곰마로)' 들이 그것이다.

[**상감**] : "임금"이란 뜻의 '上' (今上, 主上)에다가 '곰'이 바뀐 '감'을 더한 "으뜸 임금"이란 뜻이다. 한글이 없을 때 그 '감'을 "우두머리"란 뜻도 있는 '監'으로 썼다.

[**왕검**] : '王'인 "임금"에다가 '곰'이 바뀐 '검'을 더한 "으뜸 임금"이란 뜻이다. 이 '검'도 "검소하다"는 뜻의 '儉'으로 썼다.

[**곰녀**] : '곰'이 바뀐 '곰'에다가 "처녀·여자"라는 뜻의 '녀(女)'를 더한 "으뜸 처녀·으뜸 여자"라는 뜻이다. 이 '곰'도 한자 '熊'으로 썼다.

**[임금]** : 그립고 고마운 '임'에다가 '곰'이 바뀐 '금'을 더한 "으뜸
임"이라는 뜻이다. 이것만은 '任金' 따위로 할 수 없었던지 바뀐 한자
가 없다.

**[김수로]** : '곰'이 바뀐 '김'에다가 '마리'[首]의 '마'와 '露'의 소
리 '로'를 아우른 "김마로"다. "김마루" 곧 "으뜸 머리"라는 뜻이다. 이
것도 그 소리를 빌어 쓴 '金首露'로 썼다.

**[대감]** : '대낮, 대번에, 대보름' 따위의 '대'에다가 '곰'이 바뀐 '감'
을 더한 "큰 으뜸" 곧 "높은 벼슬"이란 뜻이다. 이것도 '大監'으로 썼다.
'大監'은 '少監'처럼 신라 때 벼슬이름으로, 지금은 쓰이지 않는다.

**[영감]** : '영'은 집안 꾸밈새가 깨끗하고, 밝은 기운이 가득 차 으리
으리한 느낌이 돌 때, "영이 돈다"고 하는 '영' 따위가 아닌가 보고 있
고, '감'은 '곰'이 바뀐 것이다. "나이든 남편"이나 "중년을 지난 남자"
를 부를 때 쓰는 말이다. 옛날에는 정삼품 벼슬아치를 부를 때 '사또'
처럼 쓰이기도 했다. 이것도 '令監'이나 '令鑑' 들로 썼다. 그러나 '영
감'의 '영'은 긴소리고, 한자 '令'은 짧은 소리여서 맞지도 않는다.


우리 조상들은 요새 말로 하면 엘리트 사상을 지니고 있었던 것이
다. 그 빼난이(엘리트)들이 우리말을 요새 우리가 생각하는 것처럼, 또
요새 우리 둘레의 우리말이 병신말로 쓰이는 것처럼, 그렇게 허술하게
만들었을 리가 없다. 우리 조상들은 바깥바람 쐰 일 없이 완벽한 우리
말을 만들어 썼던 것이다.

그런데도, 우리 일부 사람들은 우리에게 말이 없었고, 한자가 들어
와서야 우리말이 생긴 것처럼 여기는 것 같다.

만일에 그렇다면, 한자가 생기기 수천 년 전부터 살아 온 우리 겨레가 말도 못 하고 동물이나 벙어리처럼 지내 왔단 말인가.

‘굴’이나 ‘온돌’, ‘방’, ‘문’, ‘창’ 들이 한자가 생기기 전부터 있었다는 것은 누구나 알 수 있는 일이다. 그러나 그런 우리 고유 양식까지 한자와 관계가 있는 것처럼 우리 국어 사전들은 한자를 달아 놓았다.

뿐만 아니라, 중국에 우리말과 똑같은 말이 있다고 하더라도, 그것이 반드시 우리말화한 것만도 아닌 경우가 있는 것이다. 그 반대의 경우도 있다는 것이다

바라고 또 바라건대, 한자와 관계없는 우리말을 한자로 더럽히지 말고 자연 그대로 놔두자.

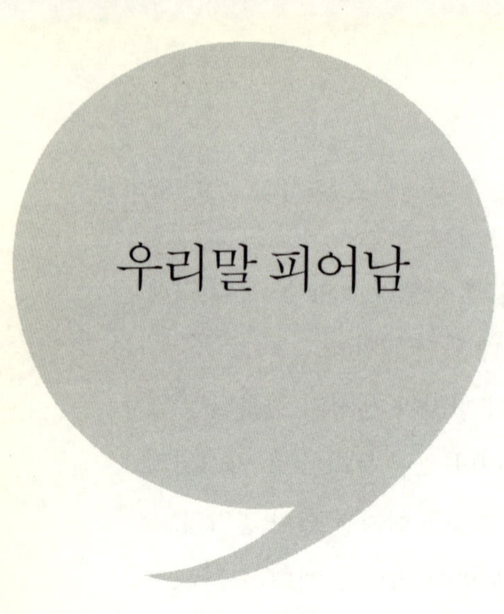


　우리 둘레 구석구석까지 한자가 스며들어 우리 토박이말들이 거의 한자말로 바뀌어 버렸다.

　그러나 한자로는 바꿀 수 없는 우리말이 있다. 그 가운데 하나가 소리 시늉말이다. 시늉말을 다 들어 보일 수가 없으니까 여기서는 '웃음 시늉말'을 보기로 들어 보자. 웃음 시늉말은 한자가 침략할 수도 없어 거리낌없이 마음대로 피어났다.

　"눈웃음(상그레 … 68), 입웃음(방글방글 … 106), 눈입웃음(쌩글빵글 … 44), 얼굴웃음(해죽 … 20), 목웃음(하하, 깔깔 … 73), 코웃음(흥, 힝), 입술웃음(피식 … 8), 함께웃음(까르르 … 6)" 들 모두 8갈래로 갈라 봤는데, 380개가 넘는다. 다 못 찾아서 그렇지 더 있을 것이다. 이 내용은 다른 기회에 볼 수 있으려니와, 하늘 아래 어디에 웃음 시늉말이 이렇게 많은 나라가 있는지 찾아 보라.

　우리말은 한자의 침략이 없으면 얼마든지 피어난다. 그 참모습을 볼 수 있는 또 하나의 거리가 있다. 이 책의 주제인 우리말의 알맹이를 이루는 'ㄹ'의 상상을 뛰어넘는 신비로움이다.

통계로 보면 닿소리에서 '르'이 가장 많이 쓰이는 걸로 되어 있다. 많이 쓰이는 것에 그치지 않고, 그 쓰이는 모습이 놀랍다.

우리 겨레살이의 알맹이가 되는 부분인 '나라가 열리는 길라잡이', '사람과 동물이 다른 기준', '하늘과 땅', '살다 가는 곳', '사냥 수단', '목숨 유지', '겨레 보존', '온 몸뚱이', '사람살이의 틀' 들에 쓰이는 낱말 끝소리(받침)의 90푼(%)은 '르' (리을)로 통일되어 있다.

그 대강을 살펴보자.

○ 나라가 온통 '르'로 비롯했다. '르' (하늘)이 '르' (파물)에 나라를 세워 '르' (바이칼)로 옮았다. '르' (하늘)의 '르' (아들)이 '르' (칼, 돌북, 거울)을 받아 '르' (밝달)나무 아래로 내려왔다. '르' (당골)이 '르' (아사달)에 '르' (서울)을 정했다. '르' (하늘)의 정을 받은 '르' (버들)의 '르' (알)에서 태어난 주몽의 아들이 온조다. '르' (하늘)의 '르' (말)이 품은 '르' (알)에서 박혁거세가 태어났다. 세성굴(삼성혈)에서 '3르' (3을나)이 나왔다.

○ '얼 · 말 · 글 · 불' 들의 '르'이 사람과 동물을 가르는 기준이다.

○ 한울(우주)을 '하늘, 날(해), 달, 별'로 보았고, 땅알(지구)도 '산달(산지), 들(평야), 물(강, 호수), 바랄(바다)' 들 '르'로 덮어쌌다.

○ '르' 속인 '굴, 산골, 시골, 마을, 고을, 서울'에서 살다가 '르' 속인 '널, 물, 불, 절, 달(산), 들, 수풀, 하늘(나라)'로 간다.

○ 사냥 수단이 '돌, 칼, 활 · 화살, 작살, 그물, 낚싯바늘, 어살, 통발, 총알' 들 '르'이 아닌 것이 없다.

○ 음식 '쌀(주식), 나물 · 살(부식), 물'이 '입술'을 통해 '밥줄' (식

도)을 거쳐 '배알' (창자)을 돌아 몸의 '살'이 되고 '핏물'이 되고 남은 '큰말'과 '작은말'이 '미주알'과 '오줌길'로 나온다.

○ 'ㄹ' ('불알'의 '얼' 씨)과 'ㄹ' ('알집'의 '알' 씨)이 만나면 'ㄹ' (아들, 딸)이 된다.

○ 온몸이 '껍질'과 '털'로 완전히 싸여 있고, '얼굴'에는 '눈시울, 눈알(눈깔), 눈망울, 콧날, 입술, 볼, 귓불(귓구슬, 귓방울) 들 'ㄹ' 로 거의 범벅이 되어 있다.

○ 사람살이의 '틀'에도 '핏줄'을 가리고, '절'도 하며, '일'을 하는 '길'이 있고, '글월'도 다루는데, '잘' 못 하면, '허물'이 생겨 '거덜'이 나기도 한다.

우리나라가 아니고 하늘 아래 어느 나라에 'ㄹ'이 이토록 요긴한 곳에 거의 완벽하게 쓰이는 소리가 있을까.

# '르'(리을)의 신비

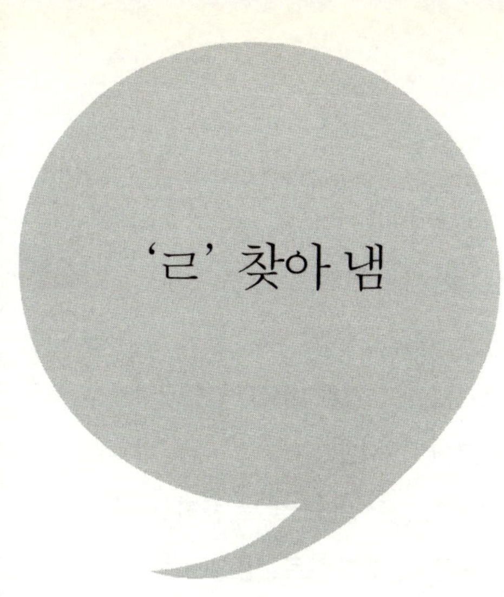


한 시인이 비 오는 날 유리창 너머로 밖을 내다보고 있다. 유리창에 빗물이 듣는 것을 보고 무릎을 탁 쳤다. 유리창살에

“또그르르 구르는 물방울”

을 발견한 것이다. 물방울이 또그르르 구르는 것은 아무나 볼 수 있다. 그 시인은 무엇을 보고 놀라는 것일까.

“또그르르 구르는 물방울”

그 말떼 안에 10개의 음절이 있다. 그 10개 안에 ‘ㄹ’ (리을)이 든 것이 5개 있다. 그러고 보니까 닿소리 ‘ㄱ’과 ‘ㅇ’이 2개씩, ‘ㄴ, ㄸ, ㅁ, ㅂ’이 하나씩 있을 뿐이다.

‘ㄹ’이 든 음절이 전체의 50푼(%)이다. 그 ‘ㄹ’이 구르는 물방울을 신비롭게 하고 있다. 그 시인은 그 ‘ㄹ’을 발견하고 놀란 것이다.

다시 생각해 보면 그 시인만이 아니라 우리나라 사람이면 누구나 그와 같은 ‘ㄹ’ 소리 말을 알고는 있다.

거치르르,

까르르, 꺼치르르, 쫘르르, 꿔르르, 꾸르르,

나스르르, 너스르르,

다르르, 닥다그르르, 덕더그르르, 대그르르, 데그르르, 도그르르, 두
그르르, 도르르, 두르르, 돠르르, 드르르, 디그르르,

따르르, 딱따그르르, 떡더그르르, 때그르르, 떼그르르, 또그르르, 또
르르, 똬르르, 뚜그르르, 뚜르르, 뜨르르, 띠그르르,

바그르르, 버그르르, 바르르, 버르르, 반드르르, 번드르르, 반지르
르, 번지르르, 발가야드르르, 벌거이드르르, 뱅그르르, 빙그르르,
보그르르, 부그르르, 보르르, 부르르,

빠그르르, 뻐그르르, 빠르르, 뻐르르, 빤드르르, 뻔드르르, 빤지르
르, 뻔지르르, 뺑그르르, 삥그르르, 뽀그르르, 뿌그르르, 뽀르르,
뿌르르,

사르르, 소르르, 수르르, 쏴르르, 스르르,

쏴르르, 쓰르르,

아르르, 오르르, 와그르르, 와르르, 왁다그르르, 왁자그르르, 왜그르
르, 우르르, 워그르르, 워르르, 웍더그르르, 웍저그르르,

자그르르, 지그르르, 자르르, 저르르, 조르르, 주르르, 좌르르, 지르르,

짜그르르, 찌그르르, 짜르르, 쩌르르, 쪼르르, 쭈르르, 좌르르, 찌르
르,

차르르, 치르르,

콰르르, 쿼르르,

파르르, 퍼르르, 팽그르르, 핑그르르, 포르르, 푸르르,

하르르, 호르르, 함치르르, 흠치르르, 해반드르르, 희번드르르, 해반
지르르, 희번지르르, 호르르, 후르르, 홀보드르르, 훌부드르르,

뿐 아니라

이슬방울 송알송알
차르르
퀴르르
물방울 방울방울
홀 보드르르
까르르
스르르
쪼르르
하르르
포르르
부르르
구슬방울 동글동글
와르르
와그르
너스르르, 도르르
2006. 영애

꼬르륵, 꾸르릉, 끼루룩, ……

들, 찾아 보면 얼마든지 있다. 무심히 보아 넘겼던 우리 소리 '르'은 그
냥 버려 둘 것이 아니다.

송알송알 싸리잎에 은구슬
조롱조롱 거미줄에 옥구슬
대롱대롱 풀잎마다 총총
방긋 웃는 꽃잎마다 송송송
고이고이 오색실에 꿰어서
달빛 새는 창문가에 두라고
포슬포슬 구슬비는 종일
예쁜 구슬 맺히면서 솔솔솔

권오순의 동시 <구슬비>이다. 제목까지 모두 89자에 받침이 46, "ㄹ
(17), ㅇ(14), ㄴ(5), ㅍ(3),……"으로, '르'이 37푼(%)으로 구슬비를
꾸미는 데 큰 구실을 하고 있다.

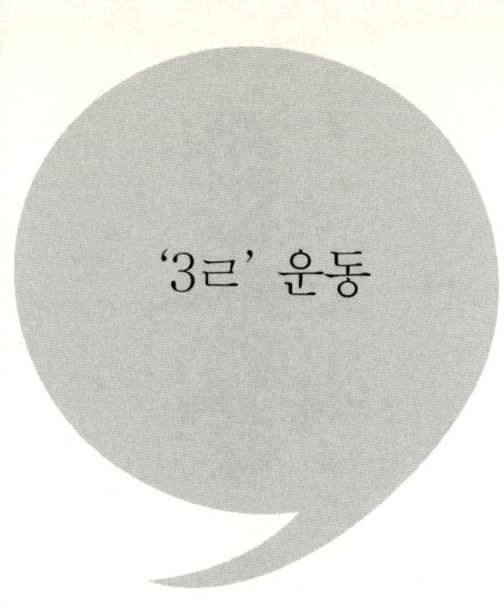


사람과 동물을 가르는 기준이 ‘ㄹ’ 이다.

> 본디 ‘얼, 말, 글’ 이었는데 또 하나 ‘불’ 이 늘었다. 사람에게는 ‘얼, 말, 글’ 이 있고 ‘불’ 을 보면 사람은 이용하고, 동물은 피한다.

1940년 무렵, 곧 일제 말기의 암담한 시절, ‘안창호, 안호상, 이극로, 이윤재, 이인’ 들이 뜻을 모아 ‘양사원’ 을 조직했다. 선비를 기른다는 ‘양사원’ 은 대학 졸업생 재교육 기관이었다. 말이 재교육이지 겨레 정신을 일깨워 주기 위한 독립 운동의 하나로 나타난 것이다.

노산 이은상이 썼다는 그 양사원 조직 취지문에 ‘3ㄹ 운동’ 이라는 말이 있다. ‘3ㄹ 운동’ 이란, ‘얼’ 과 ‘말’ 과 ‘글’ 운동이다.

‘얼, 말, 글’ 은 사람을 만물의 영장이 되게 하는 기준이다. 오늘날에는 또 하나 ‘불’ 도 그 기준이 되는데, ‘불’ 을 사람은 이용하지만, 동물은 멀리한다.

동물 가운데에서 ‘얼’ 이 있어야 사람 될 자격이 있고, ‘말’ 이 있어야 겨레로서 행세할 수 있고, ‘글’ 이 있어야 문화살이를 할 수 있다.

안타깝게도 이 '3ㄹ 운동'은 1942년 10월 1일의 한글 학회 사건으로 끊어지고 말았다.

'얼, 말, 글'이란 말은 우리 겨레와 끊으려야 끊을 수 없는 깊은 관계가 있다. 이 '얼, 말, 글'이란 낱말들의 끝소리가 모두 'ㄹ' (리을)이다. 'ㄹ'은 우리 겨레와 특별한 관계가 있는 것이다.

끝음절 끝소리가 'ㄹ'인 낱말을 모으는 일은 '말'과 '글'과 '얼'이 주체이므로, 먼저 그 '말'과 '글'과 '얼'에는 어떤 '낱말'들이 있는지 알아 보기로 한다.


■ **말**

'말'에는

'갈말, 거센말, 거짓말, 겉말, 겹말, 곁말, 군말, 귀엣말 · 귓속말, 글
      말, 기움말, 긴말,

꽃말, 꾸밈말,

낮은말, 낮춤말, 낱말, 내친말, 노랫말, 높임말(공대말),

대중말, 도움말, 두말, 뒷말,

딴말,

막말, 매김말, 맺음말, 머리말, 밑말(어근),

바른말, 반말, 변말, 별말, 보기말, 본말, 부름말, 부림말, 빈말,

산말, 상말 · 쌍말, 서울말, 센말, 속된말, 속말, 시골말, 시늉말(소리
      시늉말 · 짓 시늉말), 시쳇말, 심마니말,

아무말, 앞말, 옛말, 올림말, 옳은말, 요샛말, 우리말, 이은말, 익은말,
      임자말, 입말, 입속말, 입찬말,

작은말, 잔말, 정말1, 좀말, 준말,

참말, 첫말,

큰말,

토막말, 토박이말,

표준말, 풀이말,

한말(한나라말), 허튼말, 헛된말, 헛말, 혼잣말, 흉내말, 힘줌말'

들이 있다.

■ 글

'글'에도 '한글'이 우리글 이름이고,

'귀글, 그림글, 뒷글, 머리글, 밑글, 밤글, 소리글, 어깨너멋글, 줄글,

헛글'

들이 있다.

글에는 불상이나 경전을 받들어 모시거나, 절이나 탑 따위를 창건하였을 때 경축하고 봉덕을 찬양하는 글을 '경찬글'이라고 하듯 어떤 일을 기리는 글도 있고, 근래에는 '답글, 댓글'이라는 말도 나왔다.

■ 얼

'한 얼'은 1909년 대종사 나철이 민속 종교로 연 대종교에서 '큰 넋'이란 뜻으로 '우주' 또는 '신(神)'을 이르는 말이다. '한얼교'는 1967년에 신정일이 열어 단군을 모시는 겨레 종교다. '한얼님'이라고 하면 본디 대종교에서 조화신으로 한인, 교화신으로 한웅, 치화신으로 한검을 아울러 이르는 말인데, 하느님 곧 단군을 높여 부르는 말이기도 하다.

# 일본에도 '3ㄹ'

우리나라에서 신비한 'ㄹ'이 한자의 영향을 받지 않고 시원하게 피어난 모습을 보여 준다는 것은 겨레로서도 보람차고 자랑스러운 일이다.

또 하나 덧붙여 둘 것이 있다. 《일본서기》 '신대기'에

"아마테라스가 아마노하라에서 니니기를 내려 보내면서 3가지 보물을 주어 왕실의 보람으로 삼게 했다"

고 했다. 이것을 '3종의 신기'라고 하여 역대 왕이 이어받아 온다.

그 3가지 보물은 '야타노 가가미, 아마노 무라쿠모노 쓰루기, 야사카니노 마가타마', 곧 '거울, 칼, 구슬'이다.

□ 야타노 가가미: 아마테라스가 하늘의 바위문에 숨었을 때, 이시토리도메가 만들었다는 큰 거울.

□ 아마노 무라쿠모노 쓰루기: 스사노오가 이즈모에서 야마타노 오로치를 쳤을 때, 그 꼬리에서 나왔다는 칼(여덟 사람의 고구려 토호 세력을 치고 얻은 칼).

> □ 야사카니노 마가타마: 여덟 자의 끈에 꿸 만큼 많은, 큰 옥으로 만든 곱
> 구슬.

　우리나라 한인이 한웅을 내려 보내면서 왕권의 상징으로 준 천부인 3개가 '칼, 돌북, 거울'의 '3ㄹ'인데, 일본 왕권의 상징이 '3ㄹ'이라는 것도 우연치고는 희한한 우연이다. 우연이라고만 밀어 둘 것도 아니다. 우리나라 '천부인 3개'가 일본 '3종의 신기'의 본보기라는 것이다. 스사노오가 신라나라 소시모리(춘천 우두산이 아니라 김해 우산이나 금산성인 듯)에 내려왔으며, 그의 누나 아마테라스 고향이 신라고, 니니기가 가야 구지봉에 내려왔다면 필연일 수도 있다는 것이다. 신화에서 '내려왔다'고 하면 '태어났다'는 뜻이다.

　우리나라에서 청동기 시대(서기전 1,000년~서기 100년)에 '청동거울, 청동칼, 곱구슬'이 그 시대 문화의 특색이었다. 일본 야요이 시대(서기전 300년~서기 300년) 유물인 '돌 농기구, 청동칼, 청동거울' 들이 후대에 규슈 사가 지방에서 나왔고, 규슈 북안에서 '구리거울, 칼, 방울'이 나온다. 일본 고분시대(서기 300년~서기 600년)의 유물인 '청동거울, 청동칼, 청동방울' 들이 규슈와 세토 안바다(瀬戸內海 : 혼슈와 시고쿠 · 규슈에 둘러싸인 안바다) 연안에서 나왔다.

　일본 가와치 지방에 백제식 옛무덤이 많은데, 1872년 가을 큰 비바람에 그 일부가 무너지면서 '대선릉'(오오사카 사카이에 있는 무덤)에서 백제 유물이 쏟아져 나왔다. 그 유물 가운데, 지금 미국 보스턴 박물관에 보관돼 있는 보물이 '구리거울, 고리칼, 말방울'이다. 이 중 '구리거

울'이 한국 공주 무령왕릉의 '구리거울'과 닮았다. '대선릉'은 일본 16대 닌토쿠 왕 무덤이라지만, 백제 개로왕의 아우 곤지왕(무령왕의 숙부)의 무덤이란다. 《왜나라와 백제》, 김영덕, 열린출판사, 2006)

   ※ '거울, 칼, 구슬'과 '돌, 거울, 칼'과 '거울, 칼, 방울'에서 '거울, 칼'은 공통이고, '구슬, 돌, 방울'은 다르지만, 어쨌거나 '3ㄹ'이 각각의 뼈대다.

# 리을끝낱말

('리을 속 낱말' 포함)

끝음절의 끝소리(받침)가 'ㄹ'인 낱말을 '리을끝낱말'이라 하고, 낱말의 (끝이 아닌) 속에 있는 음절 끝소리가 'ㄹ'인 낱말을 '리을 속 낱말'이라고 한다. 그 중에서 사물의 이름을 나타내는 낱말을 '이름말'이라 하고, 이름말이 아닌 꾸밈말이나 낱말의 뿌리·줄기는 '안이름말'이라고 한다.

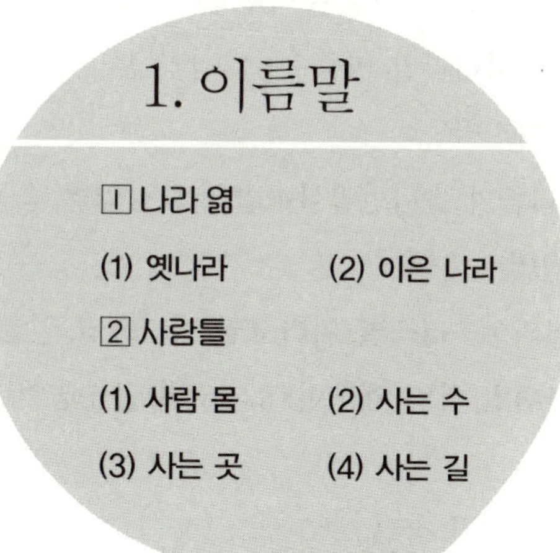


리을끝낱말 가운데에서 여기서는 이름말을 모아서 들어 보이는데, 먼저 그 보기로 '벌'에 관한 이름을 모아 본다.

■ 벌

'벌'에는

'개미살이좀벌, 검정나무벌, 검정등누런잎벌, 검정등푸른잎벌, 고치벌, 긴배검정잎벌, 긴배벌,

꽃벌, 꿀벌,

나나니벌, 나비살이금좀벌, 날개무니잎벌('무늬'는 잘못), 넓적다리
　　잎벌, 노랑눈배벌, 노랑띠배벌, 노래기벌, 노루벌,

뒝벌, 등에잎벌,

땅벌,

말검정잎벌, 말벌, 말총벌, 무니수중다리좀벌, 물벌, 밀벌, 밑들이벌,

박벌, 배수중다리잎벌, 버들수중다리잎벌,

뾰족벌, 뿔가위벌,

사마귀꼬리좀벌, 솔나방알살이벌, 솔노랑잎벌, 송곳벌,

쌍노랑줄잎벌,

애배벌, 어리상수리혹벌, 어리코벌, 어리혹벌, 얼굴무니대모벌, 여왕
　　벌, 왕가위벌, 왕벌, 왜무잎벌, 왜코벌, 은주둥이벌, 일벌, 잎벌,

조롱벌,

참벌, 청등에잎벌, 청벌,

큰무니배벌,

파랑벌 · 왕청벌, 풀벌,

호리꼬마구멍벌, 호리병벌, 호리무니배벌, 호박벌, 홍띠구멍벌, 흰
　　꿀벌'

들이 있다.

　※ 그 가운데에서 '맵시벌'에 딸린 벌을 따로 들어 보인다.

'검정마디꼬리맵시벌, 검정맵시벌, 검정무니거미맵시벌, 긴꼬리뾰족맵시벌,

꼬리치레맵시벌,

나방살이맵시벌, 노랑배자루맵시벌,

등에살이뭉뚝맵시벌,

마디꼬리맵시벌,

발각시살이맵시벌, 별자루맵시벌, 보라자루맵시벌,

세줄뭉툭맵시벌,

알락맵시벌, 어리등에살이뭉뚝맵시벌, 어리별자루맵시벌, 어리세줄맵시
　벌, 왕맵시벌,

참줄뭉뚝맵시벌,

혹마디꼬리맵시벌, 흰무니꼬리맵시벌'
들이 있다.

# ☐ 나라 엶

※ 2006년 한양대가 유물 13점쯤 캐낸 충북 청원군 강외면 만수리 유적은 일본 도오시샤(同志社) 대학 마쓰후지 가즈토 교수가 흙 분석으로 측정한 대로 54만~56만 년 전의 구석기 때 것이며, 30만~60만 년 전으로 추정되는 중국 베이징 근교에서 뼈가 발견된 원인(原人)과 비슷한 때에 한곳(한반도)에도 원인이 나타났다고, 2007년 11월 25일 일본 언론이 보도했다.(2007. 11. 27. 조선일보 들)

우리 한겨레의 비롯은 바이칼 호수 북쪽 수풀 지대에 살았던 구석기인들이고, 이들이 한나라 땅 쪽으로 옮아 온 때는 기원전 25,000년께로 보고 있다. (김정학: 1911~2006)

그리고 1998년에 충북대 박물관 팀이 충북 청원군 옥산면 소로리에서 (14,000년 전쯤의) 옛날 볍씨를 찾아 냈다. 소로리는 세조가 작은 노나라(小魯)라고 한 곳이다. 이 볍씨 유적터는 오창과학산업단지 안에 있는데, 탄소 연대 측정 결과 15,000년 전쯤의 토탄층이다. 당시 가장 오래라는 11,000년 전쯤의 중국 양쯔강 유역 볍씨보다 2,000~4,000년 앞선다.

그러나 우리 한인(桓因)의 한나라(桓國) 열리기 신화는 10,000년~9,000년 전쯤부터 비롯한다.

# (1) 옛나라

**하늘 · 밝달 · 당골**

서력기원 이전의 우리 옛나라를 여는 데에도 'ㄹ'이 큰 구실을 했다.

하늘, 아들, 칼 · 구슬(돌) · 거울, 밝달, 당골, 아사달, 서울

## 한나라

《한단고기》에 실려 있으며, 안함로(신라?~640)가 엮은《삼성기》(한인기 · 한웅기 · 단군기) 상편 첫머리에 나오는 '한국(桓國)'에 대해,《한단고기》를 번역 · 주해한 임승국 님은 "옛날에 하늘을 桓이라고 한다(天曰桓)고 했으니, 桓은 하늘이라는 뜻의 '한'이다"라고 했다. 또《한단고기》를 주해한 김은수 님은 "桓은 韓의 정자, 지금부터 약 9,000년 전(신석기 시대 초기: 10,000년 전이라는 설도 있다.)에 시베리아(파미르 높은벌)에 있던 한인씨의 나라, 뒤에 그 중심지를 바이칼 호수 근처로 옮긴 듯 하다"라고 했다.

《북방민족신문》(2005. 10. 1) 첫쪽에 "한나라(桓國)(서기전 7199~

서기전 3898)의 도읍지는 우랄알타이 산달 중국 신쟝성 톈산북길의 요충지인 우루무치"라고 했다.

16세기 학자 이맥이 엮은《태백일사》에 "한(桓)은 전일(全一)이오 광명이다. 전일은 삼신의 지능이 되고, 광명은 삼신의 실덕이 되며, 우주 만물의 시초다"라고 했다.

안호상의《고대민족사연구》를 보면 "한나라는 천국(天國)=환국(桓國)=신국(神國)=한국(韓國)"으로 풀이되어 있다.


'한나라' 기록에 '한인, 파미르, 바이칼'의 세 낱말이 나온다. 겉으로 보면 외래말이지마는 속으로 보면 우리말과 통한다.

'한인'이 '하늘'님이라는 것은 다 안다. 심마니말에서 '어이님'(산삼꾼)을 '어인'이라고 한다. 마치 '한님'(하늘님)을 '한인'이라고 하는 것과 비슷하다.

'파미르'가 중국 역사책《한서(漢書)》에 '총령(蔥嶺)'이라고 나온다. 중국 하천과 물줄기를 적은 지리책 <수경(水經)>에

"총령은 돈황(敦煌) 서쪽 8,000리에 있다. 그 산이 높고 크다. 꼭대기에 파[蔥]가 자란다. 그래서 '총령(蔥嶺)'이라고 한다."
라고 되어 있다.

이 기록에 관해서《세계 땅이름 말밑》(마키 히데오, 1980)을 살펴보면,

"그러나 중국계 땅이름 같지 않다. 그 말밑설에는
- 인도 신화에서는 파미르(Pamir) 지방을 세계 중심으로 여겨 '우파·메루(Upa-Meru: 산기슭 나라)'라고 한다.

- ‘파미르’의 ‘미르’는 산스크리트말 ‘미르(mir: 호수)’다. 이 지방에 호수가 많다. 그렇다면 ‘파미르’는 ‘파湖’가 된다.

들도 있다.”

라고 되어 있다. 이 두 말밑설로는 ‘파미르’는 “산과 물”이다. 그러나 《수경》의 ‘파’는 우리말이다. 게다가 우리말에 ‘미르’(용)가 있고, 비슷한 소리 미리내(은하수)의 ‘미’가 ‘물’의 우리 옛말로, 지금도 일본에 살아 있는 말이니 역시 ‘물’이 아니겠는가. 그렇다면 ‘파미르’는 ‘파물’이다. 《한서(漢書)》나 《수경(水經)》 엮은이에 우리나라 사람이 끼이어 있었던 것 같다.

‘파미르’가 우리말이라는 주장은 또 있다.

육당 최남선이 그의 《불함문화론》(1925)에서 “‘파미르’가 키르기즈말로 ‘고요하고 쓸쓸함’이라는 뜻이라고 하지마는, 그 옛꼴이 ‘붉몰’(‘몰’은 山)로서, ‘밝은 메’(白山)일 것이라”고 했다.

《한서》의 ‘총령’에 관해서 한양대학교 김정수 교수는 “‘총령’의 ‘嶺’은 ‘마루’다. ‘마루’는 ‘미르’와 홀소리만 바뀐, 뿌리가 같은 말이다. 그러므로 ‘파미르’와 ‘파마루’는 우리말이다”라고 했다.

※ ‘물’이 홀소리가 바뀌어 ‘몰(믹, 메), 마루(宗·嶺), 미르(용, 호수), 미리(미리내=은하수), 미·매(‘물’의 옛말), 물(水), 마라(마라도), 마리=머리(마리산)’ 들에 쓰일 수 있다. 마치 ‘돌’이 ‘달(산·땅…… 아사달, 구달산), 들(평야…… 들판, 뒷들, 망경들), 돌(물가 땅…… 손돌목, 울돌목, 노돌→느들), 다라(구둘→구다라)’ 들로 쓰이는 것과 같다.


한편, ‘바이칼’ 호수는 러시아 동시베리아 호수 땅골띠(地溝帶)에

생긴 가늘고 긴 민물호수다. 유라시아 대륙에서는 가장 크다. 그 말밑은
  "튀르크말과 타타르말 '바이' (bai: 풍부한)와 야쿠트말 '결' (kjol: 호
수)인데, '결'이 '칼'로 바뀐 것."
  이다. 깊이 1,620m로 세계 호수 가운데 가장 깊고, 자원이 풍부하다.
  이렇듯 뜻으로 보면 '한인'도 '하늘'이고, '파미르'도 '물' (호수)이
고, '바이칼'도 '물' (호수)이다. 우리말로는 한나라가 '3ㄹ'로 이루어
져 있다.
  '한인'은 "1세 한인(안파견), 2세 혁서, 3세 고시리, 4세 주우양, 5세
석제임, 6세 구을리, 7세 지위리(단인)"으로 7세를 이어 내렸으나, 그
들의 연대는 알 수가 없다.
  ※ 일본《고사기》에 일본 천지 개벽 때 가미요(神代) 일곱 대(七代) '아마노
미나카누시, 다카미무스비, 가무무스히, 우마시 아시카비 히코지, 아마노 도
코타치, 구니노 도코타치, 이자나기'라고 한 것은 이 한인 7세를 본떴는지
두 나라가 열리는 첫밝에 나타난 신들의 수가 '일곱'으로 같다.


우리 겨레와 바이칼과의 관계를 알 수 있는 기사가 2002년 8월 22
일치《동아일보》에 났기에 여기에 간추려 소개한다.

# 빙하기 바이칼에 우리 겨레가 살았나(간추림)

동아일보 신동호 동아사이언스 기자

비행기로 4시간 거리나 떨어진 바이칼 호에서 맞부딪친 시베리아 원주

민이 한국인과 구별이 어려울 만큼 얼굴이 똑같은 데 놀라지 않을 수 없었다.

서울대 의대 이홍규 교수를 포함한 전세계 유전학자들은 1980년대 말 세계 주요 인종의 미토콘드리아 DNA 분석 결과를 토대로 등장한 '아프리카 인류 기원설'을 신봉한다. 흔히 '분자시계'로 불리는 미토콘드리아 DNA는 엄마가 딸에게만 물려주고 돌연변이가 빨라 조상을 추적할 수 있는 훌륭한 수단이다. 이 학설에 따르면 아프리카에 현생인류인 호모사피엔스가 출현한 것은 15만 년 전쯤. 이어 5~7만 년 전쯤 중동 지역으로 진출해 빠른 속도로 아시아와 유럽, 아메리카로 퍼졌다.

이런 흐름에 비추어 국내 유전학자들은 한국인의 원류가 된 북아시아인이 마지막 빙하기인 5만 년 전부터 1만2,000년 전까지 시베리아 지역에서 살아 온 것으로 보고 있다.

이 교수는 "대부분의 한국인은 북아시아인의 체질을 갖고 있지만, 남방계 아시아인과 유럽인의 유전자 들도 일부가 섞여 있다"고 말했다.

바이칼 호 주변에는 '무덤 계곡'이란 지명이 있을 정도로 많은 구석기와 신석기 유적이 발굴되고 있다. 러시아에서 시베리아 석기를 연구한 목포대 이헌종 교수(고고학)는 "2만 5,000년 전부터 날씨가 추워지면서 정교한 가는돌날 문화가 시베리아에서 비롯해 한국으로 확산한 것은 빙하기와 인구 이동의 연관성을 엿보게 한다"고 말했다.

이와 관련해 러시아 고고학의 권위자인 이르쿠츠크 대학 게르만 메드베데프 교수는 "빙하기였던 1만 7,000년~1만 9,000년 전 바이칼 호 이웃의 시베리아가 사막이 되자 더 좋은 기후를 찾아 사람들이 이동하면서 한국과 일본에 인구가 밀집해 있을 가능성이 있다"고 말했다.

시베리아에는 여러 아시아 소수 겨레가 있다. 인구 40만의 부랴트 겨레는 이 중 최대의 소수 겨레로, 바이칼 호 주변에서 자치공화국을 이뤄 살고 있다. 부랴트 겨레가 간직한 샤머니즘의 원형은 우리 겨레와 비슷한 점이 많아 관심거리다.

부랴트 겨레는 우리의 '선녀와 나무꾼'과 똑같은 설화를 갖고 있다. 한 노총각이 바이칼 호에 내려온 선녀에 반해 옷을 숨겼다. 어쩔 줄 모르고 당황해하는 선녀를 집으로 데려와 아들 열 하나를 낳았다. 하지만 방심하는 틈에 선녀는 숨겨 놓은 옷을 입고 하늘로 올라간다는 얘기다.

배재대 이길주 교수(러시아학)는 "샤머니즘의 상징인 말뚝은 오리를 조각해 나무 꼭대기에 꽂아 놓은 우리의 솟대나 서낭당과 상징적 의미와 형상이 거의 똑같다"고 밝혔다.

이르쿠츠크에서 여행사를 하는 정정길 씨는 부랴트 겨레도 우리처럼 천한 이름을 지어 줘야 오래 산다고 믿어 '개'란 뜻의 '사바카'란 이름이 흔하다"고 귀띔한다. 아기를 낳으면 탯줄을 문지방 아래 묻는 전통도 우리와 비슷하다는 것.

바이칼을 찾는 사람과 손을 맞잡고 부르는 샤먼의 북소리와 애잔한 노래 가락 따라서 추는 춤은 강강술래 같다. 예전의 샤먼이 썼던 모자는 사슴뿔 모양으로, 신라의 왕관과 모습이 닮아 시베리아의 샤먼 전통이 한국으로 전해진 것이라는 주장도 나오고 있다.

## 배달나라

《삼성기》에 이르기를 "하늘에서 '하늘'님(한인)의 아들(한웅)이

(신석기 시대 중반에) 천부인 3개와 무리 3천을 거느리고 한밝메(태백산) ‘밝달’ 나무(신단수) 아래로 내려와 신시를 베푸니 ‘배달나라’ 다”라고 했다.

《북방민족신문》(2005. 10. 1.)에는 배달나라(서기전 3898~서기전 2333)가 지금부터 5904년 전에 비롯해서 18대 1565년 동안 이어 내려왔는데, 도읍지는 중국 산시성 시안(西安) ‘신시’ (중국 태백산 지역)라고 했다.

배달나라의 ‘한웅’이 서기전 3898년에서 “1세 거발한(94년), 2세 거불리(86), 3세 우야고(99), 4세 모사라(107), 5세 태우의(93), 6세 다의발(98), 7세 거련(81), 8세 안부련(73), 9세 양운(96), 10세 갈고(100), 11세 거야발(92), 12세 주무신(105), 13세 사와라(67), 14세 자오지(치우 천왕: 109), 15세 치액특(89), 16세 축다리(56), 17세 혁다세(72), 18세 거불단(단웅: 48)”까지 모두 18세가 1,565년 동안 다스렸다(이상 괄호( )의 숫자는 그들 18세가 나라를 다스린 햇수다).

한웅이 360여 가지 일을 맡아서 세상을 다스렸으며, 곰녀와 결혼하여 왕검을 낳았다. 곰녀는 동굴 속에서 쑥 한 타래와 마늘 20개를 먹고 햇빛을 보지 않은 채 시련을 견디어 여자로 바뀌어 났던 것이다.

※ 하늘에서 내려온 한웅이 왕검을 낳은 것으로 알기 쉬우나, 연대로 보아 18세 거불단 단웅이 낳았을 것이다.

※ 여기 ‘한나라 7세’나 ‘배달나라 18세’가 신화처럼 엮어져 있으나, 2005년 9월 초에 김해 박물관이 경남 창녕군 부곡면 비봉리, 신석기 시대 초기로 여겨지는 진펄땅과 조개무지 옛터에서 8,000여 년 전 통나무배를 파냈고, 1925년 을축년 큰비 때 서울 한강 가 암사동에서 6,000년 전쯤 사람들

의 움집자리터가 발견되고, 여수 안도에서 약 6,0000년 전 조갑팔찌 낀 신석기 때 여자 뼈도 발견된 것으로 우리 역사도 4,300여 년만이 아니라 그 전까지도 거슬러 올라갈 수 있다는 것이 사실임이 증명된다.

## ○ 천부인 3개

천부인 3개의 실체가 무엇인가에 관해서 동국대학교 임기중 교수가 《동대신문》864호에 '단군 신화의 천부인 해석'이라는 논문을 실었다. 그 결론 부분을 여기 옮겨 본다.

《삼한 관경 본기》에 다음과 같이 기록되어 있다.

"세상에 전하기를 한웅 천왕이 이 곳에 순주하고 전렵하여 제사를 지냈다고 하였다. 풍백은 천부경을 거울에 새겨서 들고 나가고, 우사는 영고(迎鼓) 환무(環舞)하고, 운사는 백검으로 호위했다. 대개 천제가 산에 나가는 의장(儀仗)은 이와 같이 삼엄하였다."

고 하였다.

천부인 3개는 바로 풍백의 거울, 우사의 북, 운사의 칼이었다.

"3ㄹ" 가운데 '칼'과 '거울'은 우리와 일본이 공통인데, 웬 '북'이냐 하는 의문이 생긴다. 알고 보면 '북'은 노래장단에 쓰이는 중요한 악기이기도 하지만, 북방 시베리아 당골(샤먼)들에게는 반드시 있어야 하는 샤먼 의식(굿)의 상징인 것이다.

※ 운사의 '북'이 다름 아닌 '돌북'이다. '돌'도 'ㄹ'이지만, 귀중한 보물인 북이 아무렇게나 굴러다니는 돌이 아니고 특별한 돌일 것이다. 말하자면 구슬 같은 값진 돌, '구슬돌(옥돌)'이 아니겠는가.

이 '돌북'에 관해서 임기중 교수도

"돌북의 '돌' 따위를 종교 의식 같은 데에 쓰이는 거룩한 제구로 보는 내림이 있다. 더 깊은 경지에 서는 주석(呪石: magic stone)이라고 하여 불행이나 재앙을 막아 준다고 하는 신비한 힘이 있는 주보(呪寶)라고 여긴다. 그런 실체로 무한한 것이라고 동그라미로 나타내어 구슬이나 반지 같은 둥근 것을 믿음의 대상으로 삼는다."

고 한다. 역시 돌북의 '돌'이 구슬 같은 돌, 곧 구슬돌(玉石)이란 것이다.

그렇다면 '구슬돌(玉石)'과 곱구슬(曲玉)은 구슬(玉)로 통한다. 우리 천부인 3개도 '거울, 구슬, 칼'이고, 일본 왕권의 상징 3가지 보물도 '거울, 구슬, 칼'로 끝소리가 'ㄹ'인 것이 똑같다. 그래서 우리 왕권의 상징 천부인 3개가 일본 왕권의 상징 3가지 보물의 본보기라고 하는 것이다.

청동기 시대 우리나라에서 농사나 사냥이 잘 되게 비는데, 청동거울을 서낭당 나뭇가지에 걸어 놓고, 방울을 울리며, 칼을 휘두르면서 춤과 노래로 굿을 했다.

그 유물로 1971년에 무령왕릉에서도 '고리칼, 청동거울, 곱구슬'이 나왔다. 역시 '3ㄹ'이 왕권의 상징으로 남아 내려온 것이다.

2006년 3월 1일부터, 전남대 박물관이 전남 고흥군 포두면 길두리 기러깃골(雁洞) 옛 돌방 무덤에서 파내어, 23일에 중간 발표한 유물에 '청동거울, 둥근고리큰칼, 쇠화살촉'의 '3ㄹ'이 들어 있었다. 그래서 기러깃골 일대가 백제에 딸린 나라 터였는지, 따로 선 어떤 작은 나라 터였는지 궁금하게 하고 있다.

비록, 우리나라 열린 때가 아득한 옛날(9,000년~10,000년 전, 혹은 더

오랜 그전)이라서 신화로 다루어지더라도, 그래도 이 '리'의 신비는 변함이 없다. 역시 신화 세계에서도 지금과 마찬가지로 '리'이 큰 구실을 했던 것이다.

■ **하늘(님)**

'한나라'나 '배달나라'에 나오는 '한인'이라고 하는 것을 《국사대사전》(지문각, 1968)에서 찾아 보면

> "환인(桓因): 옛 기록 단군 신화에 나오는 신적 존재, 환웅의 아버지, 단군의 할아버지인 '하느님'으로 …… 이는 삼국유사를 엮은 일연이나 보충 설명한 무극이 윤색한 것으로 볼 것이며, 본디는 '하늘'·'하느님'이라는 우리말의 근원이 되는 무슨 어형의 소리 적기라고 보는 것이 일반적인 견해다."

라고 되어 있다.

※ 그 어형(말꼴)이 '흐늘'이나 '한올' 같은 것이 아닐까? 그때 한자 같은 것이 있을 턱이 없고 '桓仁'은 나중에 그 말꼴을 취음한 것일 듯 하다.

■ **아들**

하늘님인 한인에게 형제도 있을 수 있고, 손자들도 있을 수 있는데, 하필 '리'이 붙는 '아들'인 한웅이 내려왔다.

■ **밝달 · 배달**

한웅이 내려온 곳이 참나무도 아니고 닥나무도 아닌 '리'이 붙는 '밝달'나무 아래로 내려왔다.

이 '밝달'의 '밝'[ㅂㅏㄹㄱ]의 '리'이 'ㅣ'로 바뀌고 'ㄱ'이 줄면 '배'로 되어 '밝달'이 '배달'이 된다.

'하늘, 아들, 박달'이 배달나라를 이루는 구실을 했는데, 모두 '리을

하늘
하늘님
아들
밝물
밝달
(천부인)
칼
거울
돌
북
아사달
당골
아사달
서울

끝낱말’로 ‘3ㄹ’이다.

## 옛조선

《삼국유사》(1285)를 보면 청동기 시대 초엽 서기전 2,333년 무렵, 왕검이 세운 나라가 ‘옛조선’이다. ‘왕검’이란 말은 나중 이야기고, 그 무렵에는 ‘당골’이었다. 최남선의《불함문화론》에는 ‘당골’을 ‘단군’으로 적는다고 했다.

‘당골’이 ‘아사달’에 ‘서울’을 정하여 ‘옛조선’을 세웠던 것이다. 역시 ‘3ㄹ’로 이루었다.《북방민족신문》(2005. 10. 1.)에는 ‘아사달’을 중국 하얼빈이라고 했는데, 다른 주장으로는 발해만의 진황도나 조양이라고도 한다.

《단군세기》에 보면 ‘당골’이 지금부터 4,340년 전에 비롯해서

“1세 왕검(93년), 2세 부루(58), 3세 가륵(45), 4세 오사구(38), 5세 구을(16), 6세 달문(36), 7세 한율(54), 8세 우서한(8), 9세 아술(35), 10세 노을(59), 11세 도(57), 12세 아한(52), 13세 흘달(61), 14세 고불(60), 15세 대음(51), 16세 위나(58), 17세 여을(68), 18세 동엄(49), 19세 후모소(55), 20세 고홀(43), 21세 소태(52), 22세 색불루(48), 23세 아홀(76), 24세 연나(11), 25세 솔나(88), 26세 추로(65), 27세 두밀(26), 28세 해모(28), 29세 마휴(34), 30세 내휴(35), 31세 등올(25), 32세 추밀(30), 33세 감물(24), 34세 오루문(23), 35세 사벌(68), 36세 매륵(58), 37세 마물(56), 38세 다물(45), 39세 두

홀(36), 40세 달음(18), 41세 음차(20), 42세 을우지(10), 43세 물리 (36), 44세 구물(29), 45세 여루(55), 46세 보을(46), 47세 고열가 (58)까지 2,038년을 이어 내려왔다. 그러다가 서기전 238년에 망했 다.”고 되어 있다(현행 고등학교 교과서에는 서기전 108년까지 2,226년 간 이어졌다고 되어 있다).

※ 이 무렵에는 한자가 없었으니, 여기에 쓰인 한자말들은, 우리말로 전해 내려오던 것을 나중에 한자가 나와서 쓰인 뒤에 한자로 소리로나 뜻으로 옮겨 적은 것이다.

[보기] 환=한인(하늘님), 왕검(임금), 단군(당골), 우서한(웃한: 8대 단 군), 다물(회복: 38대 단군), 그 밖에 ‘구을 · 노을 · 여을 · 보을’ 들 의 ‘을’, ‘고홀 · 아홀 · 두홀’ 들의 ‘홀’ 들이 서로 어떤 관계가 있는 것도 같다. 또, 비록 한자로 적혀 있지만, 리을끝낱말 꼴이 19개, 리 을속낱말 7개, 모두 26개로 전체 47개의 55푼(%)을 차지하여 절반 이 넘는다는 것도 관심거리다.


## ■ 당골

‘당골’이란 말은 지금은 그 뜻이 변질하여 무당이나 점쟁이라고 하 여 천한 뜻으로 쓰이지마는, 본디는 원시 시대의 ‘제사장 · 예언자’였다.

무당들이 귀신을 섬겨 길흉을 점치고 굿을 하는 것이나, 점쟁이들 이 사람의 장래를 내다보아 미리 판단하는 것들이 마치 제사장이 점 술에 정통하여 악귀를 쫓고 사람에게 영검을 얻게 한다든지, 예언자 가 하느님으로부터 계시 받은 진리를 사람들에게 전하는 것들과 비슷 하다.

　그 때에는 우리말은 있었어도 한자가 없었으니, 나중에 '당골'을 박달(檀)나무 아래에서 난 임금이라고 한자로 새겨 '단군(檀君)'이라고 붙였다지만, 단군을 '壇君'이라고도 적는다. 그것은 '단군'이 한자말이 아니고 우리말 '당골(당굴)'을 한자로 옮겨 적었다는 증거다.

　※ '단군'이 '당골'이라는 것은, 1925년에 육당 최남선이 발표한 《불함문화론》에 다음과 같이 나타나 있다.


　　이제는 壇君의 정체를 드러내도 좋으리라 ……, 내가 보는 바로는 壇君이란 Tengri 같은 말의 소리 옮김으로서, 본디 하늘을 뜻하는 말이다. ……언어학적으로 같은 문화권에 딸린다고 생각되는 몽골말의 Tengri가 하늘과 무당을 뜻하며, 조선에서도 예로부터 임금과 무당을 같은 말로 불렀다. …… 조선의 현대말에도 무당을 Tengur · Tangur-ai라고 부르는 곳이 있다. [주] 금강 연안과 서북 여러 곳에서는 시방도 무당을 '단굴'이라고 한다."


　이 글에서 '단군'을 '단굴'이라고 한다고 했는데, '당굴'을 그렇게 적은 것이며, 지금 표준말로는 '당골'이다.

### ■ 아사달

　당골(단군)이 나라를 여는데, 사는 곳을 하필 '아사달'에 정했다. '아사달'의 '아사'의 뿌리는 '아ᄉ'로,

　'아시' 따위 여러 가지로 쓰이는데, "시작"이라는 뜻이 있다. '달'은 '산'의 옛 새김이다.

### ■ 서울

　나라를 세우려면 '서울'이 있어야 한다. 임금이 사는 마을을 중국에

서는 '징청(경성), 떠우이(도읍), 서우떠우(수도) ……' 들 여러 가지로 부르고, 일본에서는 '미야코'라고 한다. 나라가 열릴 때에는 특히 초기에는 서울과 나라가 하나였다.

　'당골'이 '아사달'에 '서울'을 정했다는 것은 '3르'로 옛조선을 열었다는 것이 된다.

# 임금의 후예들

가을도 없이 여름에서 겨울로 건너뛸 참인지 때 이른 추위로 한결 냉랭해진 사무실 분위기를 녹여 볼까 하고 삼식 씨가 꽁꽁 싸매 두었던 전기히터를 꺼낸다.

"무슨 날씨가 이래? 어이 추워!"

"세상 돌아가는 꼴이 하 수상하니 제대로 돌아가는 게 하나도 없어요."

한때는 화이트칼라의 대열에서 거드름 피우며 잘 나가던 사람들이 현역에서 밀려난 뒤로는 퇴직금 다 날리고 하릴없이 사랑방 같은 삼식 씨 사무실에 모여 바둑알이나 굴리며 이제나 저제나 세월 좋아지기를 오매불망 기다리지만 이 실버 세대에게는 거리가 먼 바람이다.

"우리나라 사람들은 다소 독재가 필요해요. 중구난방으로 떠드니 국력이 모아지지 않고 대통령도 권위가 없지요. 옛날부터 힘센 사람이 왕권을 잡지 않았습니까?"

최 씨가 그럴싸하게 댓거리를 한다.

"답답한 세상 이야기 그만두고 말머리를 돌려 보세, 자네들은 살기 좋은 우리나라가 언제 세워졌다고 보는가?"

"그야 지금이 단기 4340년이니까 그 무렵이겠죠."

숫자에 밝은 윤 사장이 얼른 나선다.

"바둑판만 들여다보지 말고 제발 신문 좀 읽더라고. 재작년 9월 5일자 신문들에 경남 창녕군 비봉리에서 8,000년 전 통나무배를 김해 박물관팀이 찾아 냈다고 했잖나. 그리고《한단고기》라는 고서를 주해한 김은수 님은 지금부터 약 9,000년 전(신석기 시대 초기)쯤에 파미르 고원에 한인 씨의 나라가 생겼을 것으로 추정하는 모양이야.”

주섬주섬 귀가 준비를 하던 사람들은 삼식 씨의 해박한 지식에 놀라며 호기심 어린 눈빛으로 엉거주춤 자리에 앉는다. 골치 아픈 현실을 잊게 해 주는  먼 선사 시대의 이야기가 발목을 잡는 눈치다. 삼식 씨는 이때다 싶어 모든 시사 문제와 역사 지식을 다 동원해 볼 심산이다.

“김정학이라는 학자는 바이칼 호 북쪽 숲 지대에 우리 조상 같은 겨레가 있었는데 25,000년쯤 전에 우리 한나라로 왔다는 학설도 있다고 하더이. 아마 환경 여건을 따라 높은 곳에서 낮은 곳으로, 추운 곳에서 따뜻한 곳으로 시베리아를 거쳐 한나라로 이동해 오지 않았을까?”

“지난 여름, 몽골엘 갔을 때 어쩐지 외모와 풍습이 우리 겨레와 많이 비슷한 느낌이 들던데요. 우리와 같은 한 겨레일 수 있겠네요.”

“빙하기 시대에 한 겨레가 수천 년을 거치면서 여러 나라로 갈라지고 좁은 국토가 남북으로 나뉘는가 하면, 그 와중에도 동과 서로 싸움질이니 과연 문명의 끝은 어디쯤일지 걱정스럽습니다.”

북한의 핵개발을 의미하는 듯 한 발언과 함께 윤 사장이 한숨을 내쉬는데 최 씨가 다시 의문을 제기한다.

“옛날엔 역시 기골이 장대한 무장이 임금이 되지 않았을까요?”

“아니지, 자네는 무력으로만 나라를 다스릴 수 있다고 생각하는 모양인데, 덕과 슬기를 다 갖추어야 임금이 될 수 있지 않겠나. 육당 최남선 씨는 단군(檀君)이란 본디 ‘당골’ (선사시대 제사장)을 한자로 적은 것이라고 했다네. 신라의 박혁거세나 김수로왕도 모두 ‘알’ 에서 태어났다는 난생설화는 다 학교에서 배웠을 테고"

　가만 보니 사무실에 있는 다섯 명 가운데 왕족 아닌 사람이 없는 것 같다. 평소에도 자신이 세종대왕의 직계 후손임을 누누이 강조하는 법무사 이 씨와, 김 씨, 박 씨, 모두가 자신들의 혈통이 '하늘'에서 내려온 '알'에서 나온 임금의 후예임을 새삼 자각하고 왕손답게 거드름을 피우며 자세를 바로잡는다. 그 반열에 끼지 못하고 우리나라의 민주화를 10년은 후퇴시켰다는 대통령의 조카뻘로 명예가 실추된 최 씨만이 억울하다는 듯 한 표정이다.

　"자네, 기죽을 것 없어. 대통령도 국왕이나 마찬가지니까. 다만 성군이냐, 아니냐의 차이가 있을 뿐이지."

　갑자기 쌀쌀해진 날씨에, 얼어붙은 세태에다 가뜩이나 처지는 체력까지 모두가 한 잔 걸칠 핑곗거리가 충분한데 선사시대까지 족보를 잘 따져 보니 모두가 왕족이라, 내친걸음에 김수로왕의 후손인 김삼식 씨가 총대를 메기로 한다.

　"자, 나갑시다. 아무리 초라하게 먹는다 해도 우리의 의식주가 옛날 왕보다는 나을 거요. 내가 보쌈집에서 쏘리다."

　술값 내는 사람의 호기를 감히 누가 막을 수 있겠는가. 사실은 소줏잔이 한 순배 돌아간 다음에라야 삼식 씨의 연설이 탄력을 받고 청중들에게 잘 먹혀들기 때문에 자리를 옮기려는 속셈이 분명했다.

　"전하, 성은이 망극하옵니다."

　최 씨가 무릎 꿇는 시늉을 하자 왕족들의 호탕한 폭소가 터져 나왔다.

　이윽고 자리를 옮겨 잘 삶아진 '삼겹살'에다 '제철'을 만난 통영 '굴'을 곁들여 보쌈들을 먹느라 정신이 없는데, 아니나 다를까 삼식 씨의 속셈이 나타나기 시작한다.

"이왕 말이 난 김에 우리 역사를 좀 더 더듬어 보세. '천부인'이란 말 들어 봤겠지. 한인 할아버지가 한웅에게 준 보물 말일세."

"천부인이 뭔데요?"

배달나라 역사도 신화로 돌려 묵혀 두고 있는 판이니 왕족이라고 무엇을 알겠는가. 삼식 씨가 사뭇 근엄한 표정으로 좌중을 둘러보며 해설을 시작한다.

"알고 보니 그것이 왕권의 상징인데 실체는 '칼'과 '돌'(북)과 '거울'이라네. 그 말들 끝이 다 'ㄹ'인 것이 신기하지."

평소부터 우리말의 'ㄹ' 받침에 관심을 가져온 삼식 씨로선 소주 한 순배 돌아간 이런 분위기가 딱딱한 이론을 펼치기에 더할 나위 없이 바람직스러운지 쉴 새 없이 이야기를 풀어 나간다.

"발해나라를 세운 겨레가 본디 '물길' 족인데, 이걸 나중에 '말갈' 족이라고 불렀대요. '물길'과 '말갈'이 소리는 달라도 무엇인가 통하는 것 같잖아? 음절 끝마다 'ㄹ'이고."

"듣고 보니 정말 그렇네요."

"더 기막힌 건 말갈족의 갈래 이름이 묘하단 말이야. 일곱 갈래가 있는데, 그 이름이 '속말, 백돌, 안차골, 불열, 호실, 흑수, 백산'이야. 그 중 '흑수, 백산'만 '검은물, 밝몰(밝은 산)'로 풀면 모두 'ㄹ' 받침말 아닌가?"

삼식 씨의 기분은 최고조에 달하고 임금의 후예들도 알 듯 모를 듯, 분위기에 휩쓸려 힘차게 술잔을 들어 올리며 건배를 외친다.

"우리 삼식 행님이 최고 단골!"

# (2) 이은 나라

## 세 나라 · 탐라 · 발해

서력기원 이후의 우리 이은 나라를 여는 데에도 '르'이 큰 구실을
했다.

> 하늘, 버들, 알, 흰말, 서벌, 보라줄, 땅굴, 을나, 바랄, 구슬, 임금딸

### 고구려 · 백제

<삼국사기>에 "하백의 딸 유화(柳花)가 하느님의 아들이라는 해모
수에게 끌려갔다. 동부여 금아 왕이 유화를 만나 방에 가두었더니, 하
늘의 햇빛이 비추어 태기가 있어 알을 낳았다. 그 알에서 고구려의 주
몽(동명성왕: 서기전 58~서기후 19년)이 태어났다"고 되어 있다. 주몽은
'하늘' 님(천제)의 '아들'(해모수)과 '물'(하백: 물의 신)의 딸인 '버들'
(유화) 사이에서 난 '알'에서 태어난 것이다.

주몽의 세째 아들이 온조다. 온조(?~28)는 서기전 18년에 위례성에
서 백제를 세웠다.

## ■ 하늘

여기서는 옛조선 단군의 할아버지인 '한인' 하느님이 아니라, 북부여 왕 해모수의 아버지가 하느님이다. 그러나 '하늘'이나 '하느님'이 꼭 '누구누구의 하늘', '누구누구의 하느님'이라고 정해져 있는 것이 아니다. 그냥 아무나 상상할 수 있는 '하늘'이나 '하느님'으로 해 두는 것이 편하다.

## ■ 버들

해밝(하백)의 딸이 '유화'다. '유화'의 '유'가 '버들'이라는 뜻이다. 동부여 왕 금와의 궁전에 갇혀 있다가 큰 알을 낳았다. 그 알에서 주몽이 태어났다고 한다.

## ■ 알

알낳이 이야기(난생 설화)는 동서양을 말할 것 없이 영웅이 태어나는 이야기가 많다. 우리나라에서도 주몽이나 박혁거세, 김수로왕 들이 알에서 태어난다.

고구려와 백제 시조들이 태어나는 데 하늘과 버들과 알과 관계가 있다. 여기에도 '3ㄹ'이 나타난다.

※ 해모수의 아들 주몽이, 동부여 금와 왕의 아들 대소의 모해를 피하여 졸본에 고구려를 세우고 나서, 얼굴 모르는 그의 아들 유리를 만날 때 부자가 잘라 가진 부절(符節) 곧 단칼이 증거가 되었다.

또, 이것은 나중 이야기지만, 신라 진평왕 때, 늙은 설씨의 군역을 가실이라는 청년이 대신했다. 설씨 딸이 가실과 혼인을 약속하고 구리거울을 쪼개어 신물로 나누어 지녔다. 6년 뒤에 거지 꼴로 나타난 가실과 신물인 구리거울 조각을 맞대 보고 사랑의 열매를 맺었다고 한다.

고구려 동명성왕(주몽)의 연호가 '다물'이다. 이 '다물'은 고구려 나라
를 다스리는 이념이기도 한데, '회복'이라는 뜻이다.

이처럼 신표로 삼았던 부절에 '칼, 거울, 구슬' 들이 많이 쓰이었다. 이런
데에도 'ㄹ'이 큰 '구실'을 한다.

## 신라(서벌)

신라 시조 박혁거세(서기전 69~서기후 4)에 관하여 《삼국사기》에
다음과 같이 전하고 있다.

"조선 유민들이 여섯 마을을 이루고 있었다.

알천  양산촌  (경주 李씨 시조 마을)

돌산  고허촌  (경주 鄭씨 시조 마을)

취산  진지촌  (경주 崔씨 시조 마을)

무산  대수촌  (경주 孫씨 시조 마을)

금산  가리촌  (경주 裵씨 시조 마을)

명활산  고야촌  (경주 薛씨 시조 마을)

(※《국사대사전》에는 "돌산 崔씨, 취산 鄭씨"로 되어 있다.)

고허촌장 소벌공이 양산 기슭을 바라보니, 나정(蘿井: 경주 양산에 있
었다는 우물) 곁 숲에 말이 무릎을 꿇고 울고 있었다. 가 보니 말은 온데
간데없고, 큰 알만 남아 있었다. 깨 보니 속에서 어린아이가 나왔다. 데
려다 길렀다. 여섯 마을 우두머리들이 서기전 57년에 그를 임금으로
모시고 나라 이름을 '서벌(서라벌 · 서야벌)'이라고 했다."

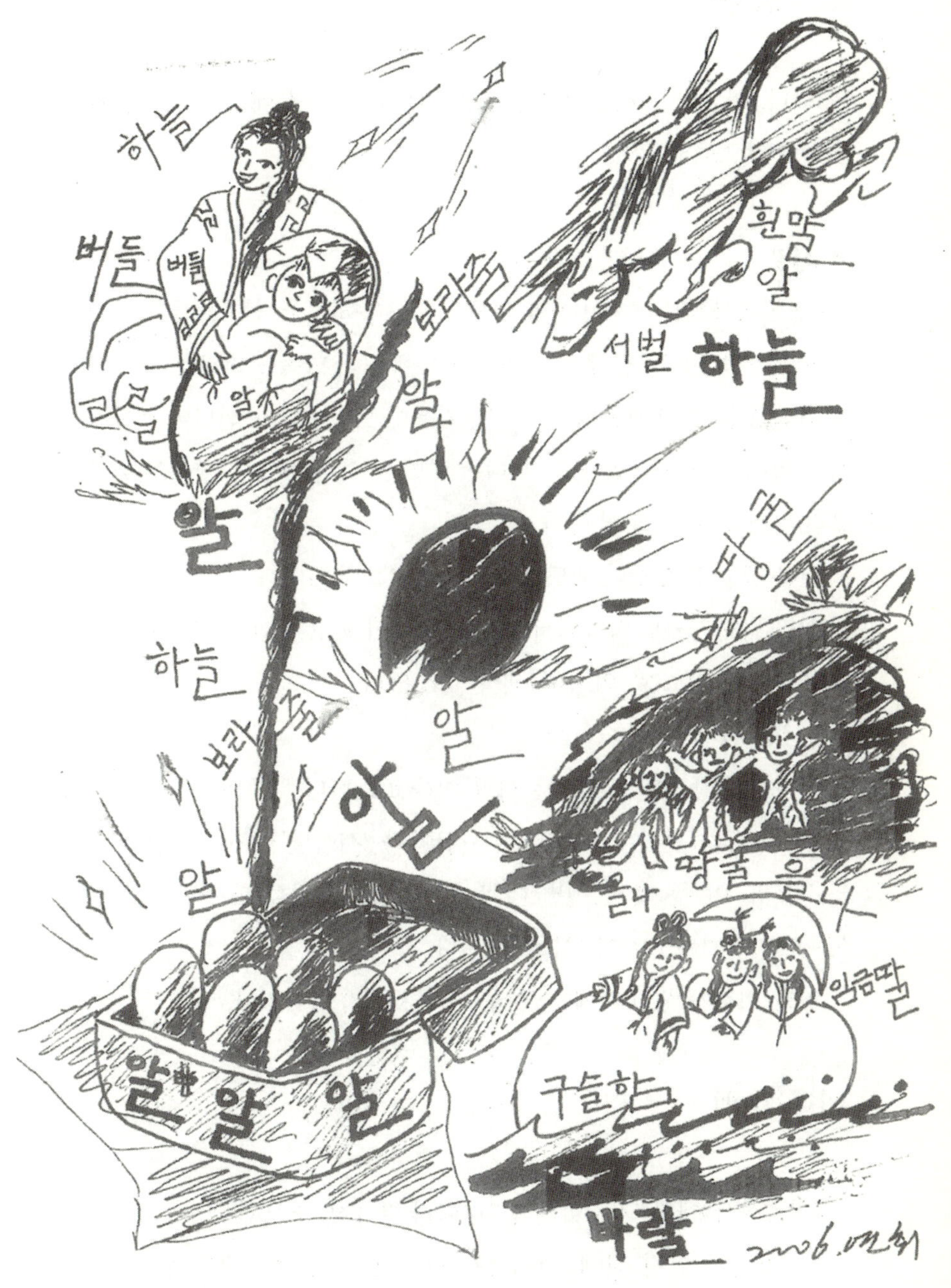

하늘
버들
알
하늘
보라매
알
하늘
알
흰말 알
서벌 하늘
땅굴 을
임금딸
구슬한
바랄 2006.연희

와 같다. 흰말이 온데간데없다고 했는데, 하늘에서 내려왔고, 하늘로 올라간 것으로 꾸민 것이다.

### ■ 흰말

《삼국유사》에는 "여섯 마을 어른들이 모두 하늘에서 내려왔는데, 그들이 서기전 69년 3월 초하루에 알천 둑에 모여 남쪽을 바라보니, 양산 밑 나정 우물 곁에 하늘에서 이상한 기운이 드리우더니, 흰말이 무릎을 꿇고 절하는 시늉을 했다. 가 보니 보랏빛 알 하나가 있고, 말은 하늘로 올라가 버렸다."고 되어 있다.

알을 품고 있던 것이 새도 아니고 하필 'ㄹ'(말)이다.

신라 박혁거세도 하늘에서 내려온 흰말이 품고 있던 알에서 태어났으니, '하늘·말·알'의 '3ㄹ'과 관계가 있다.

### ■ '서벌'과 '서울'

신라의 발상지를 '서라벌·서벌'이라고도 한다. '라'의 'ㄹ'이 'ㅣ'로 바뀌면 '라'가 '야'로 된다. '서라벌'과 '서야벌'에서 "땅"이란 뜻의 '라'와 '야'를 빼면 '서벌'이 된다. '서벌'은 '서불'과 같고, '불'이 '울'로 바뀌면 '서벌'이 '서울'로 된다.

옛날, 나라가 생길 때에는 '서울'과 '나라'가 하나였다.

## 가라(가야)

《삼국유사》에서 '가락국기'(가라나라 역사책)을 보면

"천지가 열린 뒤에 '아도한·여도한·피도한·오도한·유구

한·유천한·신천한·오천한·신귀한' 이렇게 아홉 한이 있었다.

북구지를 쳐다보니, 보랏빛 줄이 하늘로부터 드리웠는데 끝에 홍보로 싼 금함이 있었다. 해 같은 황금알 여섯 개가 들어 있었다.

아도한이 알을 싸 가지고 집으로 왔다. 열 두 시간이 지난 뒤 알이 여섯 사내아이로 변했다. 이들이 '김수로왕'을 비롯한 여섯 가야 왕들이다."

라고 했다.

### ■ 보라줄

가라(가야)나라 기록에는 '자승'(보랏빛 줄)이라고 했다. 이 줄을 타고 금함이 하늘에서 내려온 것이다.

가라(가야)나라 '김수로왕'을 비롯한 여섯 가야 왕들이 하늘에서 드리운 보랏빛 줄로 내려온 금함의 알에서 태어난 것이다.

가라 왕들도 '하늘·줄·알' 곧 '3ㄹ'과 관계가 있다.

※ '알' 이야기 :《조선일보》(2007. 9. 1) '일사일언' 란에 '알' 에 관한 이야기가 실렸다.

---

### 천년의 희망 '알'

고구려 주몽은 알에서 태어났다. 가야국 김수로왕도 알에서 태어났다. 신라 석탈해도 다파라국왕이 여국왕의 딸을 얻어 낳았는데, 임신 7년 만에 낳은 알에서 탄생했다는 설화가 있다. 신라의 건국 시조 박혁거세도 하늘에서 백마가 날라 온 알에서 태어났다고 《삼국사기》에 기록되어 있다. 알낳이 신화는 우리나라만의 설화는 아닌 듯 싶다.

고대 이집트에서 알은 박해당하는 유대인들에게 큰 희망을 안겨 준 징표였다. 뉴질랜드에서는 원주민들 사이에서 영혼이 빨리 저승으로 떠날 수 있기를 기원한다는 의미에서 죽은 자의 손에 알을 올려 놓았다. 중국에서도 모든 재앙을 막아 주고 병을 치료해 주며 부와 힘을 함께 얻을 수 있다고 알려져 있다. 여성들이 알을 깼을 때 노른자가 쌍으로 나오면 행운은 물론 많이 낳는다고 알려져 있다.

영국에서도 늙은 암탉이 마지막으로 알을 낳으면 이를 소중히 보관한다. 불행을 막고 행운을 가져다 준다고 믿는 까닭이다. 도이치에서는 연인 사이에 다짐글을 써서 서로가 신뢰함을 알에 맹세한다. 중앙아시아나 북아프리카의 수도원이나 이슬람교 사원, 교회 들에서는 알을 매달아 놓고 있는 것을 종종 볼 수 있다. 알의 깨기에서 부활이나 재생을 떠올리는 것이다. 이렇듯 알은 세계 각국에서 많은 설화와 희망을 안겨 주고 있다. …… (이칠용 문화재전문위원)

## 탐라나라

《국사대사전》(지문각, 1968)에서 '제주도'를 찾아보면

"…… 탐라국 건국 설화에는 모흥혈에서 양을나 · 고을나 · 부을나의 세 신이 나와 짐승을 잡아먹으며, 그 가죽을 입고, 생활을 하다

가, 하루는 동해 가에서 나무상자를 얻어 열어 보니 한 사신이 푸른 옷 입은 세 처녀와 송아지·망아지, 오곡 씨를 갖고 와서, 일본국의 사신이라 하며…… 일본 왕의 세 딸을 모시고 왔으니 배필로 정하여 대업을 이루라 하고 사라졌다. ……"

라고 되어 있다.

그러나,《동문선》(1478),《고려사》(1451),《영주지》(창경궁 장서각 소장) 들의 기록을 요약하면

"4,300여 년 전에 3개의 '땅굴' (毛興穴: 三姓穴)에서 3 '을나' 가 나왔고, 동해에서 떠내려 온 '알' 모양의 '구슬함' 에서 벽랑국(碧浪國)의 3 공주가 나왔다."

고 되어 있다.《땅이름》제30호 (2006. 4. 22)}

여기에도 '땅굴' 에서 3 '을나' 가 나왔고, 동쪽 '바랄' (바다)에서 떠내려 온 '알' 모양 '구슬함' 에서 3 '임금딸' (공주)이 나왔으니 '3르' 중심 '르' 투성이다.

탐라나라는 워낙 홀로 설 힘이 없어, 백제, 신라, 고려 각 나라에 딸려 있다가 고려 숙종 10년(1105)에 '탐라국' 을 '탐라군' 으로 고쳐, 고려의 한 군현이 되었다.

※ '벽랑국' 을 일본으로 알고 있으나, '아라비아 한국' 이라고도 하고, <동여도>(1861), <대동여지도>(1864)까지 전라도 장흥부속 탐진현('강진' 의 옛이름, 해남·완도와 그 둘레 일대) 섬 가운데 지금의 완도군 금일읍 생일도 옆 소랑도에 있었다고 한다.

## ■ 을(나)

고을나, 양을나, 부을나의 '을'을 신라 때 박혁거세의 아내 '알영'의 '알'과 금궤에서 나왔다는 경주 김씨의 시조 '김알지'의 '알'과 같은 것으로 본다. 곧, 가장 요긴하고 실속이 있어서 "알짜"라는 뜻이다.

## ■ 땅굴(세성굴)

'地穴'을 우리말로 옮긴 말인데, 처음에는 '모흥혈'이라고 하던 것을, '고, 량, 부'의 세 성씨가 나왔다고 하여 '세성굴(三姓穴)'이라고 했다.

※ '모흥혈'을 뜯어보면 "털 모(毛), 일 흥(興), 굴 혈(穴)"로 '털, 일, 굴'이 '3ㄹ'과 관계가 있는 것처럼도 보이는데, 이는 지나친 짐작일까.

## ■ 바랄(바룰)

'바다'의 옛말. <용비어천가> 2장에 "식미 기픈 므른 ᄀᆞ무래 아니 그츨씬 내히 이러 바ᄅᆞ래 가ᄂᆞ니"라 했고, <두시언해>(초간 19 : 15)에 "프른 바ᄅᆞ를 진실(眞實)로 건너미 어렵고"라 했고, <월인석보>(11 : 31)에 축생취(畜生趣)예브트니ᄂᆞᆫ 각별(各別)히 사오나ᄫᆞᆯ 아수라(阿修羅)ㅣ 바룰 가온ᄃᆡ 나아"라고 했다.

※ 탐라나라가 열리는 신화는 다른 세계 여러 나라가 열리는 신화와 다르다. 다른 나라 시조는 하늘과 관계가 있는데, 탐라나라는 '땅굴'에서 3 '을나'가 나왔고, '임금딸'(공주)이 '바랄'을 건너왔으니, '하늘'과는 관계가 없다. 그러나 역시 그 고갱이말들이 'ㄹ'과 관계가 있는 것만은 틀림이 없다.

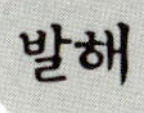


《국사대사전》(지문각, 1968)에서 '발해'를 찾아 보면 " '말갈' 겨레 계통 고구려 사람 대조영이 세운 나라. '발가람' 또는 '밝해'라고도 하는데, '밝은 나라'라는 뜻이다."라고 되어 있다.

### ■ 물길

발해를 세운 겨레를 《국사대사전》에 "통구스 겨레의 한 갈래인데, 중국 남북조(420~580) 때에는 '물길'이라고 불렀다"고 했다.

### ■ 말갈

'물길'을 삼한과 수나라(581~618)와 당나라(618~907)에서 '말갈'이라고 불렀다.

그들 싸울아비들은 '돌화살'(石鏃)과 '독화살'(毒矢)을 썼다고 한다.

### ■ 달기

한국방송 제1텔레비전에서 2006년 후반~20007년 초까지 역사극 〈대조영〉을 방영했는데, 대조영의 어머니 이름을 '달기'라고 했다.

### ○ '말갈' 갈래말의 수수께끼

중국에서 통구스 겨레의 한 갈래인 만주·고구려 겨레를 남북조 (381~589) 때에 '물길(勿吉)'이라 하고, 삼한과 수·당(581~907) 때에는 '말갈(靺鞨)'이라고 했다.

'말갈'이 시베리아, 만주, 함경도에 걸쳐 살았는데, 그 겨레는 일곱 갈래로 이루어져 있었다.

속말(粟末), 백돌(伯咄), 안차골(安車骨), 불열(拂涅), 호실(號室), 흑
수(黑水), 백산(白山)

들이 그들 일곱 갈래 겨레 이름이다. '속말 말갈'의 '속말'은 '速末'
이라고도 적는데, 송화강의 옛이름 '속말수'에서 유래하며, 당나라 측
천무후 때 대조영이 발해를 세운다. '흑수 말갈'은 생여진과 숙여진으
로 나뉘는데, 금나라를 세운 이는 생여진의 아구다(Aguda: 阿骨打)다.
'흑수'는 '흑룡강'이다.

이 겨레 이름들은 독특하다. '속말, 백돌, 안차골, 불열, 호실' 들 5
개는 그것들의 끝소리가 모두 'ㄹ'로 통일되어 있다. 그런데 '흑수'와
'백산'만은 끝소리가 'ㄹ'이 아니다. 그러나 그것도 '금물'(검은 물:
黑水), '붉몰'(밝은 메:白山)로 하면 그 우리말의 끝소리가 'ㄹ'이다.

'물길=말갈'의 네 음절 끝소리가 모두 'ㄹ'이고, 그 겨레 일곱 갈래
이름인 한자말과 우리말의 끝소리가 모조리 'ㄹ'인 것은 우연치고는
희한한 수수께끼다.

# ② 사람 틀

※ 이 "(1)사람 몸"부터 끝까지가 이 책 초판에 실렸던 본문이다. 물론 고침판에서 부분적으로 손댄 곳이 있다. 그러나 여기 이 말들은 나라를 여는 때부터의 역사적인 말이 아니라, 현세의 우리 사람들이 살아가는 틀 안에서 쓰이는 말들을 모아 본 것이다.

# (1) 사람 몸

## 몸겉부분

쉼터 · 토막 이야기

### 삼식 씨와 유전자

강 노인은 원래 온몸에 털이 많은 편이었다. 가장 중요한 머리털은 오히려 가늘고 성근 편인데, 겨드랑이와 다리에 시커멓게 난 털 때문에 목욕탕에서 남들의 시선을 끌곤 했다. 그뿐인가, 무슨 짐승도 아니면서 가슴털까지 수북했었다. 모든 것을 성적인 것과 연관지어서 섹시함이 최고의 가치로 추앙받는 요즘이라면 가히 부러움의 대상일 텐데 반세기 전에는 그게 아니었다.

기껏 집안 청소를 해 놓으면 여기저기 잔털들이 굴러다니니 마누라가 좋아할 리 없고, 아들 둘과 딸 둘이 모두 아버지를 닮아서 털북숭이라며 아빠를 원망하기까지 했다. 체격이나 미모 들 좋은 것은 다 빼고 지능지수 낮은 것과 털 많은 것은 아빠 탓이라는데, 딱히 그렇지 않다고 할 만 한 근거가 없으니 묵묵부답일 수밖에 없다.

드디어 큰아들을 결혼시켜 첫손자를 보던 날, 마누라는

"우리가 자식 낳아 기를 땐 몰랐는데 손자의 모습을 보니 참말로 유
  전자가 있기는 있는가 보구려."

하고 의미심장한 말을 했다. 핏물도 닦지 않은 어린 것의 얼굴이 할아
버지인 강 노인을 쏙 빼닮았다는 것이다. 아마도 앞뒤꼭지가 툭 튀어나
온 골상 때문이었을 것이다.

강 노인이 어렸을 적에 지나가던 관상쟁이가

"허, 그 녀석, 이마가 훤칠한 것을 보니 이 담에 커서 관록을 먹고 한
  자리 하겠구나."

했다는데, 관청 물은 먹어 보지도 못하고, 건설업을 한답시고 관청 주
변만 얼쩡거리며 좋은 시절 다 보내지 않았는가.

어른들이 시키는 대로 하라는 법률 공부만 했으면 부장판사쯤 지냈
으련만, 겉멋만 부리고 놀기를 좋아해서 곁길로 빠진 게 탈이었다. 아마
도 두둑하게 잘 생긴 골상에 견주어 속에 든 머릿골이 부실하지 않았나
싶기도 하다.

그래도 전체적으로는 살빛이 희고 키가 커서 팔다리도 길고 말쑥해
보여 남에게 나쁜 인상을 주지는 않는다. 남자치고는 눈이 커서 눈알이
부리부리한 데다 쌍꺼풀까지 졌는데, 늙어 가면서 눈시울이 처져 내리
니 점점 볼썽사나워진다.

여자들은 성형외과에 가서 멀쩡한 콧날도 세우고 주름살도 없애고
눈을 찢어 눈망울이 커 보이도록 하기까지 한다는데 늙은 남자가 처진
눈시울을 잘라 달라면, 의사가

"대충 그대로 사시지요."

할까 봐 겁이 난다. 얼마 전에 치과에 갔다가 그와 비슷한 말을 들은

적이 있기 때문이다. 의사가 뭐라든 한 번 칼을 대 보고는 싶은데 그놈의 돈이 원수다. 후배에게 보증 한 번 서 줬다가 덤터기를 쓰는 바람에 마누라한테 신임을 잃고 돈과는 아예 담을 쌓아 버렸다.

다행스럽게도 큰아들은 착실한데, 강 노인을 많이 닮았다는 막내아들이 문제 덩어리다. 잘 생긴 얼굴만 믿고 취직할 생각은 없이 연예계 뒷골목만 사방팔방 누비는 건 그렇다치고, 심심하면 카드 회사에서 빚 독촉하는 전화가 오곤 한다.

드디어 내일까지 300만 원을 내지 않으면 신용불량자가 된다는 협박성 전화가 걸려 온 날 아침,

"원, 그놈의 유전자가 뭔지……. 닮을 거나 안 닮을 거나……."

부엌에서 마누라가 투덜거리는 소리를 못 들은 척 하고, 불똥이 자기에게 튀기 전에 강 노인은 먹던 밥숟갈을 팽개치고 부리나케 밖으로 내달았다.


유전자 타령을 피해 나온 강 노인은 가게에 나와 생각에 잠긴다.


얼굴 한번 묘하다. '얼굴'도 '얼'과 '굴'의 'ㄹ'이 겹쳤으니 그만큼 몸뚱이 가운데 중요한 자리에 있는가 보다.

'꺼풀'진 '눈시울' 안에 '눈알'이 빛나는데, 그 사투리도 '눈깔'이다. 아무리 사투리라고 해도 '눈깔사탕'은 있어도 '눈알사탕'은 없다. '눈망울'이 '말똥말똥 멀뚱멀뚱', 'ㄹ'이 따라 붙는다.

번듯하게 선 예쁜 '콧날' 아래 앵두 같은 '입술'이 'ㄹ'이 아니면 어쩌나, 양 '볼'의 보조개가 눈길을 끈다. '보조개'도 본디는 '볼조개'렷다.

> 볼을 타고 넘어다보면 '귓불'이 처져 있는데 길수록 오래 산단다. 그
> 래서인지 그 사투리도 '귓구슬, 귓방울'로 'ㄹ'을 벗어나지 못한다.
> '눈알'이고 '귓불'이고 사투리까지 'ㄹ'이니 '얼굴'이 온통 'ㄹ'로
> 범벅이구나.

사람 몸 겉이 온통 'ㄹ'로 싸여 있다.

> 껍질, 털, 얼굴, 꺼풀 · 까풀, 눈시울, 눈알(눈깔), 눈망울, 콧날, 입술, 잇
> 살, 볼, 귓불(귓방울 · 귓구슬), 주름살, 팔, 발, 골, 젖멍울.

## ■ 껍질, 털

몸을 싸고 있는 것이 '껍질'이다. 껍질이 없다면 몸 꼴은 얼마나 끔
찍할까. 껍질만 있어도 되지만, 껍질에는 몸을 보호하기 위하여 '털'이
있는 것이 보통이다. 사람 몸을 'ㄹ'(껍질 · 털)이 100푼(%) 싸고 있다.

'털'에는

'갓털 · 상투털(관모), 머리털, 물결털(섬유),

서리털(서리처럼 하얀 털), 센털, 솜털,

잔털, 젖털(남자 젖꼭지 둘레 털), 코털'

들이 있다.

사람 몸 털 밖에

'가시털(자모: 동 · 식물 겉거죽에 난 독털), 겨울털(가을에 간 털), 깃털,

날개털, 뿌리털, 새털, 여름털(여름에 간 털),

토끼털, 헤엄털'

들이 있다.

(**비늘**: 털이 없는 동물에게는 '비늘'이 있기도 한데, 역시 '리을끝낱
말'이다.)

털이 아닌 털도 있다.

**개털**

돈이나 뒷줄이 없는 죄수를 '개털'이라고 한다(죄수들 말). 또 쓸데
없는 일이나 짓도 '개털'이라고 한다. '개털에 벼룩 끼듯'은 "①복잡하
게 뒤섞이어 가려 내기 힘듦. ② 귀찮게 한 몫 끼어듦. '개털벼룩' = '개
털에 벼룩 끼듯'은 '일이 복잡하게 얽히거나, 한몫 끼이어 귀찮아진 경
우."를 말한다.

**미운털**

몹시 미워하여 못살게 구는 언턱거리를 '미운털'이라고 한다.

**범털**

돈 많고 지식 수준이 높은 죄수(죄수들 말).

**범털방**

교도서에서 지식 수준이 높은 죄수를 들인 감방(죄수들 말).

**쥐털방**

교도소에서 살인범 · 강도범 따위 흉악범을 들인 감방(죄수들 말).

**짚털**

흙 이길 때 넣는 털 같은 짚이다.

■ **얼굴**

사람의 몸을 밖에서 봐서 대표되는 부분이 '얼굴'이다.

얼굴이라는 말은 '얼'과 '굴'로 리을끝음절이 겹쳐 있다. 그만큼 중요하다는 뜻이다.

※ 얼굴은 그 사람의 바탕, 생각, 마음 들을 가장 잘 드러내는데, 리을끝낱말뿌리로 꾸미는 다음과 같은 얼굴이 있다.

걸걸한 얼굴 : 조심스럽지 못한 얼굴.

놀놀한 얼굴 : 만만하며 보잘것없는 얼굴.

똘똘한 얼굴 : 똑똑하고 영리한 얼굴.

쌀쌀한 얼굴 : 정답지 않고 차가운 얼굴.

칼칼한 얼굴 : 까다롭고 날카로운 얼굴.

가슬가슬한 얼굴 : 윤기가 없고 거칠한 얼굴.

능글능글한 얼굴 : 능청스러운 얼굴.

둥글둥글한 얼굴 : 마음씨 좋은 사람의 얼굴.

서글서글한 얼굴 : 부드럽고 상냥한 얼굴.

어글어글한 얼굴 : 너그럽고 시원시원한 얼굴.

유들유들한 얼굴 : 염치 없고 뻔뻔한 얼굴.

쭈글쭈글한 얼굴 : 주름이 많은 얼굴.

자, 그럼 얼굴을 들여다볼까.

**머리털 · 머리칼**

'머리털'은 머리에 난 털이고 '머리칼'은 머리카락의 준말이다.

**머릿살**

머리에 찐 살을 '머릿살'이라고 한다.

**이맛살 · 주름살 · 곱살**

이마에 접힌 '주름살'을 '이맛살'이라고도 하고 '곱살'이라고도 한다.

### 눈살

두 눈썹 사이에 접힌 주름살을 '눈살' 이라고 한다.

### 뺨살

뺨에 찐 살을 '뺨살' 이라고 한다.

### 눈꺼풀(눈까풀)

눈을 감았다 떴다 하여 눈을 보호하는 구실을 하는 '눈꺼풀' 이 있다. '눈까풀' 이라고도 한다.

눈꺼풀이 '쌍꺼풀' 지면 보기 좋다고 한다.

### 눈시울 · 눈알(눈깔) · 눈방울 · 눈발 · 눈망울

눈꺼풀 가장자리 속눈썹이 난 자리를 '눈시울' 이라고 한다.

눈시울 안에 두 '눈알' 이 있다. 눈알은 그 사투리도 '눈깔' 이다.

눈알도 정기가 있고 반짝반짝 빛나 총명해 보이면 '눈방울' 이라고 한다. 그 눈망울도 무엇을 무섭게 뚫어져라 하고 날카롭게 쏘아 보면, 눈발이라고 한다.

눈알을 들여다보면 눈동자와 검은자위가 있는데, 그 눈동자의 도톰한 곳을 '눈망울' 이라고 한다.

※ 얼굴 가운데 그 사람의 바탕, 생각, 마음을 가장 빠르고 바르게 드러내는 깨닫기관(감각기관)이 '눈' 이다. 리을끝낱말과 어울리는 눈은 다음과 같다.

메밀눈 : 잔뜩 찌푸린 눈.

방울눈 : 방울처럼 둥근 눈.

사발눈 : 사발처럼 둥글고 매운 큰 눈.

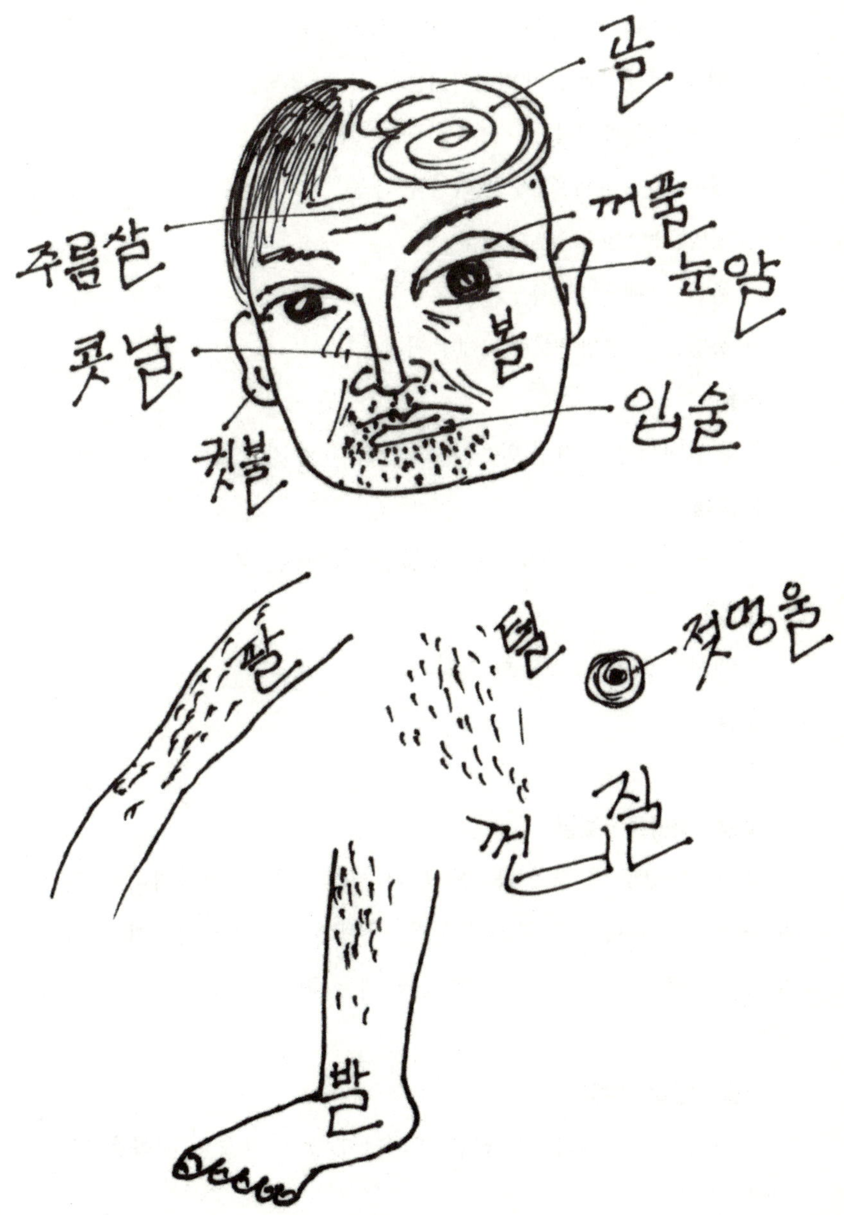
골
주름살
꺼풀
눈알
콧날
볼
귓불
입술
팔
털
젖멍울
껀질
발

사팔눈 : 언제나 눈을 모로 뜨고 흘겨 보는 눈.

샛별눈 : 샛별과 같이 반짝거리는 눈.

실눈 : 가늘게 뜬 눈.

쌍까풀눈 · 쌍꺼풀 : 쌍꺼풀(꺼풀)진 눈.

왕방울눈 : 방울눈보다 더 큰 눈.

좁쌀눈 : 매우 작은 눈.

통방울눈 : 통방울처럼 크게 불거진 눈.

## 눈물

눈물샘에서 알칼리성 반응, 정신 감동 따위 자극으로 나오는 물.

## 눈물샘

눈구멍 윗벽 바깥 쪽에 있는, 눈물을 내보내는 곳.

## 눈물길

눈에서 눈물이 코로 흐르는 길.

## 눈털

= 눈썹.

## 콧날 · 콧방울 · 콧살

눈 아래 코도 우뚝 솟아 '콧날'이 서야 예쁘고 씩씩하다. 콧날 끝 부분 좌우 양쪽에 도도록하게 돋은 '콧방울'이 코를 예쁘게 한다. 기분이 나쁘거나 아파서 코를 찡그릴 때 접히는 주름을 '콧살'이라고 한다.

## 입술 · 입살 · 잇살

코 아래 '입살'이라고도 하는 '입술'이 있다. 입술 안 잇몸을 '잇살'이라고도 한다.

**볼 · 밤볼**

입술 양쪽 뺨의 가운데 부분에 '볼'이 있다. 그 볼에 오목한 보조개가 생기면 여간 귀엽지가 않다. 살이 보기 좋게 쪄서 입 속에 밤을 문 것처럼 볼록한 볼을 '밤볼'이라고 한다.

보조개라는 말은 볼에 있는 조개, 곧 '볼조개'가 변한 말이다.

**볼우물**

= 보조개

**턱살 · 턱알**

얼굴에서 '턱'이 리을끝낱말이 아니어서 안되었던지, 그 속된말로 '턱살', 낮은말인 턱주가리를 '턱알'이라고 한다.

**귓불(귓방울 · 귓구슬)**

얼굴 양쪽에 귀가 있는데, 귓바퀴 아래쪽으로 늘어진 부분을 '귓불' 또는 '귓방울 · 귓구슬'이라고 한다.

**멱살 · 목살**

목 아래 살이 '멱살'인데, '목살'이라고도 한다.

좁은 얼굴에 리을끝낱말이 범벅이 되어 있다. 그만큼 우리 몸 가운데에서 밖에서 보기로는 항상 드러나 있는 얼굴이 가장 중요한 보람판이다.

**뱃살**

배의 살이나 배의 거죽을 '뱃살'이라고 하는데 꼿꼿이 서서 아프기도 하고, 쥐고 웃기도 한다.

**허벅살**

넓적다리 위쪽 허벅다리 안쪽 허벅지에 찐 살을 '허벅살'이라고 한다.

**밑살**

여자의 그 부분을 '밑살'이라고 한다.

### ◎ 몸 앞 부분에 '살'이 모여

'살'이 사람의 몸 앞 가운데를 위아래로 내리 붙은 것도 볼 만 하다.

"머리에 찐 살은 '머릿살', 이마의 주름살은 '이맛살', 두 눈 사이의 주름은 '눈살', 찡그린 콧등 주름은 '콧살'인데, 입술을 '입살', 잇몸을 '잇살'이라고도 한다. 아래턱을 속된 말로 '턱살', '목살'은 '멱살'인데, '가슴살'은 동물의 것이다. 배의 가죽 '뱃살'은 꼿꼿이 아프기도 하고 쥐고 웃기도 하며, 허벅지에 찐 살은 '허벅살', 여자의 그 부분은 '밑살'이다.

### ■ 팔(뻐덩팔) · 발(짝발)

사람에게는 '팔'과 '발'이 있다.

팔은 몸통 윗부분에 있어, 자유롭게 움직이면서 손이 일을 할 수 있게 한다.

그런데 구부렸다 폈다 하지 못하고 늘 편 채로 있는 팔을 '뻐덩팔'이라고 한다.

'발'은 몸의 가장 낮은 곳에 있어, 땅을 딛고 몸을 세워 돌아다니게 한다.

양쪽의 크기나 모양이 다른 발은 '짝발'이다.

팔과 발은 '머릿골'의 명령으로 움직인다.

**발버둥이**

앉거나 누워서 두 다리를 번갈아 내뻗었다 오므렸다 하며 몸부림치는 짓.

**발싸심**

팔다리와 몸을 비틀어서 부스대는 짓.

**발씨**

어떤 길을 갈 때 발걸음이 그 길에 익은 정도.

**깨금발**

발뒤꿈치를 들어올리는 것을 '깨금발'이라고 하는데, 그렇게 선 그 발을 가리키기도 한다.

**깨끼발**

한 발을 들고 한 발로 선 자세를 '깨끼발'이라고 한다.

**꽃발**

사냥에서 짐승이 잠잘 곳이나 숨을 곳을 찾아갈 때, 다른 짐승이나 사람에게 들키지 않으려고 빙빙 둘러서 가는 길을 '꽃발'이라고 한다.

**※ -발**

'-발'이 '마당발'처럼 위력을 나타내서인지, 본뜻 밖의 다른 뜻으로 쓰이어, 발은 발이로되 사람 발이 아닌 '-발'에 기세나 힘 또는 효과의 뜻을 지닌 말조각인 경우도 있다.

'글발, 깃발, 끗발,

눈발,

땀발,

마당발, 말발, 면발(국숫발), 물발,

빗발, 빛발,

서릿발,

　　약발, 오줌발, 웃음발,

　　핏발,

　　햇발, 화장발'

들이 그것이다.

### 마당발

　　발바닥이 평평하고 넓게 생긴 '납작발'이란 뜻도 있지마는, 인간 관계가 넓어서 폭넓게 활동하는 사람을 '마당발'이라고 한다.

### 핏발

　　생리적인 이상 현상으로 몸의 한 부분에 피가 몰려 붉게 된 결을 '핏발'이라고 한다.

### 바윗발

　　바위로부터 받는 약발이 '바윗발'인데, 바위가 많은 산에 오르고 나면, 땅 기운이 몸에 스며들어 건강에 좋다.(2005. 4. 9. 〈조용헌 살롱〉, 《조선일보》)

### ※ -살

　　말조각인 '-발'과 같이 기세의 뜻인 '-살'이 있는데,

　　'넘보라살, 넘빨강살,

　　동살(동 틀 때의 햇살), 드살(드센 짓),

　　물살,

　　바람살, 볕살, 불살, 빛살,

　　햇살'

들이다.

### 물살

　　물이 흘러 내뻗는 힘을 '물살'이라고 하는데, '불살'과 짜임새가

같다.

**불살**

사방으로 퍼지는 뜨거운 불 기운을 ‘불살’이라고 한다.

■ **골·가슴골·등골**

사람의 가슴팍과 등에는 ‘골’이 나 있는데, 가슴팍에는 한가운데 위 아래로 긴 ‘가슴골’이 패어 있고, 가슴의 반대쪽인 등에는 한가운데 위 아래로 ‘등골’이 나 있다.

■ **젖멍울(젖망울)**

여자가 이팔청춘이면 가슴이 부풀어 오르는데, ‘젖망울’이라고도 하는 ‘젖멍울’이 ‘몽실몽실’ 서서, ‘꽃망울’처럼 예쁘다.

자라면 ‘젖물’이 나와 ‘젖살’을 찌우기도 하고, 잘못하면 ‘젖탈(젖 앓이)’도 나고, ‘젖몸살’도 앓는다.

심한 부아를 빗대어 젖 먹던 때의 ‘배알’이라는 뜻으로 ‘젖밸’이라고 한다.

젖멍울도 다 크고 늙으면 축 늘어져 보퉁이처럼 젖퉁이가 되어 ‘ㄹ’ 이 빠져 버린다.

## 몸 속 부분

쉼터 · 토막 이야기

# 삼식 씨의 하루

칠순을 앞둔 강 노인이 생업으로 꾸려 오던 복덕방도 젊은 사람들한테 밀리고 치이면서 일거리가 없어져 문을 닫게 될 판국인데, 없는 사정을 뱃속이 먼저 아는지 때도 되기 전에 시장기가 들곤 한다. 잔칫집에서 술이며 고기에다 떡까지 실컷 먹고 오는 날에도 집에 들어서면 김치에 밥을 찾는 사람인지라, 마누라는

"당신은 나중에 밥 못 잊어서 어떻게 죽으려오."

하며, 미운 소리를 해 대기 일쑤다. 하루 세 끼니를 꼬박꼬박 챙겨 먹는대서 '삼식 씨'라는 별명도 얻었지만, 그만큼 위장이 좋아서 소화 기능이 뛰어나다는 증거가 아니겠는가.

요즘엔 젊은이들도 혈압이며 당뇨니, 관절염에 디스크까지 액세서리처럼 줄줄이 달고 다니며 병 자랑도 하고, 속이 더부룩하면 득달같이 달려가 내시경으로 밥통(위)을 찍어 보는 것도 유행인데, 강 노인은 이 날까지 병원 문턱을 밟아 본 일이 거의 없는 편이다.

돈 많은 변호사 친구가 간암을 앓다가 갑자기 세상을 떴다는 부고가 온 날엔 마누라도 충격을 받았는지,

"재산이 많은들 무슨 소용이오? 암 걸리면 먹을 것도 다 못 먹는 판인

데……. 그저 평생을 반찬 타박하지 않고 '맛있다, 맛있다' 하고 먹어 주니 당신이 최고로 고마운 사람이야."

하고 모처럼 듣기 좋은 말을 했다.

오늘도 강 노인은 정오가 되자마자 싸구려 밥집으로 달려가 김치찌개와 막걸리를 시켰다. 진주알처럼 윤기가 잘잘 흐르는 햅쌀로 지은 밥에 겉절이와 나물을 소담하게 얹어서 한 술 뜨면 입술을 지나 밥줄(식도)을 타고 내려가는 느낌이 뿌듯하다. 찌개 국물을 훌훌 마셔 가며 밥 한 그릇을 뚝딱 비웠는데도 반나절만 지나면 속이 헛헛해지는 걸로 봐선, 음식은 밥통에서 삭아서 이미 작은배알(소장)로 내려간 모양이다.

그 곳에서 영양분이 흡수되어 몸의 살과 핏물이 되고 남은 것이 큰배알(대장)로 가서 연동 운동을 통해 물기가 흡수된다. 생명 유지를 위해 쓸 만 한 것들을 다 걸러 내고 남은 찌꺼끼가 큰말(대변)이고 물은 작은말(소변)인데, 큰말은 미주알을 통해 밖으로 나오고 작은말은 오줌길(요도)을 따라 나올 것이다.

날씨가 추워지면 땀이 나지 않는 만큼 오줌량이 많아져서 화장실 출입이 잦아진다. 게다가 큰배알에서 밀어 내는 힘이 약해지는 색다른 음식을 먹었다 하면 다음날 아침엔 어김없이 두세 번은 큰말을 봐야 한다. 그래도 변비로 고생하는 사람들에 견주면 호강이라니 모든 일이 감사하기만 하다.

지난주엔 아들 내외가 다녀갔는데 세 살배기 손자가 벌써 쉬야를 가린다니 그렇게 신통할 수가 없다. 녀석은 쉬야로 시작해서 오줌, 소변으로 어휘가 발전하겠지만, 할머니 세대의 소매를 어찌 알겠는가.


1489년에 간행된《구급간이방》이라는 책자에

"큰말 · 작은말"

이라는 말이 나온다. 곧, "소변 보다"가 "작은말 보다"인 것이다. 이 '작은 말'을 한자로 나타낸 것이 '小馬'다. 그래서 "소마 보다"로 쓰이게 된 것이다. 이것은 잘못이다.

그런데 시집을 "가마 타고"가 놓고, "가매 타고" 갔다고 하는 할머니들이 '아마'도 '아매'라고 하듯, '소마'를 '소매'라고 한 것이다.

사람 몸 속에는 '르'로 꽉 차 있다.

머릿골(큰골, 사잇골, 가운뎃골, 작은골, 골다리, 숨골), 등골, 힘줄, 힘살, 물, 살, 뼛골(붉은뼛골, 누른뼛골), 핏물(피진물, 붉은피톨, 흰피톨), 밥줄, 배알, 미주알, 오줌길, 작은말, 큰말.

## ■ 머릿골

사람의 몸에서 가장 중요한 것이 '머릿골' (두뇌)이다.

이 '골' (뇌, 뇌수)은 신경세포가 모여 신경계의 중심을 이루고, '등골' (척수)과 함께 중추신경계를 이루어, 온몸의 신경을 지배한다. 그리고 '큰골, 사잇골, 작은골, 가운뎃골, 골다리, 숨골' 들로 나뉘는데, 몸의 모든 기관의 총사령부가 되어, 머리 속에 있는 신경줄인 '머릿살'로 하여 몸의 각 부분을 움직이게 한다.

사람은 골이 없으면 한시도 살 수가 없다.

### 큰골(대뇌)

'큰골'은 머릿골의 대부분을 차지하며, 신경계 전체에서 중추 구실을 한다.

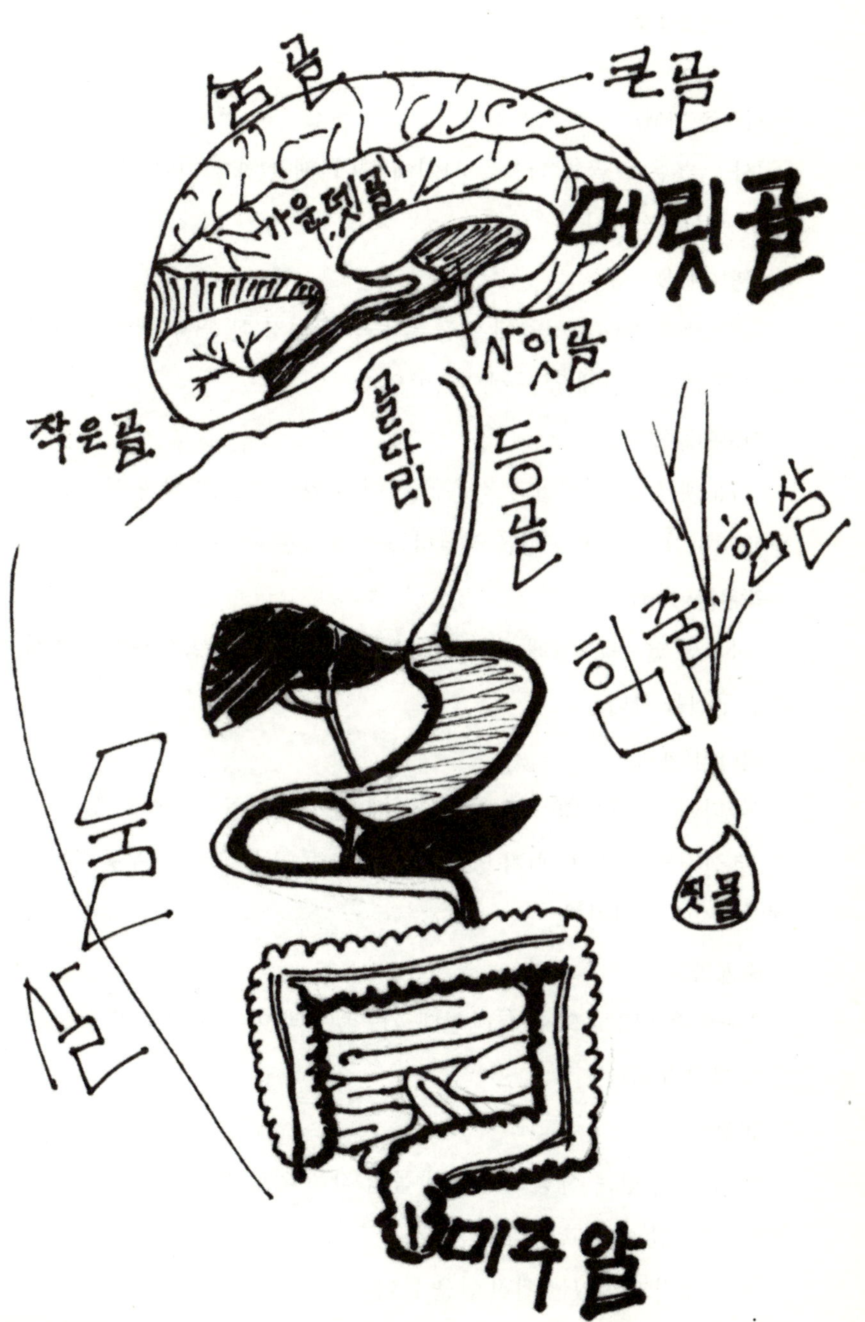

큰골
가운뎃골
머릿골
작은골
골다리
사잇골
등골
힘줄
핏살
젖골
골
골
미주알

**사잇골**(간뇌)

'사잇골'은 큰골과 작은골 사이에 있어, 배알(창자)이나 핏줄(혈관)의 활동을 조절한다.

**골활**(뇌궁)

큰골 안쪽 면과 사잇골에 딸린 활 모양의 신경 실 뭉치. 냄새 감각이나 정신 현상과 관계 있는 것으로 보인다.

**가운뎃골**(중뇌)

'가운뎃골'은 사잇골과 작은골 사이에 있어, 보기감각과 듣기감각을 관리하며, 등골로 신경을 전달하는 구실도 한다.

**작은골**(소뇌)

'작은골'은 큰골 아래 숨골 뒤에 있어, 가눔감각과 힘살운동을 조절하는 구실을 한다.

**골다리**(뇌교)

'골다리'는 가운뎃골과 숨골 사이에 있어, 작은골과 이어져 있고 많은 골 신경의 알맹이(핵)가 있으며, 큰골과 등골 들을 잇는 운동신경과 깨닫신경이 지나간다.

**숨골**(연수)

'숨골'은 머릿골의 끝 부분인데, 가운뎃골과 이어져 있고, 뒤로는 등골과 이어져 있다.

**머릿살**

머리 속에 있는 신경 중추에서 몸의 각 부위로 뻗어나간 신경의 줄기를 '머릿살'이라고 한다.

몸을 둘러싸고 있는 껍질 안을 들여다보자.

## ■ 등골

‘껍질’ 안에서는 ‘등골뼈’(척추) 안의 ‘등골’(척수)이, ‘가운뎃골’
과 ‘숨골’ 사이의 ‘골다리’를 통해 ‘큰골’이 내리는 명령을 몸 각 부분
에 전달한다.

## ■ 힘줄, 힘살 · 붉은힘살 · 흰힘살

등골의 전달을 받아 몸을 움직이게 하는 것에 ‘힘줄’이 있다. 힘줄
은 희고 질긴 살의 줄로서 ‘힘살’(근육)을 이룬다.

힘줄과 힘살로 팔과 발이 움직이는데, 힘살에는 ‘붉은힘살’과 ‘흰힘
살’이 있다.

붉은힘살은 보통 때 천천히 움직일 때 쓰이며,

흰힘살은 100m 달리기나 무거운 물건을 들 때 쓰인다.

## ■ 물

몸 안에 물이 세포의 90푼(%), 핏물에 83푼(%), 그 밖에 70푼(%)
이 들어 있다.

## ■ 살 · 젖살 · 밥살 · 술살

몸 안에는 80푼(%)의 ‘물’ 성분이 들어 있는데, 그 거의가 ‘살’이다.

‘살’에는 젖먹이가 젖을 먹고 오른 ‘젖살’이 있고,

어린아이가 젖을 떼고 밥을 먹고 붙는 ‘밥살’이 있고,

어른이 술을 마시고 찐 ‘술살’도 있다.

겉으로 보기보다 속으로 꽉 차 있는 살이 ‘속살’인데, 핏기가 없고
부어오른 듯이 무른 살이나, 조금만 앓아도 빠지기 쉬운 사람의 살은
‘푸석살’이다.

## ■ 풀살

마소 따위가 풀을 잘 뜯어먹어서 오른 살을 '풀살'이라고 한다.

## ■ 뼛골, 피톨

뼈 안의 '뼛골'(골수)에는 '붉은뼛골'과 '누른뼛골'이 있다. 붉은뼛골은 '피톨'('붉은피톨'과 '흰피톨')을 만들고, 누른뼛골은 영양분을 저장한다.

## ■ 잇골(치수)

이 속에 가득 찬 부드러운 조직, 핏줄과 신경이 얽혀 있다.

## ■ 핏물 · 피진물

피도 물 모양이어서 '핏물'(혈액)이라 하고, 핏물은 '피진물'(혈장)과 붉은피톨, 흰피톨 들로 이루어져 있는데, 피진물은 요즘에는 '혈장'으로도 쓰인다.

### 핏방울

핏물이 물방울처럼 방울져 나온 것을 '핏방울'이라고 한다.

## ■ 핏줄[1](혈관)

'핏대줄'이라고도 하는 '핏줄'은 핏물이 흐르는 대롱줄인데 동맥, 정맥, '실핏줄'로 나뉜다.

### 실핏줄(모세혈관)

온몸의 조직에 그물 모양으로 퍼져 있는 매우 가는 핏줄을 '실핏줄'이라고 한다.

염통과 동맥을 거친 핏물은 이 실핏줄을 통해 온몸의 조직에 산소와 영양을 대 주고, 조직에서 생긴 탄산가스와 같은 필요 없는 물질 따위를 모아서 정맥을 거쳐 염통으로 되돌려 보내는 일을 한다.

■ **숨길**

숨쉴 때 공기가 지나가는 길이 '숨길' (기도)인데,

"입속, 콧구멍, 콧속, 목구멍(인두, 후두), 숨관 · 숨통(기관), 숨관가지

　(기관지)"

들로 이루어져 있다.

■ **밥줄**

'밥줄' (식도)은 목구멍과 밥통(위) 사이에 있는 삭임기관의 일부다.

■ **배알 · 밸**

'배알' (창자)이란 말을 줄여서 '밸'이라고도 하지만,

"배알(밸)도 없느냐"

따위에 흔적만 남고 없어져 가고 있다.

### 작은배알

'작은배알' (작은창자 : 소장)은 영양을 받아들이는데,

'샘배알' (샘창자 : 십이지장), '빈배알' (빈창자 : 공장), '돌배알' (돌창

　자 : 회장)

들이 있다.

### 큰배알

'큰배알' (큰창자 : 대장)에는

'막배알' (막창자 : 맹장), '잘록배알' (잘록창자 : 결장), '곧은배알' (곧

　은창자 : 직장)

이 있는데, 잘록배알에서 물기(수분)를 빨아들이고 '큰말' (대변)을 만든다.

■ **미주알**

큰배알 끝 항문을 이루는 부분이 '미주알'이다.

■ **오줌길 · 오줌줄**

콩팥에서 흘러나오는 작은말(오줌)을 오줌통(방광)에서 몸 밖으로 내보내기 위한 대롱을 '오줌길' 또는 '오줌줄'이라고 한다.

※ '미주알'은 옛날에 썼던 말이고, '오줌길'은 새로 만든 말인데, 다 리을 끝낱말이다. 큰말(대변)과 작은말(소변)도 리을끝낱말이다. 나오는 것이나, 내보내는 데가 모두 리을끝낱말로 이루어져 있으니 신기하지 아니한가.

■ **말 보기**

조선 왕조에 들어 15세기 초부터 17세기 중엽까지의 여러 저술 가운데에서 뽑아 엮은《대동야승》이라는 문학 책이 있다.

이 책에 '견마(見馬)'라는 말이 있다. 우리말 '말보기'를 한자로 옮긴 말이다. 청백리로 이름난 송와(松窩) 이기(1522~1600)의 이야기에서 "우리 풍속에 '똥'과 '오줌'을 '큰말'과 '작은말'이라고 한다. (國俗以大便小便, 謂之大馬小馬)"라는 대목이 있다. 이것을 보고《대동야승》에 "큰말 · 작은말 본다"고 '말보기[見馬]'라고 한 것이다. '말보기'는 '작은말보기'와 '큰말보기'가 합쳐 줄어든 말이다.

■ **말**

지금말로 '대소변'의 '변'에 맞는 옛말이다.

■ **작은말 · 큰말**

먹은 것에서 영양분을 몸속에 빨아들이고, 남은 찌꺼기를 몸 밖으로 내보내는데, 옛날에는 '대변보다'를 '큰말보다', '소변보다'를 '작은말보다'라고 했다. '변'을 '말'이라고 했다는 것이다.

위급한 상황에서 구하여 내는 경우에 간단하게 쓸 수 있는 약방문을 적은《구급간이방》(1489)에

"물이 큰말·작은말 보는 대로 좇아 나게 하라(令水從大小便出)."

"자연히 큰말 볼 제 싸어 나리라(自然於大便中出)."

"큰말 작은말 다 못 보는 병 …… 밤에 작은말 자주 누는 병(大小便不通 …… 夜多小便)."

"작은말이 자주 뵈어 여위고 힘없거든(小便多數瘦損無力)."

들이 있고, 또

"차반(음식)을 먹거든 자연(自然)히 슬어 말보기를 아니 하며"《월인석보》(1467)

"옷 입으며 밥 먹을 때 오직 이리하고, 말보며  오줌 눌 때 오직 이리하고"《목우자수심경》(1467)

들도 있다.

여기에 나오는 '큰말·작은말'이 대소변인 것이다.

오줌 누는 것을 '소마보다', '소매보다'라고 하는 것은, 그 '작은말보다'의 '작은말'을 한자로 적느라고 '小馬'라고 한 데서 온 것이다.

# (2) 사는 수

## 사냥 수단

쉼터 · 토막 이야기

### 며느리의 욕심

추석 차례도 모시고 조상의 산소에 벌초와 성묘도 끝냈것다, 삼식 씨가 모처럼 느긋한 낮잠에 빠져 있는데 헛간 근처가 시끌벅적하다.

"할아버지, 할아버지, 우리 고기 잡으러 가요! 저기 그물이 많이 많이 있어요."

고깃그물과 통발 들을 처음 구경한 손자가 흥분해서 뛰어오더니 툇마루 아래 서서 삼식 씨를 깨운다.

"고기는 무슨 놈의 고기, 제찬 생선이 수두룩한데……."

"죽은 고기 말고요, 살아 있는 고기요, 어서요!"

손자한테 이끌려 마당으로 내려가 헛간을 들여다보니 가히 만물상이다. 통그물, 벌컬, 두릿그물, 사둘이 여기저기 엉켜 있는가 하면 고조부가 말을 타고 사냥 다닐 때 쓰셨다는 화살과 활도 먼지를 뒤집어쓴 채로 벽에 걸려 있지 않는가. 또한 식구들이 바닷가나 강가에서 눈에 띄는 대로 주워다 놓은 괜찮은 돌멩이들이 한쪽 구석에 수북히 쌓여 있다. 수석회에 가입해서 탐석을 다니기 시작했다는 큰아들이 모자를 푹 눌러쓰고 서울로 가져갈 만한 물건이 있는지 선별 작업이 한창인 모양이다.

"아버지, 이것 좀 보세요, 백만 원짜리는 되겠네요. 요즘은 강돌보다는 컬러가 있는 바닷돌이 더 인기가 있거든요. 야! 이건 영낙없이('영락없이'는 잘못) 달밤에 삿갓 쓴 노인이네!"

보는 사람의 해석에 따라서 삿갓 쓴 노인도 되고 고깔 쓴 여승처럼도 보이는 무니('무늬'는 잘못)가 그럴싸한 속돌을 들고 횡재한 사람처럼 벙글거린다. 돌의 생김새에 맞춰 받침대를 만들어 주고 진열장에 장식하면 실내 장식으로는 그만이라고 며느리도 신이 나서 거든다. 살림에는 눈이 보배라고 여자의 안목도 무시하면 안 될 것이다. 흰줄무니가 세로로 나 있는 굳은돌은 이름하자면 폭포석일 테고 뾰죽뾰죽한 모서리가 있는 투명한 산돌은 산수경석이다. 겨울이면 광에서 김칫돌로 쓸 만 한 납작한 차돌은 평원석으로 변신될는지…….

기웃거리며 구경만 하고 있던 안주인인 아주머니가 굽은 허리로 엉거주춤하며 들어가더니

"없어졌나 하고 한참 찾았는데 여기 숨어 있네."

하고 숫돌을 들고 나온다.

"아주머니, 식칼이고 주머니칼이고 다 우물가로 가져오세요. 서슬이 퍼렇게 갈아 드릴께."

하고 삼식 씨가 인심 쓰듯 말하자,

"명절 쇠려고 칼갈이 아저씨한테 돈 주고 갔지라우."

하고 못내 아쉬운 표정이다.

돌 작업이 끝나자 삼밭으로 올라가서 볼 붉은 감도 따고 알밤도 주우면

서 시골 정취를 만끽하곤 이튿날은 귀경길에 올랐다.

행여나 잊을세라 돌짐을 맨 먼저 차 트렁크에 실었는데, 큰며느리가 우물가에서 서성거린다.  돌확 때문이다.

"그거 가져가려고?"

큰아들이 끼이어든다.

"물 담아서 연꽃 키우니까 보기 좋던데……."

"어디다 두고?"

"베란다에."

심상찮은 기색을 눈치챘는지 안주인이 손사래를 친다.

"아서라, 메주 쑬 땐 아직 쓸모가 있느니라."

가만히 있기가 뭐해 삼식 씨도 한 마디,

"요즘 젊은 것들, 보기 좋은 거라면 산소에 있는 빗돌이라도 뽑아갈 것 같 구만이오."

그러나 저러나, 삼식 씨는 이번에도 놀라지 않을 수가 없었다.

고기 '살' 을 먹으려고 길짐승·날짐승, 물고기를 잡는 데에 쓰이는 기구들 이름이 리을끝낱말이 아닌 것이 없으니 말이다.

길짐승을 '돌' 로 치고, '서슬' 이 퍼런 '칼' 로 베고, '창날' 로 찌르고, '활' 로 '화살' 을 쏘아 날짐승을 떨어뜨리고, 물고기를 '작살' 로 찍다가 '사둘, 사돌' 로 건지더니, '그물' 로 몽땅, 그것도 모자라서 먼 데에 있는 물고기는 '낚시질' 로 끌어 잡고, 현대에는 '총알' 을 쏘아 댄다.

만일에 'ㄹ' 이 없었으면 어쩔 뻔 했나.

사냥 수단으로 쓰이는 여러 가지 기구가 ‘ㄹ’이 아닌 것이 없다.

돌, 칼, 활·화살, 작살, 사둘, 사돌, 고깃그물(채그물·후릿그물, 쓰레그물·끌그물, 자루그물·통그물·아귀그물, 자리그물), 어살·게살·김발, 통발, 낚싯줄·바늘·미늘, 망녕그물, 총알.

## ■ 풀, 열매, 살

아주 오래전 옛날, 집도 없이 ‘굴’ 속에서 살면서 ‘풀’ 뜯어 먹고, ‘열매’ 따 먹다가 짐승의 ‘살’도 먹게 되었다.

## ■ 돌

살을 먹기 위해서 짐승을 잡아야 하는데, 맨주먹으로는 안 되고, 도움 수단이 필요했다. 가장 쉬운 것이 ‘돌’이었다. 돌로 때려잡은 것이다.

‘돌도끼’를 만들어 짐승을 패기도 하고, ‘돌창’을 만들어 짐승을 찌르기도 하고, ‘돌칼’을 만들어 짐승을 베기도 했다.

※ ‘돌’에는 생김새 따라

‘감돌(광물이 든 쇳돌), 거친돌, 거품돌·뜬돌·바닷돌·부석돌·속돌(부석·수포석·해석), 곱돌(납석), 굳은돌·굳돌, 금돌(금 쇳돌),

간돌(집터·무덤에 깐 돌), 깔돌(실내·현관에 까는 돌),

남폿돌(남포 터서 캔 돌),

둥돌(광물 안 섞인 큰 잡돌),

막돌·잡돌(쓸모 없는 돌), 모래돌(사암석), 모오리돌·몽돌(둥근 돌), 뭉우리돌(모난 데가 없이 둥글둥글하고 큼지막한 돌), 무른돌,

바윗돌, 뻘돌(이암),

산돌(생석), 서벅돌(잘 부서지는 돌), 섭돌(모나고 날카로운 돌), 쇳돌(광물),

　수수돌(금 섞인 차돌),

싸락돌(아라고나이트), 쑥돌(화강암),

여울돌, 옥돌, 유리돌(규석),

자갈돌, 잔돌, 조각돌(조각난 돌), 조약돌, 질돌(장석),

짱돌(큰 자갈돌),

차돌(석영),

푸석돌 · 석돌'

들이 있다.

　'돌'이 쓰이는 데 따라

'가른돌 · 가름돌, 갓돌(가의 돌, 담 · 비석 덮개 돌), 갯돌(개천 돌, 벌통 받침

　돌), 고드랫돌(발 · 돗자리 날 감아 늘이는 돌), 고른돌 · 고름돌(맨 위에

　고르게 놓는 돌), 고막잇돌(터진 곳 막는 돌), 고인돌, 굄돌, 구들돌, 귓돌

　(석축 따위 주춧돌), 김칫돌,

노둣돌, 누름돌,

다듬잇돌, 다릿돌 · 징검돌, 닻돌(나무 닻에 다는 돌), 댓돌, 동바릿돌, 동틀

　돌(돌다리 받치는 귀틀 돌), 둔덕돌(찻길과의 경계 돌), 들돌, 디딤돌,

떡돌,

맷돌, 모퉁잇돌, 몽깃돌(배 뒤쪽에 다는 돌), 물렛돌, 밀돌(부수거나 문지르는

　돌), 밑돌(동바리 · 담 밑 돌),

바둑돌, 벼룻돌, 봇돌(아궁이 양쪽 돌), 봉돌(낚싯봉), 부싯돌, 부춛 돌 · 부출

　돌(뒷간 디딤돌), 불돌(화롯돌, 달군 돌),

　빨랫돌,

　상돌(상석), 선돌 · 세운돌(거석 기념물), 섬돌 · 옥섬돌, 숫돌 · 무른숫돌 ·
　　센숫돌,

　쌤돌(창문둘레 돌), 쐐깃돌,

　아맛돌 · 솥이맛돌, 이무깃돌,

　장댓돌(섬돌 · 층대 쌓는 돌), 적심돌(석축 때 안쪽에 박는 돌), 주춧돌, 줌돌
　　(돌확에 고추나 보리쌀 따위를 넣고 으깰 때 쥐고 쓰는 둥글고 길쭉한 돌),
　　지지름돌(내리누르는 돌),

　챗돌 · 탯돌(메어쳐서 이삭 떨 때 쓰는 돌), 층샛돌 · 층돌(시금석),

　퇴짓돌(처마 밑 장댓돌),

　팡돌(짐 부릴 때 쓰는 돌), 풀맷돌(고운 돌 맷돌),

　호박돌 · 알돌(집터 다지는 돌)'

들이 있다.

### 시식돌 · 헌식돌

　불교에서 영혼의 천도식을 마치고, 마지막으로 문밖에서 잡귀에게
음식을 베풀며 경을 읽는 곳을 '시식돌(施食―)'이라고 하는데, '헌식
돌'이라고도 한다.

### 몸돌 · 망칫돌(다듬잇돌)

　격지를 떼어 내는 몸체가 되는 돌을 '몸돌'이라고 하는데, 10만~20
만 년 전의 옛 석기 때 것을 '망칫돌'과 함께 상주('사벌, 사불')에서 파
내어 말거리가 되기도 했다.

　※ '돌'은 돌이로되 돌이 아닌 것에

　'벽돌(규석벽돌, 두겁벽돌, 벽장돌, 흙벽돌),

서돌(집 짓는 서까래, 기둥 따위), 잇돌(치석)’

들도 있다.


돌을 써서 짐승을 잡는 데에, 더 좋은 것은 없을까 하고 슬기를 모았다.


## ■ 칼

궁리 끝에 ‘쇠칼’을 생각해 냈다. ‘쇠칼’을 만들어 쓰게 된 다음에는

무서울 것이 없었다.

뒷날 ‘칼’에는

‘갈이칼, 굽이칼(몸체가 구부러진 칼),

꿀칼,

담배칼,

따개칼(마구잡이로 쓰는 칼),

멩두칼(무당 춤 칼),

삼칼, 새김칼, 송곳칼, 신칼,

작은칼, 접칼, 주머니칼,

찬칼, 창칼, 채칼,

톱칼,

호비칼’

에 ‘나무칼, 대칼’ 들도 생기고,

석기 시대에는 짐승 뼈로 ‘뼈칼’도 만들었다.

※ 그런가 하면 칼에도 소리는 같지만 칼이 아닌 ‘칼’이 있다.

‘그레(칼),

말
활
화살
창
칼
작살
그물
뜰채
돌
씨앗
2004. 연제

도리칼 · 행차칼(형구), 머리칼, 먹칼(먹칠 기구),

바람칼(새 날개),

세칼(서북풍),

큰칼(중죄인의 목에 씌우던 형구, 길이는 135cm쯤이다),

풀칼(풀칠 기구), 품칼(모시 껍질 칼),

한칼(단칼질)'

들이다.

'쌍칼'은 "양손에 든 칼, 또는 그런 사람"이다.

## ■ 날 · 창날 · 칼날 · 쌍날 · 양날

칼은 짧아서, 긴 자루 끝에 '날'을 꽂은 '창'을 만들었다. 그 날이 '창날'이다.

창날과 같이 칼도 잘 들게 하려면 '칼날'을 세운다.

'날'은 물건이나 짐승을 베거나 썰거나, 꺾거나 찌르거나 찍거나 하게 된 연장의 가장 날카로운 부분이다.

날에는 '대팻날, 쟁깃날, 톱날' 들도 있다.

'쌍날'은 겹으로 선 날이고, '양날'은 베거나 찍거나 하는 날이 양쪽에 있다.

### 쌍칼날 · 양칼날

양쪽으로 다 날이 선 칼을 '쌍칼날' 또는 '양칼날'이라고 한다.

### 고달

칼, 창날, 송곳 따위의 몸뚱이가 자루에 박힌 부분을 '고달'이라고 한다.

**민날**

칼집 따위에 들어 있지 않고, 드러나 있는 창이나 칼 같은 것의 날을 '민날'이라고 한다.

**서슬**

날에는 '서슬'이 있다. 서슬은 쇠붙이 연장이나 유리 조각 같은 것의 날카로운 부분이다.

■ **말 · 재갈**

짐승을 잡는데, 먼 데 짐승은 '말'을 타고 나가 잡았다. 말을 부릴 때에는 아가리에 '재갈'을 물린다. 말에는

'가라말(검은 말), 간자말(이마 · 뺨이 흰 말), 검정말, 고라말(등 검은 누런 말), 곰배말(등 굽은 말), 구렁말(밤색 말),

담가라말(털빛이 거무스름한 말), 덜렁말, 들말,

뗏말,

부루말(흰 말), 부절따말(갈기가 검고 털빛이 붉은 말),

뿔말(흰꼬리뿔말 · 푸른뿔말),

삯말, 서라말(점박이 흰 말), 수말,

씨말,

악대말(불깐 말), 암말, 얼럭말, 얼룩말 · 워라말,

절따말(붉은 말), 조랑말,

청부루말(푸른 털과 흰 털이 섞인 말),

흰말'

들이 있다.

※ 말은 말이로되 짐승이 아닌 말도 있다.

‘대말,

목말(남의 어깨에 올라서는 일),

싸리말(싸리로 엮어 만든 말),

저승말(저승 사자 말), 정강말(타지 않고 걸어 다니는 사람의 비유), 졸임말

(몸의 한 곳을 죄는 두렁이)’

들이다.


그럭저럭 뭍짐승을 잡아먹고, 하늘을 쳐다보았다. 새가 날아다닌다.
저 새도 잡아먹어야겠는데 사람이 하늘로 올라갈 수가 없고, 칼이
있어도 날짐승에게는 쓸데가 없다.


## ■ 활

그래서 또 생각해 낸 것이 ‘활’이다. 활은 활짱 양끝 활고자에 활시
위를 멘 것이다.

활짱은 구부러진 활의 몸이고,

활고자는 활시위를 메는 활의 양쪽 머리 곧 활짱의 끝이고,

활시위는 활에 걸어서 켕기는 줄이다.

활에는 ‘동개활, 무명활, 큰활(쇠화살 쏘는 활)’ 들이 있는데,

시위를 벗기면 ‘부린활’, 시위를 메면 ‘얹은활’이라고 하며,

나무로 된, 돛 맨 위 활대를 ‘상활’, 돛 맨 밑 살죽을 ‘하활’,

베틀 가로나비 버팀 나무오리를 ‘최활’이라고 한다.

### 쪽활

궁도에서, 활을 당길 때에 활몸이 위나 아래로 쏠리어 화살이 잘 맞

지 아니하는 자세는 '쪽활'이다.

### 화살

활이 있으면 '화살'이 있어야 한다. 화살은 활시위에 먹이어 쏘아서, 떨어져 있는 표적을 맞히는 기구다.

화살에는

'고두리살(끝에 고리를 끼운 작은 살),

　　　다라진살(가늘고 무거운 살), 독살, 동개살(깃 큰 살),

　　　몸빠진살(가는 화살),

　　　부픈살(굵은 화살),

　　　사수리살(옛날 살), 쇠살(철전),

　　　쏜살,

　　　아기살, 우는살(효시),

　　　주살(연습 때 쏘는 살)'

들이 있는데, 단 한 대의 살은 '단살'이라고 한다.


활로 화살을 쏘아서 하늘의 새도 잡아먹고, 다음엔 물 속의 물고기를 들여다보았다.


### ■ 작살 · 고래작살

물고기를 잡으려고 '작살'을 생각해 냈다. 그런데 작살은 깊은 내나 넓은 데, 특히 바다 같은 데에서는 쓸모가 없다.

그래서 던지거나 대포로 쏘아서 고기 같은 것을 잡는 '고래작살'이 나타났다.

그러나 작살로는 고기를 한 마리씩밖에 못 잡는다.

### ■ 사둘

그래서 생각해 낸 것이 '사둘'이다. 사둘은 물고기를 건지는 용수 모양 그물이다. 역시 고기를 많이 잡지는 못한다.

오구 모양의 '뜰채'와는 다르다.

### ■ 사돌

얕은 바다에서 조그마한 사돌배를 타고 한 손으로 노를 저으면서 작살, 갈고리, 집게 따위로 바다 밑의 가자미, 문어, 낙지, 조개 따위 수산물을 잡는 일을 '사돌'이라고 한다.

### ■ 고깃그물

깊고 넓은 데에서 한꺼번에 많이 잡기 위해서 만들어 낸 것이 '고깃그물'이다. 이 그물로 많은 고기를 잡았다.

고깃그물에는 어떤 것들이 있을까.

#### 삼태그물 · 덮그물 · 던짐그물 · 가래그물

고깃그물에는 '삼태그물'(몰려 있는 물고기 떼를 밀어 잡는 삼태기 모양 그물)이 있고,

'덮그물'이라고 하는 것에는 '던짐그물'(쳉이 · 투망)과 '가래그물'(어리 모양 뼈대에 씌운 그물) 들이 있다.

#### 채그물 · 후릿그물

지나가는 물고기 떼를 '채그물'로 물 밑으로부터 떠 올려 잡기도 하고,

'후릿그물'을 물에 넓게 둘러치고 여러 사람이 두 끝을 끌어 당겨 물고기를 잡기도 했다.

**쓰레그물 · 끌그물**

그러다가 한꺼번에 더 많이 잡기 위해 '쓰레그물' (저인망)이 나타났다. 이것은 바다 밑바닥으로 끌고 다니면서 깊은 바다 속의 물고기를 잡는 그물이다. '바다끌그물' 이라고도 한다. '트롤' 이니 '트롤망' 이니 하는 것이다.

그뿐인가. 사람이 아니고 두 배가 끄는 후릿그물인 쌍끌이그물이 나타났는데, 이것은 '끌그물' 이다.

물고기를 잡는 것도 꾀가 나서 좀 느긋하고 편하게 잡을 궁리를 했다.

**걸그물 · 뜬걸그물**

바다에서 물고기 길목에 길게 쳐 놓고, 물고기가 그물에 말리거나 그물코에 걸리거나 하게 하는 그물이 '걸그물' 인데,

물 위에 붙박이로 떠 있게 친 걸그물을 '뜬걸그물' 이라고 한다.

**자루그물 · 통그물 · 아귀그물**

위쪽만 내놓고 자루 모양으로 전부 둘러막은 '자루그물' 은 큰자리그물에서 안으로 들어온 물고기를 가둔다.

'통그물' 은 한쪽만 터 놓고 전부 둘러막은 통 모양 그물이고,

'아귀그물' 은 아가리가 네모지고 끝으로 가면서 뾰족한 네모뿔 모양으로 된 그물이다.

**길그물, 길발**

통그물 따위로 고기 떼를 이끄는 길이 되도록 하는 그물을 '길그물' 이라고 하는데, 발로 만든 길그물은 '길발' 이라고 한다.

**초리그물**

자루그물의 끝 주머니를 '초리그물' 이라고 한다.

### 벌컬(그물)

밀물에 들어왔던 고기가 썰물에 밀려 나가는 길을 막아 잡는 그물을 '벌컬'이라고 하고, '벌컬그물'이라고도 하는데, 그물 양끝에 올가미를 달아 고기를 그쪽으로 이끌어 잡는다.

### 당반그물 · 선반그물

벌컬그물의 하나로 '당반그물'과 '선반그물'이 있다. 벌컬의 활개그물을 따라 선반처럼 그물을 길게 덧놓아, 뛰어넘는 숭어를 잡는다.

### 화리(그물) · 활개(그물)

통그물의 틀보에 활개 모양으로 잇닿는 그물에 화리나 '화리그물', 활개나 '활개그물'이라는 그물이 있다.

어깨그물과 소매그물로 이루어졌는데, 포위될 물고기 떼를 가운데로 몰아 넣는다.

### 어깨그물

활개그물을 이루는 통그물에 닿아 있는 그물을 '어깨그물'이라고 한다.

### 날개그물 · 소매그물

자루그물 따위의 아가리 양쪽 끝 그물을 '날개그물' 또는 '소매그물'이라고 한다.

### 깃그물 · 깃발

길그물 양쪽에 옷 소매처럼 길게 달려 있는 그물이 '깃그물'인데, 발로 만든 깃그물을 '깃발'이라고 한다.

### 줄살

밧줄과 닻으로 길그물, 깃그물, 통그물을 고정시킨 어장을 '줄살'이라고 한다.

### 두릿그물

물 속에 수직으로 쳐 놨다가 주머니 끈처럼 죄어 가며 물고기를 잡는, 크고 기다란 띠 모양의 그물을 '두릿그물'이라고 한다.

### 들그물

물에 깔아 놓았다가 들어올려 물고기를 잡는 넓은 그물이 '들그물'이다.

### 자리그물 · 큰자리그물 · 초롱그물

한 곳에 쳐 놓고 물고기가 지나가다 걸리도록 한 '자리그물'(정치망)도 있다.

'큰자리그물'은 고기 떼를 꾀어 좁은 통로를 통해서 통그물 안으로 몰아 들이는 그물이다.

물고기가 들어가 놀다가 마지막에 걸리는, 작은 초롱 모양의 자리그물을 '초롱그물'이라고 한다. 초롱그물 테를 올리기 위한 줄은 '초롱줄'이다.

### 어살 · 게살 · 김발

싸리 · 참대 · 장나무 따위를 개울 · 강 · 바다 따위에 둘러치거나 꽂아 울타리를 친 다음, 그 가운데에 그물을 달아 그 안에 고기가 들어가서 잡히도록 하는 장치가 '어살'이다.

게를 잡는 대발은 '게살'이고,

김을 양성할 때 대 · 섶 · 싸리 따위로 만들어 김의 홀씨가 붙어 자라도록 친 발을 '김발'이라고 한다.

### 통발

가는 댓조각이나 싸리를 엮어서 통같이 만들어, 아가리에 안쪽을 향한 작은 발을 달아 한 번 들어간 고기는 나오지 못하고, 뒤쪽 끝을 묶었다가 풀어, 안에 있는 물고기를 꺼낼 수 있게 되어 있는 기구를 '통발'이라고 한다.

(어살과 통발의 얼치기 같은 '가리'는 작은 강이나 내에서 쓴다.)

## ■ 낚싯줄·바늘·미늘

그물이 닿지 않는 먼 데 있는 물고기를 잡기 위해서 '낚시질'을 생각해 냈다.

낚시는 '낚싯줄'에 매단 '낚싯바늘'로 물고기를 낚는다.

물고기가 낚싯바늘에 걸려 끌려 오다가 빠져 달아나는 수가 있다.

그래서 낚싯바늘 안쪽에 '미늘'을 만들어 물고기가 물면 빠지지 않게 했다.

### 두발바늘·쌍바늘

바늘허리 하나에 두 가닥의 갈퀴가 달린 낚싯바늘을 '두발바늘' 또는 '쌍바늘'이라고 한다.

## ■ 망녕그물

뭍(육지)에서는 '망녕그물'로 토끼나 꿩을 잡는다.

## ■ 여우그물

'여우그물'은 여우를 잡으려고 치는 그물이다. '호망'(狐網)이라고도 한다.

## ■ 호랑이그물

'호랑이그물'은 예전에 집집마다 호랑이 잡으려고 쳐 놓던 그물이다, '호망' (虎網)이라고도 한다.

## ■ 총알

총이 나온 뒤에는 '알탄'이라고도 하고, '탄알'이라고도 하는 '총알'을 쏘아 짐승을 잡으니까 웬만히 멀어도 문제가 없다.

'총알받이'는 어찌할 수 없는 경우고, 늦은 밤 '총알택시'는 피하는 것이 좋다.

위에서처럼 '굴'에서 살고 '풀·열매'를 먹다가 살을 얻는 수단으로 쓰이는 것들이 모두 리을끝낱말이다.

## 목숨 유지

쉼터 · 토막 이야기

# 소리꾼

해마다 연말이면 여기저기서 송년 모임에 와 달라는 초청장이 빗발치듯 날아들곤 한다. 초 · 중 · 고 · 대 동창회와 향우회는 기본이고, 이른바 잘 나간다는 친구들에게선 좀 격이 달라 보이는 호텔 파티 초대장이 오기도 하지만, 까딱하면 줏대없는 정치꾼이나 졸부들의 낯내기에 들러리 서기가 십상이어서 갈 곳, 안 갈 곳을 가리기가 쉽지 않다. 게다가 강 노인의 사무실을 자기집처럼 드나드는 친구들도 으레

"올해도 한잔하고 넘어가야지?"

"경기가 썰렁할수록 마무리를 화끈하게 해야 되는 거여. 밥 맛 없는 놈들 빼고 우리끼리 한잔 부딪쳐야지."

하고 부추기며 기대하는 눈치였다.

자고 새면 돈이 불어나던 호시절에야 당연히 갈빗집에서 시작해서 노래방이나 일식 집, 호프 집으로 자리를 옮겨 가며 밤을 새우고 해장국 집에서 새벽을 맞이하곤 했지만 이젠 체력도 딸릴뿐더러 그럴 형편도 아니었다.

명색이 사장이니 이름값을 해야지 나 몰라라 할 수도 없어 궁리 끝에 내린 결론이 안방 파티다.

봄에 담근 매실술에, 있는 쌀에, 있는 김치에 삼겹살이나 몇 근 삶으면 대충 구색이 맞겠다 싶어 마누라와 상의도 없이 덜컥 그믐날로 날을 잡고 공고

를 해 버렸다.

단골로 다니는 갈빗집에 알아 봤더니, 예약이 꽉 차서 자리가 없다고 말도 안 되는 거짓말을 하고, 시장 볼 돈을 넉넉히 내 놓고도

"당신은 내가 이팔청춘인 줄 알아요? 집으로 손님을 청하게……."

하며 눈꼬리가 올라가는 마누라 서슬에 기가 죽어 설설 길 판이다.

"가슷불(도시가스, 프로판가스 따위의 불)에 돼지고기나 삶고 나물 몇 가지 무치면 되지 않을까?"

하고 아는 척을 했더니

"뉘 집 제삿날인가, 한겨울에 나물은 무슨 나물!"

"그럼 파전이나 부치구려, 며느리를 오라고 하든지……."

"걔네들 동해안으로 해맞이 간답디다. 차라리 요리사를 부르면 모를까."

통 큰 마누라에게 맡기는 게 아니었는데 하고 속이 씁쓸해진 강 노인,

"앓느니 죽지, 무슨 요릿상 차릴 건가, 내가 다 한다, 다 해!"

하고 큰소리를 쳤지만, 할 수 있는 일이라곤 독박골 약숫물 떠 오는 것하고 마늘 까기가 전부였다. 어림잡아도 고정 멤버가 열 명은 넘는데 혹까지 딸려 오는지

"옆 방 최 사장이 소리꾼을 한 사람 불렀다는데……."

"아니, 자기 환갑 잔친가, 가수를 부르게……."

"그게……, 아마 문화 센터에서 우연히 만났는데 아마추어치곤 명창인데다 대화도 통한다고 하기에 내가 같이 오라고 했지. 새로운 여자가 끼면 분위기도 살고 좋을 것 같아서 말야."

말 타면 경마잡히고 싶다더니, 늙으나 젊으나 남자들 심리란 게 같은 술도 첨 보는 여자가 따라 주어야 술맛이 난다는 뜻으로 들렸다. 어쨌든 50대,

60대, 70대까지 실버 세대가 전부 모이게 되니 그 입맛을 다 맞추기는 어렵겠고 초지일관 삼겹살로 밀고 나갈 수밖에 없었다.

잘 삭힌 홍어와 김장김치가 어울리면 이른바 삼합이라는 절묘한 하모니가 이루어지지 않겠는가. 또한 생굴과 조갯살을 넣고 달걀을 넉넉히 풀어 파전을 부치고 구절판에다 마른 안주를 담기로 했다.

일 년에 몇 번 쓸까 말까 하는 큰 접시며 유리그릇들과 주발 사발이며 숟갈 젓갈이 다 동원되고서야 교자상 두 개가 나란히 차려졌다.

이윽고 5시가 땡 하자 손님들이 타고 온 승용차들이 속속 도착하는데 마지막 차례에 내리는 문제의 소리꾼!

"이게 누구야! 너네 집이었어?"

"아이구 ! 영숙아! 네가 언제부터 소리꾼이냐?"

"두 분이 아는 사입니까?"

"여고 동창이죠. 친구들이 요즘 영숙이 보기가 힘들다 하더니 이런 재미
   가 있었구나!"

그 날 밤, 강 노인의 집에 있는 술병은 모조리 바닥을 보게 되었다고 한다.


한바탕 복대기를 치고 나서 손님들은 가고 마누라는 치우느라고 한창 바쁜데, 강 노인은 엉뚱한 생각에 잠긴다.

우리가 이렇게 먹고 마시고 놀 수 있는 것은 그 힘발이 있어야 한다. 도대체 그 힘발이 무엇으로 어떻게 생길까를 생각해 보는 것이다.

'ㄹ' (쌀, 나물, 살)을 'ㄹ' (물)로 씻고 'ㄹ' (불)로 익힌 음식이 'ㄹ' (입술)을 지나 'ㄹ' (밥줄 · 밤길 : 식도)로 내려가 'ㄹ' (배알 : 창자)을 돌면서 몸의 'ㄹ' (살, 핏물)이 되고, 그 찌꺼기도 'ㄹ' (큰말 : 대변)이 'ㄹ' (미주알)

로, '르'(작은말 : 소변)이 '르'(오줌길)로 나온다.

강 노인은 이렇듯 사람이 움직이는 '힘발'의 바탕이 되는 음식과 삭임기관 이름의 끝소리(받침)가 모두 '르'로 일관해 있음을 알게 되었다.

목숨을 이어 가는 데에 쓰이는 낱말이 모두 '르'로 끝난다.

쌀(주식), 나물(부식), 살, 물, 불, 낟알, 젓깔, 마늘, 주발, 사발, 술, 떡살, 떡고물, 꿀, 뿔, 산골.

목숨에 필요한 말로 '명줄, 밥줄, 젖줄, 탯줄' 들이 있는데, 우리가 목숨을 이어 가며 살아가려면 몸을 살려야 하는 영양이 있어야 한다. 영양은 먹는 음식에서 생긴다.

사람이 막 태어나면 '젖물'(유액)을 먹는다. 젖물이 모자라면 '밥물'을 먹는다.

그러고는 자라서 먹는 가장 기본이 되는 음식이 밥과 반찬이다.

우리가 먹는 밥과 반찬은 그 밑감이 '쌀'과 '나물'이다.

■ **쌀·쌀알**

쌀에는

'고른쌀(섞여 있던 돌, 뉘 따위 잡것을 골라 낸 쌀),

매조미쌀(속겨 쌀), 맵쌀(쩌 말려 찧은 메밀), 멥쌀(메벼 쌀), 묵은쌀,

볍쌀, 보리쌀,

생동쌀(생동찰 쌀), 수수쌀,

오례쌀(올벼의 쌀), 율무쌀,

좁쌀,

찐쌀(덜 여문 벼를 미리 거두어 쪄서 말린 뒤에 찧은 쌀),

찹쌀,

햅쌀, 흰쌀'

들이 있다.

그런 쌀이 충분히 말라서 물기가 15푼(%) 이하인 현미를 '굳은쌀'이라고 하고,

햇빛과 기온 관계로 우리나라 북부 지방에서 많이 나는, 물기가 15푼(%) 이상이어서 변질하기 쉬운 현미를 '무른쌀'이라고 한다.

쌀 하나하나의 낟알을 '쌀알'이라고 한다.

인절미에 덜 뭉개진 채 섞여 있는 찹쌀 알을 '옴쌀'이라고 한다.

'밀쌀'에는 흰자질이 많고 단단하여 빻은 가루가 끈기가 많은 '굳은밀'의 쌀과,

낟 알갱이 단면이 불투명한 가루 모양이고, 흰자질 함량이 9푼(%) 이하로 낮아서 끈기가 약한 '무른밀'의 쌀이 있다.

**녹쌀**

'녹쌀'은 장옥수수나 메밀 따위를 맷돌에 타서 만든 쌀이다.

**상수리쌀**

'상수리쌀'은 상수리를 껍데기째 삶아 겨울 동안 얼렸다가 봄에 녹은 것을 말려서 쓿은 뒤 알갱이에 다시 물을 쳐서 빻은 것이다.

## ■ 나물

나물에도

'가지나물, 갓나물, 고춧잎나물, 근대나물,

돌나물,

멧나물, 무우나물,

박속나물, 비름나물,

솔나물, 숙주나물(녹두를 시루 같은 그릇에 담아 물을 주어서 싹을 낸 나

물),

참나물, 참죽나물, 취나물,

콩나물, ……'

들 120가지는 넘게 있는데,

1984년에 경남 남해 상주 해수욕장에서 발견된 '남해붉은서나물'

이 '주홍서나물'로 바뀌었듯, 나물도 자꾸 불어나고,

'나물 타령'에도

"한푼 두푼 돈나물 (=돌나물),

꾸부렁 휘어 활나물 (콩과의 한해살이풀),

매끈매끈 기름나물 (산형과의 여러해살이풀),

돌돌 말아 고비나물 (고빗과의 여러해살이풀),

술 취했나 취나물 (어린 참취나 그 잎을 삶아 양념을 쳐서 볶은 나물)"

들이 있다.

'나물'이라고 해도 '물레나물, 바디나물, 사리나물(사리풀), 쇠귀나

물(소귀나물), 쇠서나물, 수뤼나물, 피나물' 들은 풀이다.

## ■ 살

반찬으로는 나물만이 아니라 살(고기)도 먹는다.

'살'에는

'가로무니살, 갈매기살(가로막살), 겉살, 게살, 군살, (볼기)긴살,

달기살, 대접살(소 사타구니에 붙은 고기), 등살,

목살,

방아살(등심 복판살), 뱃살, 보습살(소의 볼기 살), 본살, 비역살(사타구

니 살깢)

뺨살, 뼈대살, 뻘기살,

새살, 속살,

안심살, 입귀살,

제복살, 조갯살, 쥐살(소 앞다리 살),

참살(군살 없이 통통한 살), 초맛살(소 대접살에 붙은 살코기),

턱살, 토시살(소 지라·이자에 붙은 살),

허벅살, 혹살, 힘살'

들이 있다.

## ■ 물

그리고 또 '물'을 마셔야 한다. 사람 몸의 80푼(%)이 '물'이다.

한국 장수촌으로 알려진 마을이 있다. 전남 구례군 마산면 사도리 상사마을이다. 이 마을에 당물샘이 있다. 이 곳 사람들이 오래 사는 까닭의 하나가 이 우물의 물맛이라고 한다. 이 물에는 사람이 바라는 대로 되는 신기한 힘이 있다고 믿는다. 그러면 그렇지, 최고의 우물이라면 그 이름이 '당물' 곧 리을끝낱말일 수밖에.

전 빗 집
소리꾼
묵
붕
젓갈
마늘
술갈
주발
사발
나물
매실술
조개살
생굴 달걀
삼겹살
2005. 0X. 기

물에는

'간물, 개울물, 갯물(바닷물 드는 곳의 물), 국물, 군물(끼니 밖의 물), 길
　물(한 길 깊이 물),

꽃물(고기 삶은 진한 국물), 꿀물,

날물 · 썰물, 냇물, 누렁물 · 누렁우물(누런 물, 썩은 흙물),

단물 · 밀물, 덧물(더 두는 물), 돌물(소용돌이 물), 된물, 들물 · 밀물,

땟물, 뜨물,

맹물, 먼물 · 먼우물(먹을 우물물),

바닷물, 벌물(① 넘는 물, ② 마구 마시는 물, ③ 벌로 마시는 물), 봇물, 붉
　덩물(붉은 황토가 섞여 탁하게 흐르는 물), 빗물,

샘물, 센물, 소금물, 시냇물,

쑥물,

아랫물, 암물(보안 샘물), 얼음물, 여울물, 엿기름물, 엿물, 우물물, 웃
　물, 윗물,

장물, 제깃물(간장 담글 때 줄어든 장물에 채우는 소금물),

짠물,

찬물, 참물(만조 : 찬물 때의 물), 초들물(밀물 시작 때),

큰물,

팥물, 푼물(이따금 한 지게씩 사먹는 물),

햇물(장마 뒤 솟다가 그치는 물)'

들이 있다.

### 뒷물

사람의 국부나 항문을 씻는 일. 또는 그런 데 쓰는 물을 '뒷물'이라

고 한다.

**끝물 · 막물**

소리는 같지만 '물'이 아닌 '물'에 '끝물'이라고도 하고, '막물'이라고도 하는 '물'이 있다.

과일, 푸성귀, 해산물 따위가 그 해 맨나중에 나는 것이다.

**마중물**

펌프에서 물이 안 나올 때, 이끌어 내기 위해서 아가리에 붓는 물이 '마중물'이다.

■ **불**

물로 쌀과 나물을 씻어서 먹는데, 또 '불'로 익혀야 한다.

물질이 산소와 화합하여 높은 온도로 빛과 열을 내면서 타는 것을 '불'이라고 하는데, 불에는

'가슷불, 겻불, 곁불, 관솔불, 군불,

깜박불(꺼질 듯 말 듯 깜박거리는 숯불), 꽃불(① 이글이글 타는 불, ② 불

　꽃놀이 불),

난롯불,

들불(들에서 타는 불), 등걸불,

모깃불, 모닥불,

산불, 삼불(해산 때 태를 태우는 불), 쇠죽불, 숯불,

쑥댓불, 쑥불,

알불, 알콜불, 연탄불, 움불(움 안의 불), 잉걸불,

잣불, 장작불, 잿불, 줄불(① 불놀이 불, ② 잇단 불), 쥐불(쥐 쫓는 불),

　짚불,

촛불

큰불,

풍롯불,

화덕불, 화롯불, 화톳불, 횃불'

들이 있다.

'깜박불, 등불, 초롱불, 촛불, 호롱불, 후림불'

들은 밝히는 불이고,

'번갯불, 벼락불'도 있다.

### 큰불 · 잔불

'불'은 또 흔히 말하는 화재를 가리키기도 하는데, 큰 재해를 가져올 만큼 크게 난 불을 '큰불'이라고 한다. 또 큰 짐승을 잡는 데 쓰는 큰 총알도 '큰불'이다.

반대로, 작은 짐승을 잡는 데 쓰는, 불심이 약한 '총알'은 '잔불'이라고 한다. 이런 '잔불'로 작은 짐승을 잡는 짓을 '잔불질'이라고 한다.

### 혼불

호남 지방에서 '혼불' 이야기가 전해 내려온다. 혼불은 사람의 혼을 이루는 바탕이다. 죽기 얼마 전에 사람 몸에서 빠져나가는데 크기는 보시기나 종지만한데, 맑고 푸르스름한 빛을 띤다고 한다.

## ■ 낟알

먹는 알갱이는

'깨알,

낟알,

물알(덜 여물어 축축한 낟알), 밀알,

밤알, 밥알, 보리알,

쌀알, 씨알(씨가 되는 낟알),

이알(이밥의 낟알),

콩알,

팥알'

들이 있다.

※ 알은 알이로되 못 먹는 알도 있다.

'낱알,

먹을알(저절로 생기는 소득), 모래알, 미주알,

아래알 · 윗알(수판 가름대 아래 · 위 알), 용알 · 용의알(포구악 때 던지는 나
무공)'

들이다.

## ■ 젓깔 · 마늘

'젓깔'도 좋아하지마는 '마늘'도 필요하다. '마늘'에는

'논마늘 · 밭마늘 · 산마늘,

아들마늘, 외톨마늘, 육쪽마늘,

통마늘'

들이 있다.

※ 우리 사전들에 젓으로 담근 음식이 '젓갈'이라고 되어 있으나, '젓깔'의
잘못이다.

## ■ 주발 · 사발

밥을 먹는 데에는 '주발'이나 '사발'이 있어야 한다. 우리 국어 사전

에는 '주발', '사발'이 한자말이라고 해 놓았으나, 중국에는 그런 말이 없고 모두 우리말이고, 밥 한 숟가락도 밥 한 '술'이라고 한다.

■ **밥술 · 숟갈 · 젓갈**

'밥술'은 '밥숟가락', '숟갈'은 '숟가락', '젓갈'은 '젓가락'의 준말이다.

■ **꼴 · 여물 · 살**

짐승들은 여름에 풀을 뜯어먹는다. 동물이 먹는 풀은 '꼴'이라고 한다.

겨울에는 풀이 없으니 죽을 쑤어 먹는데, 짐승이 먹는 죽을 '여물'이라고 한다.

풀을 먹지 않고 고기를 먹는 동물도 있는데, 동물이 먹는 고기도 동물의 '살'이다.

■ **술**

사람과 동물이 다른 것은 안 먹어도 그 리을끝낱말로 된 것만은 꼭 먹어야 산다.

그러고 나서 사람은 어른이 되면 '술'을 마신다.

술은 안 마셔도 되지만, 많이만 안 마시면 피를 잘 돌게 하기도 하고, 몸에 영양을 잘 빨아들이게 하기도 하며, 몸을 지탱하는 데 돕는 일도 한다.

'술'에는

'강술, 과일술, 귀밝이술,

꽃술(꽃잎술),

단술, 대폿술, 더덕술, 됫술,

말술, 맑은술·송이술(익은 술독에서 떠낸 전국), 멥쌀술, 밑술(모주,
　　술 빚을 때 넣는 묵은 술),
배움술(처음 마시는 술), 뱀술, 볏술(벼로 갚는 외상술), 부줏술(대대로
　　내려오면서 잘 먹는 술),
사과술, 삼술, 소나기술,
쌀술, 쓴술(찹쌀술에 대한 멥쌀술),
오갈피술,
조껍데기술, 조라술(산신제·용왕제 때 쓰는 술), 좁쌀술,
찌끼술,
찹쌀술,
풋술(맛도 모르는 술),
해장술, 횟술'
들이 있다.

## ■ 떡고물, 떡살

명절 때에는 떡을 해 먹는데, '떡고물'도 '빛깔'이 고와야 하고, 떡
에 무니를 넣어 찍어 내는 판은 '떡살'이다.

## ■ 굴·가시굴·갓굴·토굴

'굴'은 한쪽 껍데기로 바다 속 바윗돌이나 나무 따위에 붙어 사는
조개다. 살은 칼슘들 영양분이 많고 맛이 좋다.

'가시굴'은 몸이 둥그스름하며, 다른 쪽 굴껍데기에 편평하고 검은
대롱 모양의 가시가 있다.

'갓굴'은 몸이 편평하고 길둥근꼴이다.

'토굴'은 껍데기가 둥글거나 네모나며, 왼쪽이 오른쪽보다 깊고, 겉

면에는 잔 비늘이 포개져 있으며, 잿빛 갈색을 띠고, 안쪽은 희다.

## ■ 벌꿀 · 멀꿀, 뿔

나이가 들고 몸이 쇠약해지면, '벌꿀', '멀꿀' (으름덩굴과의 늘푸른 덩굴나무)과 사슴 '뿔' (녹용)도 먹는다.

## ■ 산골

다친 뼈에는 '산골' (구리가 나는 곳에서 나는 푸른빛을 띤 누런 잔알갱이)이 약이다.

## 겨레 보존

겨레 보존에도 'ㄹ'과 'ㄹ'이 만나 'ㄹ'을 낳는다.

---

불알 · 얼씨, 알집 · 알씨, 아들 · 딸, 공알, 밑살, 알, 씨알, 달걀.

---

## ■ 불알 · 얼씨, 알집 · 알씨

사람은 대를 이을 자손이 있어야 없어지지 않고, 인류가 이어져 영원하다.

남자에게는 '불알'이 있고, 그 불알에서 '얼씨'가 나온다.

여자에게는 '알집'이 있고, 그 알집에서 '알씨'가 나온다.

얼씨와 알씨가 만나면 '아들 · 딸'이 태어난다.

## ■ 토산불알 · 짝불알

퇴산증으로 한쪽이 특별히 커다래진 불알을 '토산불알' (←퇴산불알) 또는 '짝불알'이라고 한다.

## ■ 밑살

그런데, 남녀의 성기의 이름은 '르'이 아니다.

얼씨와 알씨만 있으면 시험관 아기도 있으니까 별로 중요하지 않다는 것을 미리 짐작한 것 같다. 그러면서도 여자의 그 바깥 부분을 속되게 '밑살'이라고 하기는 한다.

※ 이 시험관 아기에 관해서, 2006년 3월 21일자 조선일보 A15쪽 '월드카페' 란에 '남자보다 정자'라는 제목으로 다음과 같은 재미있는 기사가 났다. (이 '정자'가 '얼씨'다.)

---

### '남자보다 정자'

"특별한 남자(A few good man)를 찾느니 특별한 정자(A few good sperm)를 고르겠다."

신상을 밝힌 정자 기증자를 통해 아이를 갖는 독신 여성이 늘고 있다고 뉴욕타임스가 19일 보도했다. 여성은 35세 이후 가임 능력이 현저히 감소하는 것이 정자은행으로 발길을 향하게 만든다. 완벽한 남자를 찾느라 임신 기회를 놓치기보다, 엄마가 된 뒤 남자를 나중에 찾는다는 것이다. 덕분에 1999년에서 2003년 사이, 미국의 15~24세 미혼 여성이 낳은 아이는 6% 감소한 반면 30~44세 미혼 여성이 낳은 자녀는 17%나 증가했다.

실제로 미국 최대 정자은행 '캘리포니아 크리요크뱅크'의 지난해 고객 중 3분의 1이 독신 여성이었다. 싱글 맘들의 모임인 '싱글 마더스 바이 초이스'는 지난해 신입 회원이 2배 가량 늘었다. 현재 이 단체 회원 4000명 중에는 호주, 스위스, 이스라엘의 여성도 있다.

최근에는 신상이 공개된 기증자를 선택하는 여성도 늘고 있다. 한 회사의 중역인 카린(39)은 정자은행에 3100달러를 지급하고 공개 기증자의 정자를 구했다. 공개 기증자들은 학력과 취미를 비롯한 자신의 신상을 상세히 드러낼 뿐 아니라, 아이가 18세 이후 자신을 찾아와도 좋다고 인정한다. 한 정자은행은 기증자의 인터뷰가 녹음된 오디오 테이프도 제공하기도 한다. 여성들은 이러한 기증자에 대해 좀 더 안심할 수 있으며 정서적으로 연결된 느낌을 받는다.

특히 여성들은 인터넷에서 기증자 리스트를 보고 자신이 아이에게 물려주기를 원하는 특징을 가진 기증자를 고를 수 있다. 한 여성은 헤르만 헤세와 헨리 제임스를 좋아하는 중국계 이탈리아인 남성을 찾았다고 만족스러워했다.

### 용두질, 공알

겨레 보존에 남녀 생식기가 절대로 있어야 한다면, 그 이름이 '잘'이나 '볼'이나 그런 리을끝낱말로 되어 있을 텐데, 시험관 아기 때문에 그럴 필요가 없는 것이다.

하기는 남녀 성행위 목적이 반드시 겨레 보존이 아닐 수도 있다. 본능인 성의 쾌감도 맛보아야 하는데, 남자는 여자 없이도 '용두질'로 만족할 수 있고, 여자도 남자 없이 '공알'을 자주하여 얻는 만족(공알 오르가슴)도 얻을 수 있다.

여자의 가장 예민한 성감대가 '공알'이어서 성행위 때에도 중요한 구실을 하지만, 그것만으로도 목적을 이룰 수 있으니, 꼭 있어야 하므로, 리을끝낱말이 아닐 수 없다.

■ **아들**

‘아들’에는

‘첫아들, 맏아들, 큰아들, 작은아들, 막내아들, 친아들, 양아들, 의붓
　아들, 외아들’

이 있고,

‘호래아들, 후레아들, 진피아들(못난 아들)’

들은 실없은 ‘시러베아들’이다.

**외동아들**

외아들을 귀엽게 부를 때 ‘외동아들’이라고 한다.

**쌍동아들**

한 태에서 난 두 아들을 ‘쌍동아들’이라고 한다.

■ **어비아들**

‘어비아들’은 아버지와 아들을 아울러 이르는 말이다. 〈용비어천
가〉에 나온다.

■ **어이아들**

어머니와 아들을 아울러 ‘어이아들’이라고 한다. 〈석보상절〉에 나
온다.

■ **딸**

‘딸’에 관한 말은 그 짜임새가 ‘아들’의 경우와 비슷하여 ‘딸’ 앞에

‘첫, 맏, 큰, 작은, 막내, 친, 의붓, 어비, 어이, 외, 외동, 쌍동’

들이 붙지마는,

‘호래, 후레, 진피, 시러베’

따위가 붙는 말은 없고, 그 대신

　‘조카딸, 고명딸, 움딸’

들이 더 있다.

### 고명딸

음식의 모양과 빛깔을 돋보이게 하고 맛을 더하기 위하여 음식 위에 얹거나 뿌리는 ‘깨소금 · 당근 · 대추 · 미나리 · 밤 · 버섯 · 실고추 · 은행 · 잣가루 · 지단 · 파 · 호두’ 따위를 고명이라고 한다.

아들 많은 집안의 외딸을 마치 이 고명과 같은 존재라고 하여 ‘고명딸’ 이라고 하는데, 귀여움을 독차지한다.

### 움딸

죽은 딸의 남편과 결혼한 여자를 자기 딸처럼 여겨 ‘움딸’ 이라고 하여 인연을 맺어 둔다.

### ※ 이어지는 ‘ㄹ’

사람이 ‘ㄹ’ (쌀 · 나물 · 살 · 물)을 먹고 ‘ㄹ’ (얼씨)과 ‘ㄹ’ (알씨)이 만나 ‘ㄹ’ (아들 · 딸)로 이어 간다는 것인데, 그것이 우연히 그렇게 되었는지, 일부러 그렇게 만들었는지 수수께끼다.

더 이상한 것은 ‘얼씨’ 와 ‘알씨’ 라는 말은 본디 있었던 것이 아니라, 광복 후에 만든 말인데도 ‘리을끝낱말’ 이 쓰인 사실이다. 우리 겨레의 똑같음성(동일성=아이덴티티)을 말해 주는 것이라고나 할까.

### 알 · 씨알 · 쌍알

사람도 그러려니와 동물도 ‘달걀’ 처럼 ‘ㄹ’ (알)로 퍼지고, 달걀에서 노른자가 두 개 있는 ‘쌍알’ 도 있다.

식물도 ‘씨알’ 로 퍼져 리을끝낱말로 퍼지는 것이 예사다.

**달걀**

'달걀'에는

'돌알(삶은 알),

물알(껍데기가 굳지 않은 알), 밑알(암탉이 찾도록 넣어 두는 알),

씨알(새끼 깔 알),

홀알(무정란)'

들이 있다.

'알'에는 '메추리알, 명태알, 비웃알, 새알, 오리알, 타조알, ……' 들
도 있다.

# (3) 사는 곳

## 하늘 부분

쉼터 · 토막 이야기

### 민박집 여자

"아버지, 다음달에 저랑 같이 중국 가십시다."

강 노인으로선 듣던 중 반가운 말이었다. 시간은 남아 돌지 쌀가마니쯤 들어 올릴 만큼 기운도 남아 도는데, 불황이라 그런지 그럴 듯 한 일거리가 얻어 걸리지 않아서 속으로 전전긍긍하는 판이었다.

큰아들이 중국 출장을 가는데 효도관광 삼아 모시고 가서 단골 민박집에다 숙식을 정해 주고 가이드까지 붙여 주겠다니, 말 떨어지기가 무섭게 여행 가방부터 챙기기 시작한다. 잠옷도 깨끗한 것으로 새로 사고, 만리장성도 걸을 수 있을 만큼 가볍고 편한 신도 마누라와 세트로 장만했다. 저희들끼리 연락을 했는지 다른 자식들도 제각각 형편대로 여비를 보내 오는 바람에 가방도 큰 걸로 바꿀 수 있었다.

인천 공항에서 출발할 때 서울 날씨는 산뜻한 초여름이고 하늘은 파랗게 맑았는데, 이륙한 뒤 비행기에서 작은 창으로 내다보니 웬걸 솜바다처럼 구름이 쫙 깔려 있는 게 신비로웠다. 기내식으로 점심을 먹자마자 벌써 베이징

공항에 도착했다는 안내 방송이 흘러나온다.

공항에 마중 나온 북경 지사의 직원과 중국말로 무언가 쏼라대더니, 아들은 회사 일이 급한 듯 민박집에다 짐 보따리 맡기듯 부모님을 맡기고 서둘러 톈진으로 떠나 버렸다.

한국과의 시차는 1시간이라는데 유난히 낮이 길게 느껴져 부부는 주인 여자가 차려 준 이른 저녁을 먹은 뒤 한참을 서성댔다. 집에선 잘 챙겨 입지도 않는 잠옷에 실크 가운까지 걸치고서 아파트 베란다로 나가 보니 하늘엔 한국에서 보던 것과 똑같은 보름달이 떠 있고 늑대별, 작은곰별, 큰곰별 들들 별자리도 또렷하고 잔별도 총총하다. 내려다보이는 아파트의 불빛도 낯설지 않아서 만리타향에 와 있다는 실감이 나질 않는다.

주인여자는 조선족으로 중풍 걸린 남편과 자식을 옌볜에 두고 남동생과 둘이서 달세 아파트를 얻어 힘겹게 살아가고 있었는데, 이목구비가 또렷한 미모에 대학까지 졸업한 인텔리인데도 마땅한 직장을 잡지 못해, 한국 사람들을 상대로 민박을 하면서, 기회를 잡아 한국으로 나가려고 하는 코리안 드림의 소유자라는 걸 쉽게 알 수 있었다.

"돈을 벌 수 있다면 우리는 어디든지 갑니다. 비자만 얻을 수 있으면 일본이나 미국이나 유럽이나 가리지 않습니다. 우리 조선족 사는 건 흡사 떠돌이별 같습니다."

"인생이란 다 그런 거요.  붙박이별처럼 한 곳에서 사는 게 꼭 좋으라는 법은 없으니까."

"그래도 어르신들은 팔자가 좋으신 겁니다. 이렇게 유람도 다니시고요. 고생을 안 하셔서 그런가 한국 사람들이 연세에 비해 젊어 보입디다. 사모님이 환갑 지났다고 누가 믿겠습니까?"

그럭저럭 말을 트고 보니 살붙이 친척 집에 다니러 온 것처럼 편안한 데다 음식도 입에 맞고 남동생이 틈틈이 털털거리는 고물차로 관광까지 시켜 주니 더 이상 바랄 게 없었다.

재래시장에 가서 녹두니 참깨, 참기름 같은 농산물을 듬뿍 사고, 몇 시간이나 차로 달려서 털가죽 도매시장에 간 것도 특이한 경험이었다. 중국은 워낙 땅덩어리가 넓어서 더운 남방의 먹거리도 풍족했지만, 추운 북방의 털가죽이 질도 좋고 값도 싸대서 강 노인은 주머니를 털어 아내에게 여우털로 만든 멋진 솔을 안겨 줄 수도 있었다.

눈 깜박할 새에 일주일이 훌쩍 지나고 아들이 민박집으로 왔는데, 두 사람이 그 동안 먹고 잔 비용이 고작 7만 원이라고 한다.

"그러면 안 되지, 그래도 장사인데 남는 게 있어야지."

강 노인은 부득부득 사양하는 여자에게 3만 원을 더 쥐어 주고야 차에 올라 탔다.

"어르신, 감사합니다. 한국에 나가면 꼭 찾아 뵈올께요."

손을 흔드는 여자의 눈에 얼핏 물기가 번지는 것 같았다.

한편 공항으로 달리는 차 속에선

"여긴 돈 가치도 높다는데 그렇게 팁을 많이 주면 호텔에 있는 거랑 뭐가 달라요?"

"어째서 팁이야? 그 여자가 예뻐서 준 줄 아나, 같은 민족인데 얼마나 고생하던가?"

부모가 타시락거리는 소리를 듣다 못해 아들이 한 마디 거든다.

"어머니, 호텔에 계셨으면 수박 겉 핥기지, 중국인의 진솔한 삶은 못 보시죠. 여우솔 사셨다면서요, 그것만 해도 본전 뽑으셨어요."

아들은 어머니가 본전 뽑은 것을 두고, 자기도 본전을 뽑을 것이 없나 하고 궁리한다.

우주의 천체가 '하늘, 달, 별' 들 'ㄹ'로 이루어지는데, '해'만 'ㄹ'이 아니다. 그것이 늘 마음에 걸렸던 것이다. 해도 'ㄹ'이어야 한다. 엉뚱한 생각 같지만 꼭 그래야만 한다.

보라! 우리가 천자문을 배울 때 '日 일, 月 월'을 새기는데, "해 일, 달 월"이라고 하지 않고, "날 일, 달 월"이라고 한다. 그것이 그 의문이 풀릴 열쇠다.

'날 일'이라고 하는 '날'이 '해'인 것이다. '해'라는 이름이 본디는 '날'이었던 것이다. 그러면 그렇지, 우주가 '하늘, 날, 달, 별'로 모조리 'ㄹ'로 통일되어 있지 않은가.

아들은 어머니의 '여우솔'의 '솔'도 'ㄹ'이라고 하다가
"아차, '솔'은 우리말이 아니구나."
하고 움찔했다.


우주를 이루는 천체가 모두 'ㄹ'로 이루어져 있다.

하늘(가을하늘, 맑은하늘, 푸른하늘), 달(반달, 온달, 조각달, 초승달), 별(붙박이별, 떠돌이별, 살별, 달별, 별똥별), 날(해).

우리 조상들은 모든 것이 들어 있는 넓은 우주와 그 우주 안에 떠 있

는 것들의 이름을 모두 리을끝낱말로 통일했다.

### ■ 하늘

우주에는 '하늘'이 있다. '하늘'은 지평선이나 수평선 위로 보이는 넓은 공간이다. '하늘'에는 '가을하늘, 마른하늘, 푸른하늘' 들이 있다.

#### 조각하늘

구름이 온통 덮인 가운데에서 드문드문 빠끔히 보이는 하늘을 '조각하늘'이라고 한다.

### ■ 달

하늘에는 밝은 '달'이 있다. '달'은 날빛(햇빛)을 받아 밤에 밝은 빛을 내쏘는 지구의 '달별'이다. '달'에는

'그믐달, 반달, 보름달, 새달, 온달, 조각달, 초승달'

들이 있다.

### ■ 별

'별'은 해·달·지구를 뺀, 하늘에서 반짝거리는 천체다. '별'에는 여러 가지가 있다.

'붙박이별, 떠돌이별, 살별, 달별, 별똥별'

들이다.

#### 붙박이별

'붙박이별'을 한자말로는 '정성, 항성'이라고 한다. 해와 같이 늘 같은 자리에 있는 것처럼 보이는 별이다.

스스로 빛을 내며, 눈으로 볼 수 있는 것이 6,000개쯤이나 된다고

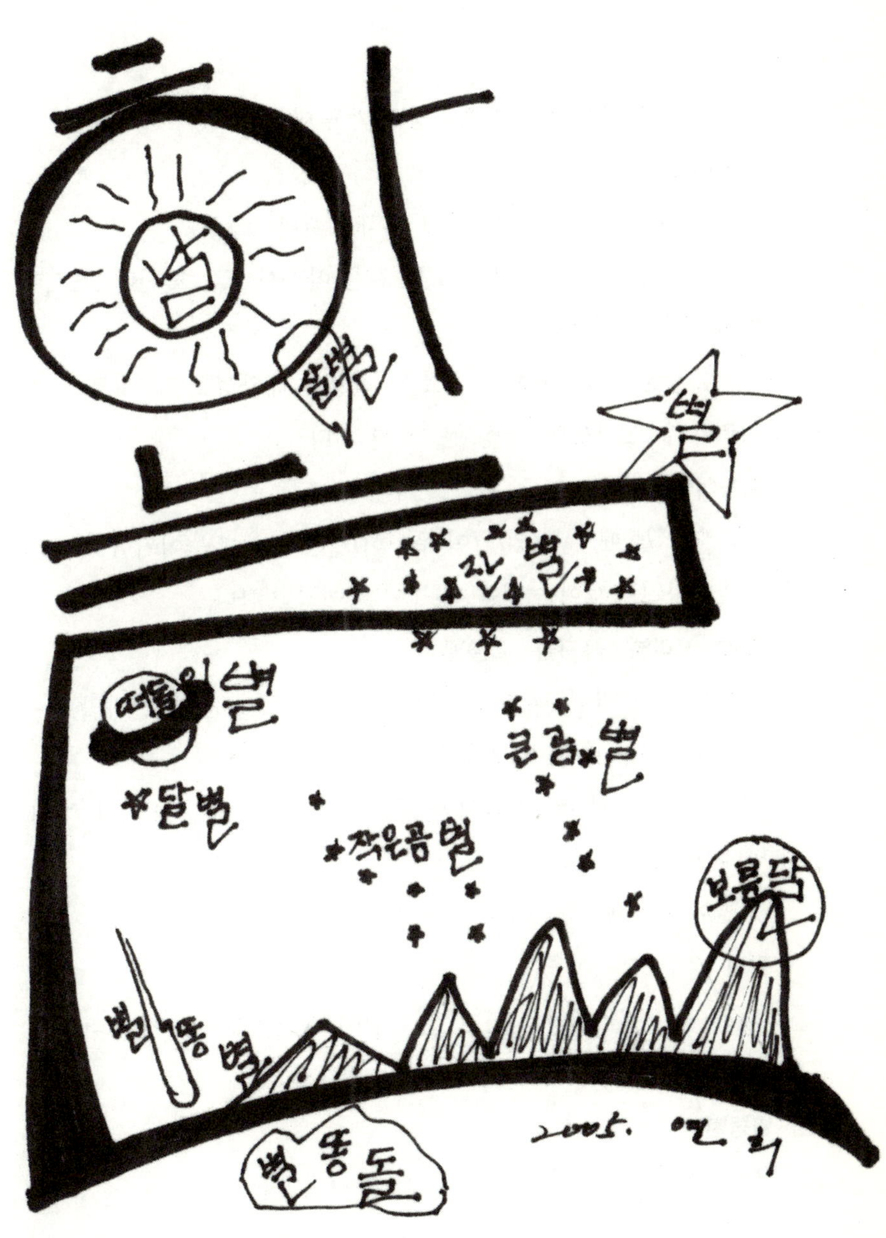

해
아
늘
햇빛
별
자별
떠돌이별
큰곰별
달별
작은곰별
보름달
별이똥별
별똥돌
2005. 연희

한다.

그 가운데서 해는 우리에게 가장 가까운 데 있다.

**떠돌이별**

'떠돌이별'을 '유성, 행성, 혹성'이라고 한다.

날(해)의 둘레를 각각 제가 도는 길을 따라서 도는 별이다. 스스로 빛을 내지 못하며 보통

'수성, 금성, 지구, 화성, 목성, 토성, 천왕성, 해왕성'

을 가리킨다. 그 가운데 '금성'은 '샛별'이다.

**쌍둥이별**

맨눈으로 볼 때 두 개의 별이 우연히 같은 방향에 놓이거나 가까이 있어서 하나처럼 보이는 별을 '쌍둥이별'이라고 한다.

**살별 · 꼬리별 · 꽁지별 · 길쓸별**

'살별'을 '꼬리별, 꽁지별, 길쓸별'이라고도 하는데, 한자말로는 '문성, 미성, 장성, 추성, 혜성, 혜피'라고 한다.

빛나는 긴 꼬리를 끌고 해의 둘레를 긴둥근꼴로 도는 별이다. 여러 해 만에 한 번씩 나타난다.

이 별이 나타나면 좋지 않은 일이 일어난다고 생각해 왔다.

**달별**

'달별'을 '배성, 위성'이라고 한다. 달이 지구를 도는 것처럼 떠돌이 별의 둘레를 돈다.

**별똥별**

'별똥별'을 '별똥'이라고도 하는데, 한자말로는 '분성, 비성, 성화, 운성, 유성, 유화'

라고 한다.

우주에 떠 있던 우주먼지라는 물체가 지구의 대기 속에 들어왔을 때 지구의 인력에 끌려 빠른 속도로 떨어지면서 공기의 마찰로 뜨거워져서 타기 때문에 빛을 내며 떨어지는 것이다.

### 별똥소나기

(천체이름은 아니지만, 별똥으로 말미암아서 생기는 것이므로 소개해 둔다.)

살별을 이루는 물질이 부서진 것인 듯 한 별똥 물질 떼가 날(해)의 둘레를 떼지어 돌고 있다가 지구와 만날 때, 비처럼 쏟아지는 현상이 '별똥소나기' 다. 한자말로는 '성우, 운석우, 유성우' 라고 한다.

### 별똥돌

별똥별이 흔히 대기 속에서 타 없어지기도 하고, 큰 것은 땅에 떨어져서 '별똥돌(운석)' 이 되기도 한다.

1993년 8월 12일에서 14일까지에는 이 별똥별이 무려 300개 이상이 한꺼번에 쏟아지는 큰 우주 잔치가 벌어졌다. 프랑스를 비롯하여 그 날 날씨가 좋은 곳에서는 이런 볼 만 한 굿이 많은 사람들에게 보였다.

### 늑대별, 닻별, 어둠별, 작은곰별, 큰곰별

그 밖에

'늑대별(시리우스),

닻별(카시오페이아 자리),

어둠별(해 진 뒤 서쪽 하늘에 반짝이는 별),

작은곰별(소웅성),

큰곰별(대웅성)'

들도 있다.

**잔별**

유주현《대한 제국》에도 있는 "청천 하늘엔 잔별도 많고, 우리네 살림엔 사연도 많다"는 노랫말의 '잔별'은 "작고 많은 별"을 말한다.

## ■ 날(해)

'하늘, 달, 별'에 '해'만 리을끝낱말이면, 우주가 온통 'ㄹ'이다. 그런데 '해'가 리을끝낱말이 아니다. 그럴 리가 없다. 우리 조상들이 그렇게 허술할 리가 없다.

'일월 설화'는 우리 조상들이 '해와 달의 기원을 밝히는 이야기'다.

어머니와 막내동생을 호랑이에게 잡아먹힌 오누이가 호랑이를 피하느라고 어찌할 줄을 모르고 있는데, 마침 하늘에서 내려온 동아줄을 타고 하늘로 올라가 해와 달이 되었다고 한다.

'일월신'이라고 하면 해와 달의 신인데, "원시 시대의 신앙에서, 큰물이나 가뭄의 피해가 없이 풍년이 되게 해 달라고 빌고 바라는 대상"이다.

'일월 설화'나 '일월신'의 '일월'을 한자로 '日月'이라고 적는다. 그 한자 '日月'을 "날 일, 달 월"이라고 읽는다. '일월'은 "날, 달=해, 달"이다. 그러니까 '날'과 '해'가 같은 말이다. '해'가 '날'이었던 것이다.

'날'(해)은 날과 그것을 중심으로 공전하는 천체의 모임인 태양계의 중심이 되는 '붙박이별'이다.

본디는 '날'인데 그 '날'의 빛이 희다. 그 '희다'의 '희'라는 말이 변해서 '해'라는 말이 된 것이다.

## 땅부분



# 산에 심다

이제 가면 언제 오나

에에 헤이 다알고

혈혈단신 고혼 되어

에에 헤이 다알고

훠이 훌쩍 날아가서

에에 헤이 다알고

부모처자 만나 보소


삼식 씨의 부친이 백수에서 5년이 모자란 천수를 누리고 갑자기 세상을 떠났다.  천수를 다한 노인들의 임종은 마치 촛불이 제 몸을 다 태우고 잦아 들듯이 한줌 바람으로 스러져 간다더니, 말 그대로 한밤중에 자다가 떠났으 니 아무도 임종을 지키지는 못했다.

마침 얼마 전 음력설 때 직계 자손 50여 명이 빠짐 없이 세배들을 하고 갔으니까, 고인도 여한은 없을 것이라고 스스로 위안들을 할 수밖에 없다.

"역시 복인이고 덕인이셔. 자기가 태어난 탯자리 집에서 줄창 살다가 그 집에서 눈감는 사람이 얼마나 되겠는가."

하고 친척들이 와도 곡소리가 나기는커녕 여기저기서 하하거리고 낄낄

거리고 덕담들만 오고 간다.

한사코 고향을 뜨지 않겠다는 아버지의 고집을 꺾지 못해 서울로 모셔 오지 못하고 홀로 된 아주머니에게 짐을 지운 듯 마음이 무겁던 삼식 씨도 내심으론 홀가분한 해방감을 맛보고 있었지만, 한 세대를 떠나 보내는 비애는 그 누구보다도 컸다.

장지는 선산으로 정해졌지만 영구차를 빌려 운구를 하자는데 막내고모가 팔을 걷고 나서며 말린다.

"상여를 꾸미자. 이제 우리 집안 가장 큰 어른이 가시는데 옛날 격식으로 상여도 놀리고 동네 사람들도 걸판지게 먹이잔 말이다. 아, 남들은 상여를 내고 싶어도 상두꾼이 없어서 못 한다는데, 너희 형제들은 인심을 잃지 않고 품앗이를 많이 해서 그런가 너도나도 매겠다고 상두꾼이 줄을 섰다면서야?"

크게 행세하는 집안은 아니어도 자손들이 각각 제 몫을 해서 그러는지, 군수, 읍장을 비롯해서 지역구 국회의원까지 화환을 보내 오는 등 문상 행렬이 끊이지 않는 걸로 보아 상례를 대충 간소하게 치를 수는 없게 되었다.

한다하는 동네 솜씨꾼들이 마을 회관에서 밤을 새워 가며 종이꽃을 오려 만들어, 드디어 상여가 완성되고 마당에서 예행 연습을 하는 전야제는 말 그대로 축제 분위기가 무르익는다. 그 귀한 흑산도 홍어와 돼지고기 편육에, 떡이며 지짐이 지천으로 널렸고, 마당 한쪽에선 솥을 걸고 팥죽과 닭죽을 쉴 새 없이 쑤어 대야 했다.

"어이, 맏상주 나와서 춤이나 한 판 추시오."

하는 요령잡이의 주문에

"아무리 호상이라도 아버지가 가셨는데 춤은 너무한 것 아닌가."

하고 댓거리도 분분하다. 결판지게 놀고 난 뒤끝은 언제나 허무한 법, 다른 일도 아니고 망인을 땅에 묻어야 하는 엄숙한 절차가 남아 있으니 말이다.

다음날 망인이 일세기를 살았던 집을 떠나 장지로 향할 때에는 구슬픈 선소리(메기는 소리) 가락에 맞추듯 여기저기서 곡소리가 터져 나왔다.

때로는 바랄(바다)에 나가 고기도 잡고 개펄을 뒤지며 낙지도 잡았을 테고 들(벌)에 나가면 억척스런 농투성이로 살아 온 일생이 한갓 풀잎에 맺힌 이슬처럼 허무하게 스러져 가는 순간, 누구라도 무심할 수는 없으리라. 장지로 가는 길의 한쪽 응달엔 며칠 전에 내린 눈이 희끗희끗 쌓여 있는데, 입춘이 지나서 그런지 양달은 봄빛이 완연하다. 일꾼들이 땅을 파고 있는 무덤 주위엔 도래솔(무덤 가에 둘러 서 있는 소나무)들이 한겨울의 설한풍을 이겨 내고 꼿꼿이 서 있었다.

삼우제까지 모두 끝난 뒤, 다섯 살짜리 손자가 삼식 씨한테 안기며 신이 나서 하는 말,

"우리 증조할아버지, 산에 심었다!"

땅(지구)도 온통 '르'로 덮여 있다.

달, 들·돌, 바랄(바다), 벌, 길, 풀, 뻘·펄, 개울, 자갈, 서덜, 비탈, 양달, 응달, 그늘, 너덜, 너설.

## ■ 땅껍질

땅덩이는 떠돌이별의 하난데, 그 바깥 쪽을 차지하는 부분을 '땅껍

질'(지각)이라고 한다.

그 두께는 한뭍(대륙) 지역에서는 평균 35km, 큰바다 지역에서는 평균 5~10km이다.

**달 · 산달**

산의 옛말이 '달'이다.

단군('당골'이 원말이다)이 서울로 정한 곳이 '아사달'이라는 산이었다. '아사달'은 "시작하는 땅"이란 뜻도 있다.

'달'에는 "산"이란 뜻과 "땅"이란 뜻이 있다.

산으로 된 땅을 '산달'이라고 한다.

**벌 · 들 · 돌**

우리 둘레도 역시 리을끝낱말로 이루어져 있다.

집의 '울'(울타리)을 나서면 '마을'인데, 마을을 벗어나면 '들'이 있다.

이 들이 썩 넓으면 '벌'이라고도 한다.

그 벌이 질어서 질편하면 '진펄'이라고 한다.

들을 '들판'이라고도 하고, 벌을 '벌판'이라고도 한다.

'들'이 물가에 있으면 '돌'이라고도 한다.

'노들 강변'으로 유명한 '노들'은 서울 한강 남쪽, 지금의 동작구 노량진동인데, 그 옛이름이 '노돌'이었다.

'노'는 '노해'(바닷가 벌판)의 '노'이고,

'돌'은 경기도 김포와 강화 사이의 '손돌목', 전남 해남과 진도 사이의 '노돌목'이라고도 하는 '울돌목'의 '돌'이다.

■ **바랄**(바다)

　‘바다’ 만 리을끝낱말이 아니다. 그럴 리가 없다. 참말로 그렇다면 우리 ‘르’ 은 그 신비함을 잃는다.

　우리 겨레가 그렇게 만만한 겨레가 아니다. ‘바다’ 도 리을끝낱말이어야 한다.

　세종 임금 때 지은 〈용비어천가〉(1447) 에

　“뿌리 깊은 나무는 바람에 아니 흔들리고, 꽃이 곱고 열매가 많다.

　샘이 깊은 물은 가물에 아니 그치고, 내를 이루어서 바랄에 간다.”

고 했다. 샘물이 바랄에 흘러간다고 한 것이다. 그 ‘바랄’ 이 ‘바다’ 의 옛말이다.

■ **길**

　들에는 ‘길’ 이 나 있다. 길이 있으니까 어떤 곳에서 다른 곳으로 걸어가거나 탈것을 타고 갈 수가 있다.

　‘길’ 에는 그 있는 곳(자리)을 따라

　‘갓길(강갓길, 호숫갓길, 바닷갓길), 고갯길, 고샅길, 골목길, 굿길(갱도), 논길,

　두렁길, 뒤안길, 뒷길, 들길,

　물길(수로), 뭍길(육로),

　바닷길, 벼랑길, 벼룻길(물가로 통하는 벼랑길),

　산골길, 산길, 샛길, 숲길, 시골길, 시장길,

　쌍갈랫길(두 방향으로 갈라진 길),

　앞길, 언덕길, 아랫길, 옆길, 윗길,

　자드락길(산기슭 좁은 길), 잿길,

하늘길(항공로)'

들이 있다.

또 '길'의 생김이나 쓰임을 따라

'가까운길, 갈길, 갈림길, 기찻길,

꼬부랑길,

내리막길, 눈길(눈 내린 길),

달림길(트랙), 돌길(돌 많은 길, 도는 길), 돌너덜길, 두름길,

먼길, 모랫길,

밤길, 뱃길, 비탈길,

사람길, 새길, 신행길 · 혼행길,

어둠길, 엔길 · 에움길, 오르막길, 오솔길, 외길, 외딴길,

자갈길, 자동찻길, 저승길, 지름길,

찻길, 첫길,

큰길,

학굣길, 한길, 흙탕길'

들도 있다.

## ■ 혼인길

혼인할('길'이 아닌) 기회나 자리를 '혼인길'이라고 한다.

## ■ 난달, 논틀 · 밭틀 · 논틀밭틀

'길'은 '길'이로되 '난달'은 "여러 갈래로 통하는 길"이다.

'논틀(길), 밭틀(길), 논틀밭틀(길)'이란 길은, 논두렁이나 밭두렁 따라 꾸불꾸불 좁게 난 길이다.

노을
달
들(뜰)
개울
길
이슬
돌
양달
도레솔
응달
자갈
뻘 개펄
ㅅ ㅣ ㄴ ㄴ ㅣ
바람
물결
2005 연희

■ **하룻길**

　하루에 걸어서 갈 수 있는 거리를 '하룻길'이라고 한다.

■ **풀**

　들에는 '풀'이 있다. 풀은 짐승의 먹이가 되기도 하고, 썩어서 거름이 되기도 한다. 짐승의 먹이가 되기도 하는 풀을 '꼴'이라 하고,

　논에 거름을 하기 위해 베는 부드러운 나뭇잎이나 풀을 '갈풀'이라고 한다.

　특히 여름에 자라는 풀은 '여름풀'이다.

　'풀'에는 '골풀'만 해도

　'구름골풀, 날개골풀, 눈비녀골풀, 물골풀, 석골풀, 참골풀' ……

들 열댓 가지 있고,

　'꼬리풀'은 '산꼬리풀, 털꼬리풀' 들 예닐곱 가지 있고,

　'송이풀'도 '그늘송이풀, 대송이풀, 애기송이풀' 들과

　'오이풀'도 '긴오이풀, 애기오이풀' 들도 여남은 가지씩,

　'개불알풀' 들 모두 여든 가지 남짓 있다.

　그 밖에 꿀풀과의 여러해살이풀인 '깨나물',

　대극과의 한해살이풀인 '깨풀',

　바위솔과에 딸린 '바위솔',

　용담과의 한해살이풀인 '쓴풀',

　자리풀과에 딸린 '올챙이솔',

　볏과에 딸린 여러해살이풀 '나도겨풀',

　바늘꽃과에 딸린 '눈여뀌바늘, 털이슬'

도 풀이다.

■ **된장풀**

　'된장풀'은 콩과에 딸린 갈잎좀나무인데 된장에 넣으면 구더기가 생기지 않는다.

■ **이슬 · 물방울**

　풀잎에는 '이슬'이 맺히기도 한다.

　이슬은 차가워진 공기에 섞여 있는 김(수증기)이 풀에 엉겨서 생긴 '물방울'이다.

　이슬이 꽃에 맺히면 '꽃이슬'이다.

■ **놀(노을)**

　하늘이 날빛(햇빛)에 물들어 벌겋게 보이는 '노을'의 준말이 '놀'인데,

　먼 바다에서 번득거리거나 울긋불긋하면 '까치놀'이고,

　'아침놀'과 '저녁놀'이 있다.

■ **덩굴 · 넌출**

　풀처럼 자라는 것 가운데에는 길게 뻗어 나가는 '덩굴'이 있는데 '덩쿨'이라고 하는 곳도 있다.

　덩굴이 너덜너덜 늘어지면 '넌출'이라고 한다.

■ **꽃방울 · 꽃망울**

　줄기에 '꽃방울'이라고 하는 꽃봉오리가 생겨 벌어지면 꽃이 되는데, 꽃이 되기 전의 꽃봉오리가 어릴 때에는 '꽃망울'이라고 한다.

■ **꽃술1**

　꽃에는 '꽃술'이 있는데, '암술'과 '수술'이다.

■ **솔**(소나무)

산달에 있는 '소나무'는 '솔나무'의 준말인데, '소나무'의 '솔'에는

'관솔(소나무 옹이),

다복솔(소복하게 퍼진 어린 소나무), 도래솔(무덤가 소나무),

뗏솔(뿌리에 흙이 붙은 소나무 묘목),

몽당솔(작고 몽톡한 소나무),

보득솔(작고 가지 많은 어린 소나무),

잔솔(어린 소나무)'

들이 있다.

**곰솔**

소나뭇과의 늘푸른 바늘잎큰키나무에 '곰솔'이 있는데, 주로 바닷가에 자라며, 우리나라 남부, 일본 등지에 분포한다. '해송·흑송'이라고도 한다.

■ **버들**(버드나무)

버드나무를 보통 '버들'이라고 하는데, 본디 '버들나무'였다.

'갯버들, 고리버들,

꽃버들,

냇버들, 능수버들,

당버들, 들버들,

땅버들, 떡버들,

섬버들, 수양버들, 실버들,

줄버들(줄을 지어 늘어선 버드나무),

쪽버들,

키버들('고리버들'을 키도 엮는다고 하는 말),

호랑버들'

들이 마흔 가지쯤 있다.

## ■ 뻘·펄

갯가의 검은 개흙을 '뻘'이라고도 한다.

뻘이 많은 개흙 땅을 '개펄'이라고 하는데, 그냥 '펄'이라고도 한다.

## ■ 말(물풀)

풀은 뭍(육지)에만 있는 것이 아니라 물에도 있다.

바다에서 자라는 풀은 통틀어 '바닷말'이라고 한다.

'물풀'인 '말'에는

'거머리말, 애기거머리말, 왕거머리말,

구와말(현삼과 풀),

끈말, 실말, 쐐기말, 줄말(가랫과 풀)'

들이 있는데, 민물에도

'당콩말(연둣빛 민물 말무리), 둥근단지말·초리자루말(단세포 민물
말무리)'

들이 있다.

## ■ 통발

'통발'은 뿌리가 없이 민물에 떠 있으면서 작은 벌레를 잡아먹는 꽃
이다.

물고기 잡는 '통발'처럼 벌레잡이 주머니가 꽃에 달려 있어서 '통
발'이라고 한다.

꽃에서 풍기는 향내에 끌려 벌레가 다가오면 뚜껑이 열리고 물이 차

는데, 작은 벌레들이 물에 휩쓸려 통발 안으로 빨려들어가 흰자질 분해 뜸씨로 녹아 버린다.

■ **개울, 자갈, 서덜**

들이나 골짜기에 흐르는 작은 물줄기를 '개울'이라고 한다. 그것이 더 작으면 '시내'다.

개울에 가면 '돌'이 많다. 이 돌이 개울 바닥에서 물에 밀려 반들반들해진 '잔돌'을 '자갈'이라고 한다.

개울가의 돌이 많은 곳을 '서덜'이라고 한다. 서덜이 넓으면 '자갈밭'이다.

■ **여울·물결**

물살이 세어 빠르게 흐르는 곳을 '여울'이라고 한다.

물이 위아래로 움직이는 운동이나 그 운동하는 모양을 '물결'이라고 한다.

■ **비탈·양달·응달**

산이나 언덕 또는 길 따위가 한쪽으로 비스듬히 기울어진 곳을 '비탈'이라고 한다.

비탈진 곳에 볕이 잘 들면 '양달'이라 하고, 볕이 잘 안들면 '응달'이라고 한다.

■ **그늘·꽃그늘·나뭇그늘**

응달과는 상관없이 햇빛이나 불빛이 비치지 않아, 어두운 모양 또는 그러한 자리를 '그늘'이라고 한다.

나무에 가려진 그늘을 '나뭇그늘'이라 하고, 꽃나무에 가려진 그늘을 '꽃그늘'이라고 한다.

### ■ 너덜 · 너설

흙이 물에 씻겨 내려가 불거진 돌이 많이 흩어져 덮인 비탈을 '너덜'이라고 한다.

너덜도 너덜 나름, 험한 돌이나 바위가 삐죽삐죽 내민 너덜을 '너설'이라고 한다.


## 살고 가는 곳

쉼터 · 토막 이야기

## 귀 향

한가위나 설 들 명절이 닥치면 강 노인은 아이들처럼 마음이 설렌다. 군에 입대하면서 집을 떠난 뒤론 학업이다, 취직이다 해서 객지로 전전하다 보니 명절이 아니면 고향을 찾기가 쉽지 않았다. 그렇다고 어디 가깝기나 한가. 한반도의 최남단에 있는 땅끝 마을 해남이다 보니 교통이 좋아졌다곤 해도 당일치기하는 건 어렵다. 그래서 일요일까지 끼어서 쉬는 날이 닷새나 되는 이번 추석은 명절 기분을 내 볼 만 하다고 기대에 잔뜩 부풀었다. 반면에 때만 되면 운전대를 잡고 왕복 스무 시간씩 교통 체증에 시달려 온 아들들은 심란해하는 표정이 역력하다.

강 노인은 짐짓 눈치코치 없는 척 하고

"너희들은 시골이 고향이라는 사실을 행복하게 생각해라. 서울 사람이나 북쪽 실향민들은 명절이 오면 갈 곳이 없어 쓸쓸하고 눈물만 나온다고 한탄하더라.”

해 봤더니 작은아들이

“아버지도 참, 이번 연휴에 홍콩이나 태국으로 여행하는 사람이 얼마나 많은데요. 비행기표가 동이 난다니까요. 하다못해 설악산 콘도에라도 묵으면서, 주문한 차례상 차려 놓고 절하는 가족들도 많아요.”

하고 생뚱맞은 대답을 했다.

사실, 아들이나 며느리 들 처지에선 이젠 새로울 것도 없는 시골보다는 위락 시설이 잘 되어 있는 콘도가 훨씬 입맛 당기겠지만, 90을 넘기신 할아버지가 시골에 살아 계시는 한, 아버지의 성화에서 벗어날 길은 없는 셈이다.

“자! 출발이다! 고향으로 떠나자!”

연휴의 첫째 날 오전에 승용차 두 대에 열 식구가 나눠 타고 앞서거니 뒤서거니 호남 고속도로에 들어섰는데, 길 양편으로 펼쳐진 너른 벌엔 넘실넘실 황금 물결이 일렁이고 있었다.


대가족이 휴게실마다 들러 물을 마시고 소마를 보는 등 쉬엄쉬엄 가다 보니 해남 터미널에 도착한 것은 해가 설핏한 황혼이었다.

아니나 다를까, 강 노인의 아버지는 탱자 울타리 밖에 서서 서울에서 오는 자손들을 기다리고 계셨다. 3년 전에 돌아가신 어머니의 산소 곁에 가묘를 만들고 돌로 널까지 짜서 넣어 두었는데, 누가 봐도 60대의 강 노인과 형제뻘로 보일 만큼 혈색도 좋고 정정하시다.

“어서들 오니라, 방구들도 뜨뜻하게 해 놨다, 들어들 가자.”

“아직 춥지 않은데 군불을 때셨어요?”

“여긴 바닷바람이 세서 해 떨어지면 썰렁하니까.”

식구들은 짐을 풀어 옷을 갈아 입고 우물가로 가서 손발을 씻었다. 낮에 조카들이 개펄에서 잡아 온 낙지며 꼬막 들 해산물이 풍부한 저녁 밥상을 가운데 두고 4대가 모여 앉으니 온 집안이 그들먹하다.

"할아버지, 요즘도 절에 다니세요?"

볼이 미어지게 밥을 먹던 큰손자가 할아버지의 근황을 묻는다.

"그럼! 운동 삼아서 은적사까지 슬슬 걸어 다닐 만 하니까. 너희 할머니 가 너희들 잘 되라고 얼마나 불공을 드렸는데……."

강 노인의 아버지는 안 먹어도 배가 부르다며 밥상을 밀쳐 두고 다섯 살 짜리 증손자를 안아 올린다.

"어디, 요놈, 불알 좀 보자. 얼마나 컸나 어디 만져 보자."

하고 어르는데, 바지를 내리지 않으려고 아이가 버둥거리자, 그런 모습을 처음 보는 신세대 작은손부의 표정이 일그러진다.

"할아버지, 그러지 마세요. 애들한테 그러는 거 성희롱이에요!"


손자와 할아버지, 그들은 어디서 와서 어디로 가는 것일까.

원시 시대에는 '굴'에서 살았으나, 세상이 깨어나 '시골'의 '마을'에서 태어나, '고을'에서 공부하고 '서울'에서 '벼슬' 살다가, 세상이 싫어져 숨는 곳이 '하늘'도 아니고 '바랄'(바다)도 아닌 두메 '산골'이니, 나서 사는 곳이 'ㄹ' 땅이다.

죽어서도 '널'로 들어가서 '산달'에 묻히거나(매장), '들'에 묻히거나(야장), '물' 속에 빠지거나(수장), '수풀' 속에 놓이거나(임장·풍장), '불'에 타서(화장), '절'로 가는데, 영혼은 '하늘'(천당)로 간다. 죽어서도 'ㄹ' 속으로 간다.

'ㄹ' 속에서 살다가 'ㄹ' 속으로 간다.

〔**사는 곳**〕: 굴, 온돌·방구들, 뜰, 우물, 울(타리), 마을, 고을, 서울, 시골, 산골.

〔**가는 곳**〕: 널, 산달, 들, 수풀, 물, 불, 절, 하늘(나라), 고인돌.

〔**사는 곳**〕

사람은 태어나면서부터 줄곧 리을끝낱말 속에서 산다.

## ■ 굴·꽃굴

원시 시대 집이 없을 때에는 굴에서 살았다.

'굴'에서 살면서 그 근방 짐승을 다 잡아먹으면 또 다른 데 굴을 찾았다.

'굴'에는 '바위굴, 땅굴' 들이 있다.

꽃덩굴을 올려서 굴 모양으로 만든 '꽃굴'도 나타났다.

## ■ 온돌·방구들

그러다가 농사를 짓게 되어 자꾸 옮아 다닐 수 없으니까 집을 짓게 되었다.

집에는 방이 있다. 방을 따습게 하려고 '돌'로 '구들'을 놓는다. 이것이 '방구들' 곧 '온돌'이다.

※ '방'은 리을끝낱말이 아니다. 그러나 우리 국어 사전들이 우리 방을 한 자말 '房'이라고 하기 때문에 한마디 해 둔다.

우리 방은 우리 고유한 양식이다.

하늘
산골
절리
고을
시골 마을
늘
수풀
우물
온돌
방구들
울타리
서울
2005. 연희

우리 방을 중국에서는 '팡젠'이라고 하는데, 중국에는 우리 온돌과 같은 방은 없다.

중국에 있는 房은 우리 방과 다르고 '집'을 이르기도 한다.

그런 뜻에서 우리 방에 관한 말이 얼마나 있는지 모아 보았다.

중국 房이 아닌 우리 '방'에는

'가겟방, 각시방, 갓방, 건넌방, 건넛방, 게임방, 골방, 공붓방, 과외방, 구둣방, 구들방, 구슬방, 글방, 기다림방, 김치방,

꼬까방, 꽃방,

노래방, 놀이방, 눈물방,

다락방, 다림방, 덧방, 도배방, 도장방, 뒷방,

떴다방,

마루방, 만화방, 머리방, 머릿방, 머슴방, 모아방, 무덤방, 물레방,

바깥방, 바로방, 바우방, 바지방, 봉놋방,

빨래방, 삐삐방,

사랑방, 산소방, 살림방, 소리방, 소주방, 신방,

아가방, 아기방, 아라방, 아랫방, 아름방, 안마방, 안방, 엄마방, 옆방, 옥탑방, 옷갈(이)방, 윗방, 유리방,

작은방, 장판방, 징벌방,

쪽방, 찜질방,

찬방, 찬ㅅ방(지금 이런 적기는 없다. '반찬 방'임을 보이기 위함이다), 책방,

큰방,

토론방,

편의방, PC방,

학습방, 한우방, 함지방, 해산방, 해소방, 황토방, 흙방’
들이 있다.

■ **뜰 · 우물**

방 밖에는 ‘뜰’이 있다. 뜰에는 ‘우물’이 있다.

■ **울 · 바자울 · 싸리울**

집 둘레에는 ‘울’(울타리)이 있다.

‘대, 갈대, 수수깡, 싸리’ 따위로 결어 만든 울타리는 ‘바자울’이고,
싸리로 결은 바자울은 ‘싸리울’이다.

■ **마을 · 고을**

살림하는 집이 모이면 ‘마을’이 되고, 마을이 크거나 모이면 ‘고을’
이 된다.

■ **서울**

한 나라의 중앙 정부가 있는 곳을 ‘서울[1]’이라고 한다.

우리나라 ‘서울[2]’은 한강 하류에 자리한 북한산 · 도봉산 · 인왕
산 · 관악산에 둘러싸인 함지땅(분지)을 이루는데, 광복 뒤에 ‘서울 특
별시’라는 땅이름이 되었다.

■ **시골 · 산골**

우리는 서울에서 살기도 하고 ‘시골’에서 살기도 한다. 서울도 시골
도 살기 싫으면 ‘산골’로 들어간다.

사는 곳의 이름이 리을끝낱말이 아닌 곳이 없다.

〔가는 곳〕

리을끝낱말 속에서 살다가 죽으면 역시 리을끝낱말 속으로 간다.


■ 널

죽으면 맨 먼저 '널' 속으로 들어간다.

'널'은 송장을 넣는 관(송장을 담는 케)이나 곽(관을 담는 케)을 아울러 일컫는 말이다.

■ 산달·들·수풀

이 널을 '산달'에 묻거나, '들'에 묻는다. 송장을 '수풀' 속이나 낭떠러지에 놓아 두면 하늘장이다.

■ 물·불·절

배 타고 가다가 죽으면 흔히 '물' 속으로 가고,

'불'로 태워서 타고 남은 뼈를 '절'에 맡기기도 하고, 뼈를 갈아서 산달이나 물에 뿌리거나 바람에 날리기도 한다.

■ 하늘(나라)

몸은 죽어서 리을끝낱말 속으로 가는데, 넋은 어디로 갈까.

우리 조상들은 넋이 '하늘' 나라로 가는 줄로 알았다. 천국이니 천당이니 하는 것이 그것이다.


죽어서도 몸(육신)이나 넋(영혼)이 리을끝낱말 속으로 가는 것이다.

이승에서 살 때 맺어진 'ㄹ'과의 인연이 죽어서 가는 저승에까지 이어진다. 세계 어느 나라에 이렇게 신비스러운 일이 있을까.

## 고인돌

　선사 시대에는 죽어서 주로 고인돌에 묻혔다. '고인돌사랑회'에서 미루어 헤아린 바로는 고인돌이 온 세계에 팔만 기(基)쯤 있다고 한다. 그 중 우리나라에 사만 기쯤 있다고 본다. 그 숫자는 확실한 것은 아니다. 그러나 우리나라에 고인돌이 많은 것은 사실이다. 왜 그럴까? 고인돌은 주로 '돌'과 '널'로 이루어져 있다. 혹시 그 '돌'과 '널'이 우리말의 신비 'ㄹ'과 관계가 있는 것이 아닐까.

　고인돌은 큰 돌로 된 널 몇 개를 둘러 세워 그 위에 넓적한 돌을 얹은, 선사 시대 큰돌 문화에 딸린 돌무덤의 하나다. 영어로 '돌멘'이라고 하지만, 그 '돌'(dol)은 우리말 '고인돌'의 '돌'과는 상관없다.


### ■ 돌무덤

　'돌무덤'은 '돌'을 쌓아 올려 만든 무덤이다. '고인돌, 돌널무덤, 돌무지무덤, 돌무지덧널무덤' 들이 이에 딸린다.

### ■ 돌널무덤

　'돌널무덤'은 '냇돌(자갈돌)'이나 '널돌'을 잇대어 '널'을 만들어 쓴 무덤이다. '돌상자무덤'이라고도 한다.

### ■ 돌무지무덤

　'돌무지무덤'은 주검을 넣은 '돌널' 위를 흙을 덮지 않고 '돌'만으로 쌓아 올린 무덤이다.

### ■ 돌무지덧널무덤

　'돌무지덧널무덤'은 '덧널' 위를 사람 머리 크기의 '냇돌=자갈돌'

로 덮어 쌓은 무덤이다.

■ **돌무지**

‘돌무지’ (積石)는 고인돌이나 돌널무덤 둘레에 보호 시설로 쌓아 둔 ‘돌모이’ (돌을 모아 놓은 것)다.

■ **냇돌(자갈돌)**

‘냇돌(자갈돌)’ 은 땅거죽이나 냇물 바닥에 쌓인 자갈이 진흙, 모래 따위와 뭉쳐 이루어진 ‘바윗돌’ 이다.

■ **돌널**

‘돌널’ (石棺)은 돌로 만든 널이다.

■ **덧널**

‘덧널’ (土壙)은 남방식 고인돌에서 널을 넣는 구덩이다.

■ **널돌**

‘널돌’ (板石)은 ‘널빤지’ 같이 뜬 돌이다.

■ **막음돌**

‘막음돌’ (塞石)은 양쪽 굄돌 사이의 앞쪽 문처럼 세운 널돌이다.

■ **돌방**

‘돌방’ (石室)은 고인돌 안의 돌로 된 방, ‘무덤방’ 이라고도 한다.

■ **덮개돌**

‘덮개돌’ (覆石 · 上石)은 고인돌에서 굄돌이나 받침돌 위에 올려진 큰 돌이다. 북방식 고인돌에서는 돌방의 천장을 이루며, 남방식 고인돌에서는 아래 구조를 보호한다.

■ **뚜껑돌**

‘뚜껑돌’ (蓋石) 은 무덤 구덩이를 덮는 조금 작은 널돌이다. 그 위에 더 크고 넓은 덮개돌이 얹혀 무덤 전체를 덮는다.

### ■ 굄돌

굄돌(支石)은 모룻돌과 같으며, 남방식 고인돌에서 덮개돌을 받치고 있는 돌이다.

### ■ 모룻돌

'모룻돌' (臺石)은 대장간의 모루처럼 '돌그릇' 을 만들 때 받치던 돌이다.

### ■ 고인돌의 껴묻이(副葬品)

고인돌에서는 다음과 같은 껴묻이들이 나온다.

"곱구슬(曲玉), 대팻날도끼( 鉋刃斧), 대롱구슬(管玉), 돌그릇(石器), 돌도끼(石斧), 돌촉(石鏃), 드리개구슬(매달아서 길게 느리는 구슬), 반달꼴돌칼(半月形石劍), 방울구리칼(搖鈴銅劍), 별도끼(원반 모양 돌의 테두리를 별처럼 뿔이 나게 하고 가운데 구멍을 뚫어 손잡이를 박은 것), 화살촉(矢鏃)

# (4) 사는 길

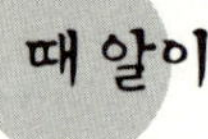



쉼터 · 토막 이야기

## 동지 팥죽

오늘은 동짓날이다.

삼식 씨는 세 때 밥뿐만 아니라 팥죽도 어지간히 좋아해서 해마다 거르지 않고 죽을 쑤어 사나흘씩 두고 먹곤 했는데 올해에는 그냥 넘어가야 할 성 싶다. 마누라가 가을철 들어서면서 허리병이 도져 앉고서기가 불편해졌기 때문이다.

"작년에도 팥죽을 쑤어 보냈더니 큰애 집에선 안 먹고 쉬어 버려서 내버렸다지 않아요? 지금은 먹을 게 넘쳐나는 세상인데 핑곗김에 좀 거르면 안 되겠소?"

새알심이 옹골지게 들어 있는 자주색 팥죽을 못 먹고 새해를 맞이할 생각을 하니 분하기도 한지 삼식 씨는 엔간히 떫은 표정이 역력하다.

"정 서운하거든 당신은 사무실 근처에 있는 조계사에 가서 줄섰다가 한 그릇 얻어 드시구려."

"내가 불자도 아닌데, 무슨 거지여, 노숙자여!"

"지나가는 멀쩡한 신사도 다 얻어먹데, 뭐……. 며칠만 기다려요, 양력설
 에 가래떡이나 뽑게……."

"떡은 떡이고 죽은 죽이지."

삼식 씨는 어떤 고승이 입적할 때 남겼다는 선문답 같은 소리를 남기고
휑하게 나가 버린다.

남정네야 돈만 벌어다 주면 그만이지만 아낙네가 챙길 일은 어디 한두
가지인가 말이다. 설날, 대보름날, 가윗날 들은 기본이고 큰댁의 제삿날엔
제찬대 보내야지, 철철이 돌아오는 식구들 생일이며, 또한 할머니가 되고부
턴 손자의 첫돌도 큰 행사였다.

자식들이 결혼해서 분가해 버리면 식구가 줄어든 만큼 편하리라 생각
하면 큰 오산이다. 며느리, 사위에 손자까지 보태고 사둔('사돈'은 잘못)네
팔촌까지 생일을 챙겨야 하는데, 대충 상품권으로 때우지 않고 손수 만든
육포나 정과 들을 보낼라치면 전라도 음식치레가 대단하다고 칭찬이 자자
하다.

그뿐인가, 음력 정월엔 말날을 찾아서 간장부터 담가야 했다. 주거가 아
파트로 많이 바뀌면서 장독대 간수하기도 마땅찮고 바깥 나들이가 잦아진
여자들이 모두 간장을 사 먹는다지만, 메주는 시골에서 보내 주것다, 단독
주택에 사는 동안은 그만 둘 이유가 없는 것이다.

친정에 올 때마다

"엄마, 조선간장 좀."

하고 밀폐용기를 내미는 딸도, 믿을 만 한 유명 메이커에서 된장, 고추
장도 잘 나오니까 힘들게 살지 말고 같이 사 먹자며 말로만 생색을 내곤
한다.

그럴 때마다 너희들 애 낳고 몸조리할 때 엄마가 끓여 준 미역국이 최고였다며, 그 맛이 소금이나 진간장으로 되겠느냐고 큰소리를 칠 수 있는 것도 아낙네의 몸을 아끼지 않는 부지런함과 야무진 살림 솜씨 덕분이다.

세상살이 이치가 대개 그렇듯 몸이 편하자면 마음이 불편한 법, 제 때 먹어야 할 걸 못 먹는다고 심통을 부리며 출근한 남편의 뒷모습이 마음에 걸려 마누라는 하루종일 누워 있어도 찜찜한 기분이 나아지질 않는다.

"차라리 일을 하자, 내 복에 무슨 난리!"

시장에 갈 것도 없이 냉동실을 뒤지니 손자 돌 때 경단 만들고 남은 찹쌀가루가 한 됫박이나 있고 묵은 팥도 넉넉하다. 압력솥에 물을 붓고 팥을 삶기 시작하며 이곳 저곳에 죽 먹으러 오라고 전화를 건다. 삼식 씨한테도

"먹고 죽은 귀신이 때깔도 곱다는데, 빨리 퇴근해서 새알심이나 같이 만들어요. 사무실에 김 양과 윤 선생님도 모시고 오든지요."

하고 전화를 건다.

흐물흐물하게 잘 삶아진 팥을 믹서에 넣고 갈면서 창 밖을 내다보니 때마침 서설인 양 함박눈이 소담스럽게 내리고 있었다.


동짓날 새알심을 만들면서 곰곰이 생각해 보았다.

때를 나타내는 말 가운데에서 '오늘'이 기준이다. '나날'이란 말은 '날날'의 준말이고, '다달'은 '달달'의 준말인데, '날'과 '달'이 끊이지 않고 계속된다는 것을 알게 해 준다. '날'의 밝은 동안의 절반도 '나절'이다.

날이 서른 날 차면 '달'이란 단위 이름으로 헤아린다. '섣달'이 지난 다음 '첫날'은 '설날'이다. 설날에는 한 '살'씩 나이를 먹는다. 먹는 나이를 '나잇살'이라고 한다.

> 첫 '난날' 한 해 만에 '첫돌'이 돌아온다. 한 해 네 '철'이 철철이 든다.
> 때를 나타내는 기본말이 'ㄹ'로 이루어져 있다.

때를 알리는 말도 'ㄹ'이 중심을 이룬다.

> 오늘(가을날, 가윗날, 하룻날, 쥐날), 달(다음달), 설(첫날), 돌(첫돌), 결
> (겨를), 철(봄철), 올(올 봄), 올—(올벼, 올서리).

## ■ 오늘 · 날

때를 나타내는 말도 가장 기본이 '오늘'이라는 '날'이고, 지금 이 시대는 '오늘날'인데, 그러한 '날'에는 여러 가지가 있다.

### 하루날

"하루"라는 뜻으로

'그믐날, 다음날, 두렛날, 마른날, 새날, 안날, 장날, 제날, 진날, 짝숫
　날 · 홀숫날, 첫날'

들이 있고,

### 기념날

기념하는 날로

'가윗날, 까치설날, 나무날(식목일), 난날(생일), 동짓날, 보름날, 삼
　진날, 수릿날, 어린이날, 잔칫날, 제삿날, 한글날, 혼인날'

들이 있고,

**날짜날**

‘날짜’ 를 나타내는 날로

‘하룻날, 이튿날, 사흗날, 나흗날, 닷샛날, 엿샛날, 이렛날, 여드렛날, 아흐렛날, 열흘날, 초이틀, 초사흘, 초나흘, 초열흘, 며칠[1] (몇째 날), 며칟날’

들이 있다.

**띠날**

태어난 날을 띠로 나타내는

‘쥐날, 소날, 범날, 토끼날, 용날, 뱀날, 말날, 양날, 원숭이날, 닭날, 개 날, 돼지날’

들이 있다.

**예삿날**

예사로 쓰이는 날에는

‘가을날, 겨울날, 봄날, 여름날, 살날, 옛날, 지난날’

들이 있다.

**나날**

이어지는 여러 날을 나타내는 말이 ‘나날’ 이다. ‘나날’ 에는

‘이틀’ (두 날), ‘사흘’ (세 날), ‘사나흘’ · ‘사날’ (사흘이나 나흘), ‘나 흘’ (네 날), ‘나달’ (나흘이나 닷새), ‘열흘’ (열 날), ‘며칠[2]’ (몇 날)

들이 있다.

**뒷날 · 훗날, 앞날**

앞으로 다가올 날이나 때를 ‘뒷날’ 또는 ‘훗날’ 이라고 한다.

‘앞날’ 에는 ‘뒷날’ 과 똑같은 뜻도 있는데,

그 밖에 "① 일정한 기한까지 남은 날, ② 죽을 때까지 남은 날"이란 뜻으로도 쓰인다.

**후렴날**

'후렴날'은 동네 제사가 끝난 다음날이다.

이 날 제사 때의 음식을 나누어 먹으며 즐기고, 마을 회의를 열기도 한다.

**나절**

날의 낮의 절반을 '나절'이라고 한다. '나절'에는

'반나절, 세나절, 아침나절, 온나절, 저녁나절, 한나절'

들이 있는데, '열나절'이라고 하면 "일정한 한도 안에서 오랜 동안"이다.

■ **달**

낮이 서른 날이면 한 '달'이다. '달'에는

'남의달(해산달 다음달),

다음달, 동짓달(음력으로 정월부터 열한 번째 달),

막달(해산 마지막 달),

새달, 섣달,

안달(바로 전달), 오동지섣달, 이달, 이듬달,

작은달, 저지난달, 지난달(전달), 지지난달(전전달),

큰달,

해산달'

들이 있다.

**오동지섣달**

오동지는 올동지의 준말로, "음력 11월 10일이 채 못 되어 드는 동지"를 이른다. '오동지섣달'은 추운 동짓달(음력 11월)과 섣달(음력 12월)을 아울러 이르는 말이다. 한창 추울 동안이다.

■ **설·돌**

열두 달 한 해의 '첫날'은 명절로 '설'인데 그 날을 '설날'이라고 하며, 그 전날을 어린이말로 '까치절(날)'이라고 한다.

사람이 나서 첫 한 해 만의 난날을 '돌'이라고 하는데 그 날은 '돌날'이다.

■ **결(겨를)**

"겨를이 있어야 쉬거나 자시거나 하지"

하는 '겨를'은 "생각 따위를 다른 데로 돌릴 만 한 시간적 여유"다. '겨를'의 준말이 '결'이다.

'결'은 "겨를, 때, 사이, 짬" 따위 뜻으로 '결에' 꼴로 쓰이는데,

'구름결, 귓결,

꿈결,

눈결(깜짝할 동안),

말결, 무심결(아무런 생각이 없어 스스로 깨닫지 못하는 사이),

바람결,

아침결, 어느결, 얼결·얼떨결·엉겁결,

잠결, 지난결'

들이 있다.

오늘
봄철
나날
1월
달
나절
봄 월
설
앞날
2005 02 21

■ **철**

'계절, 절기'를 우리말로 '철'이라고 하는데, '제철'에 나는 과일이 맛이 좋다.

열매 맺는 '가을철'이 지나면 돌아보고 반성하는 '겨울철'이 돌아온다.

꽃 피는 '봄철'이 지나면 땀 흘리는 '여름철'이 온다.

'첫겨울'이 '김장철'이다.

■ **올**

매김말로 '올해의'라는 뜻인데 "올 가을, 올 봄, 올 여름, 올 3월에, ……" 들처럼 쓰인다.

■ **올-**

우리 말조각에 '올-'이 있다. 쓰이는 자리를 따라 여러 가지 뜻으로 쓰인다.

① "지금 지나가고 있는 이 때"란 뜻으로

　'올농사, 올내년(올해와 내년), 올해'

따위에 쓰인다.

② "이르다"는 뜻으로

　'올바람, 올서리'

따위에 쓰인다.

③ "일찍 자란"이란 뜻으로

　'올감자, 올강냉이, 올고구마, 올곡식, 올과일,

　올당콩(일찍 여무는 강낭콩), 올동백,

　올무우,

올벼, 올보리, 올복숭아, 올뽕,

올사과,

올작물, 올조, 올종자,

올콩,

올팥, 올품종,

올호박'

따위에 쓰인다.

④ "일찍 또는 빨리"라는 뜻으로

'올되다, 올모심기, 올자라다'

따위에 쓰인다.

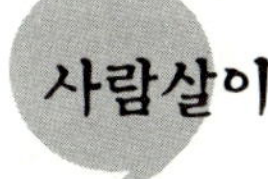


---

쉼터 · 토막 이야기

## 초심으로 돌아가면

천정부지로 치솟는 부동산 가격을 안정시키고자 정부가 양도세를 강화하고 부유세인 종합부동산세를 신설하는 등 강경책을 쏟아 놓으면서부터 강 노인의 사무실도 개점휴업 상태로 들어갔다.

있는 곳이 종로통이다 보니 잔돈푼이라도 쉽게 만질 수 있는 주택이나 아파트의 거래는 드물고 주로 상가 건물의 임대차에 의존하거나 지방의 토지들을 다루었는데 장기 불황의 한파가 겹치면서 모든 거래가 뚝 끊겨 버렸다.

연쇄부도가 나는 바람에 거의 빈털터리로 건설업에서 손을 뗄 무렵, 용케 살 길을 찾아 복덕방을 차려 한때 재미 좀 보는가 했더니 끝없는 내리막 길을 만난 셈이다.

강 노인은 성격이 까탈스럽고 조급한 사람이라 안달복달이 나서 주변 사람들을 달달 볶아 대기 시작했다. 사실 무슨 자격증이 있어서 사무실을 차린 것도 아니다. 딱 십오 년 전에 여유돈 천만 원을 경상남도 양산에 있는 임야에 투자했다가 몇 곱절 이익을 남긴 것이 빌미가 되었다. 묘지로도 쓸 수 없는 북향의 험산 6만 평에 묻어둔다 생각하고 돈을 던졌는데 2년 만에 5천만 원의 목돈이 되어 돌아왔으니 말이다.

그 돈으로 상가도 사고 콘도 회원권도 사서 되파는 과정에서 남는 이익이 쏠쏠했다. 회사를 경영할 때에는 만날 자재대에, 인건비에, 세금에다 사무실 유지비 들로 자금에 쪼들려 빛 좋은 개살구였는데, 투기에 맛 들이고 보니 땀 흘리고 일하는 사람들이 미련스럽게 보이기까지 했다.

마침 공인중개사 자격증이 있는 후배를 만나서 동업 조건으로 영업을 시작한 것이 10년 전이었다. 워낙 경기가 좋을 때에는 서로가 군말도 없고 뒤탈도 없는 법이다. 남 주기 아까운 물건이다 싶으면 계약금만 걸었다가 임자가 생겼을 때 되팔면 프리미엄이 짭짤하고 헛일 삼아 한 마디 거든 일도, 그 자리에 동석했다는 이유 하나로 거액의 커미션이 되어 돌아왔다. 잔일 큰일 가리지 않고 뛰어 영업의 기틀을 잡는 데 일 년도 걸리지 않았던 것 같다.

무엇보다도 두 남자의 인물이 훤한 데다 익살과 유머가 풍부해서 돈 많은 여자들이 줄서서 자금을 대 준 것도 무시 못 할 밑천이었다. 윤 선생이 줄줄이 들어서는 오피스텔의 분양권을 따 오는가 하면, 제주도에 있는 임야까지도 묻지마 투자로 유혹해서 재미를 봤다. 일이 잘 풀릴 땐 사무실 직원들도 한 몸처럼 뜻이 잘 맞고 호칭도 형님, 아우님하더니 부동산 경기가 곤두박질치면서 첫 번째로 사람 사이의 정이 벌어지는가 보다.

우선 인건비를 줄이자고 경리 보는 김 양과 운전기사를 내보내고 나니, 가뜩이나 썰렁한 사무실에 찬바람이 돌기 시작했다.

가정에서도 남편이 돈을 못 벌면 아내와 틈이 생기듯 동업자끼리도 속으로는 서로가 네 탓, 네 탓하며 상대를 비난하게 마련이다. 강 노인과 윤 선생은 서로

"자식이 워낙 인사성이 없고 요즘엔 내가 출근해도 못 본 척 한단 말이야."

"경리 장부를 자기가 맡아 가지고 나한테 일절 보고하는 법이 없으니 어떻게 돌아 가는지 알 수가 있어야지."

하고 툴툴대더니 강 노인은 아예 출근을 안 하고 집에 틀어박히기로 작정을 해 버린 모양이었다. 이름 그대로 삼식 씨가 되어 세 끼니를 꼬박꼬박 챙기자니 마누라도 안달이 날 수밖에…….

한때 잘 벌었으면 까먹을 때도 있는 법, 그래도 남자는 밖에서 놀아야 한다는 것이 마누라의 철학이고 앞뒤 사리를 가리는 것도 역시 여자가 냉철하다. 그래서 막내아들 타이르듯이

"돈 벌어 줄 땐 예쁘고, 그냥 노는 꼴은 밉다면 그건 당신이 나쁜 거요. 요즘 일도 없는데 보고는 무슨 놈의 보고, 또 인사를 안 하면 당신이 먼저 하구려. 게다가 윤 선생은 유능하니까 다른 곳에서 스카웃해 가면 당신 혼자 어쩔 건데? 자고로 윗사람 노릇이 더 어렵대요. 처음 만났던 때의 초심으로 돌아가 봐요."

했더니 아니나 다를까 그 날은 슬슬 움직이더니 저녁 때 환한 얼굴로 돌아왔다.

> "당신 말대로 내가 웃으며 악수를 청하고 다 풀어 버리자고 했더니 그 자
> 식이 '무얼요' 하더라니까. 아마 나 혼자 삐쳤었나 봐."
>
> 사람이 살아가려면 '절' (예절)도 할 줄 알아야 하고, 살아가는 '틀'도 제
> 대로 잡아야 비뚤어지지 않고 옳은 '길'로 갈 수 있다.
>
> '철'이 들면 '글월'도 다루게 되는데, 편지를 '글발, 글왈, 기별'이라고
> 했다.
>
> '일'도 늘 좋은 일만 있는 것이 아니라 '군일, 궂은일, 진일(물을 써서 하
> 는 일)'도 있지만, '앞일, 뒷일'을 잘 살펴 '바른일, 옳은일'을 해야 한다.
>
> 잘못하면 '거덜'이 나서 '허울' 좋은 개살구가 될 수 있다.

사람이 살아가는 데에도 '르'이 얽혀 든다.

> 핏줄, 절, 익살, 탈 · 가탈 · 거탈, 거덜, 허물, 눈살, 허울…….

## ■ 핏줄[2](혈통)

조상과 자손, 어버이와 자식, 오누이 들처럼 피로 이어져 끊을래야
끊을 수 없는 관계를 '핏줄'이라고 한다.

## ■ 절

사람이 혼자 사는 것이 아니고, 사람과 사람이 얼굴을 맞대고 함께
살아간다. 그들 사이에는 위아래, 왼 · 오른의 질서가 있다. 질서의 근
본이 예의다. 예의의 가장 보편적인 하나가 '절'이다. '절'은 상대를 공

경하는 마음으로 몸을 낮춰 하는 인사다.

## ■ 실살·틀·기틀·길

사람이 살아가는 데에도 '실살'(알속)이 있어야 하고, '틀'(격식이나 본, 또는 사람몸의 틀거지)이나, 알뜰살뜰한 '기틀'(계기나 조건)도 있어야 하고, '길'(도리, 방향)도 있어야 한다.

'틀·기틀'에는

'개수틀(개숫물 도랑), 고랑틀(차꼬), 귀틀·마룻귀틀(동귀틀, 입귀틀, 장귀틀),

(토)담틀(축판),

뜀틀,

매화틀, 문틀, 미끄럼틀, 미닫이틀(미닫이 문틀),

바디틀(바디집), 반자틀, 방틀(井 모양 나무틀), 북틀,

수수미틀(김맬 때 흙덩이 떠 누이는 일), 수틀,

울음틀(곤충·새 소리 기관),

전골틀(전골 남비), 증편틀(증편 찌는 기구),

창틀,

편틀(떡 괼 나무그릇),

홍두깨틀'

들이 있다.

또, '길'은 '꿈길'을 헤매다가 '살 길' 찾아 '눈길'도 가고, '손길'도 닿고,

'발길'이 잘못되면 '입길'에 오르기도 하고,

'바른길·옳은길' 찾아 '외길'을 걷다가 쓸쓸한 '뒤안길'에서 '저

숭길' 로 사라지기도 한다.

'불길' 이란 '길' 은 "세찬 불꽃, 세찬 감정, 세찬 사회 현상, 불이 들어가는 길" 따위를 일컫는데, 항상 조심해야 할 길이다.

■ **글월**

사리를 분별할 수 있는 힘인 '철' 이 들면 '글' 을 배워 익혀서 '벼슬' 도 하고, 사람 '구실' 도 하며, '절' (예절)도 할 '줄' (방법) 안다.

그렇게 되면 편지도 하게 되는데, 그 우리말이

  '글발, 글왈, 글월, 기별, 발괄'

이었다.

■ **쳇줄**

글씨 쓰기의 본보기 글씨를 '쳇줄' 이라고 한다.

쓰는 종이 왼쪽에 스승이나 선배가 써 준다.

■ **적발 · 몸말**

나중에 보려고 글로 적어 남기는 기록을 '적바림' 이라고 하는데, 그 준말이 '적발' 이다.

책의 '머리말, 몸말, 맺음말' 은 '글' 이다.

■ **일 · 굳은살 · 몸살**

'밥술' 이나 먹으려면 '일' 을 해야 하는데 '일' 에는

  '가을일, 공일(공짜 일), 구움일(굼일), 군일(쓸데없는 일), 굿일(구덩이
    파는 일), 궂은일,

  끝일,

  날일 · 달일 · 햇일, 낮일 · 밤일, 논일 · 들일 · 밭일 · 봇일,

  대장일 · 성냥일 · 야장일, 두렛일, 뒷일 · 앞일,

위셈
탈 가탑
거떡
허물 울쩐
허
적밭
몸말
특
심삼
기특
김
글월
껼
티꼴 몸삼
알
씨알
녁삼 엄삼
삼
의
삼

땜일, 뗏일,

마른일 · 진일, 막일, 막장일, 먼일,

바깥일 · 안일, 바른일 · 옳은일, 별일, 볼일, 부엌일, 부좃일 · 부줏일,

삯일, 상일, 선일 · 앉은일,

옛일, 웬일,

잔일 · 큰일,

허드렛일, 헛일, 흙일'

들이 있다. 일을 하다 보면 손 · 발바닥에 '굳은살'이 박이기도 하고, 무리하면 '몸살'이 나기도 한다.

## ■ 고뿔

감기 들면 코에서 불이 나는 것(콧불)처럼 더운 김이 난다고 하여 감기를 '고뿔'이라고 한다.

## ■ 단골

늘 정해 놓고 지내는 곳이나 손님 또는 무당을 '단골'이라고 한다.

※ 늘 정해 놓고 하는 노래나 솜씨를 흔히 '18번'이라고 하는데, 일본 냄새가 나므로, 그런 경우에 '단골 노래, 단골 솜씨'라고 하는 것이 좋겠다.

## ■ 당골

지금은 귀신을 모시는 무당, 길흉을 점치는 점쟁이로 전락했지만, 본디는 원시 종교에서 귀신을 섬긴다는 제사장, 길흉을 점친다는 예언자가 아니었던가 싶다.

우리 건국 신화에서도 '당골→당굴→단군'으로 된 것이라고 보는 사람이 많다.

■ **티끌, 땀방울, 앞날**

　"티끌 모아 태산"이란 속담대로 '땀방울'을 흘리며 근검절약하면 '앞날'이 훤히 열릴 것이다.

■ **박살·악살·악살박살**

　깨어져 부서지는 것을 '박살' 또는 '악살'이라고 하는데, 그 힘줌말이 '악살박살'이다.

■ **-질**

　앞에 오는 어떤 말에 붙어 '일'이나 '짓'이라는 뜻을 더하는 말조각이 '-질'인데, 그렇게 이루어진 말이 어림으로 400개쯤 있다.

　①연장을 더하는 말에 붙어 "그 연장을 가지고 하는 일"이라는 뜻을 더한다.

　　'가위질, 갈퀴질, 낚시질, 되질, 삿대질, …….'

　②몸의 일부를 나타내는 말에 붙어 "그 몸 부분으로 하는 어떤 짓"의 뜻을 더한다.

　　'곁눈질, 발질, 손가락질, 입질, 주먹질, …….'

　③어떤 말 뒤에 붙어 "그런 일" 또는 "그런 짓"의 뜻을 더한다.

　　'결태질, 곤두박질, 담금질, 말·발버둥질, 맞불질, 부라질, 쏠장질, 쓰레질, 찜질, 쌩이질, 쏘삭질, …….'

**걸태질**

탐욕스럽게 재물을 마구 긁어 모으는 짓을 '걸태질'이라고 한다.

**갈퀴질**

①마른 잎이나 지푸라기나 검불 따위를 갈퀴로 긁어 모으는 일을 '갈퀴질'이라고 한다.

② 권력 따위를 써서 남에게서 재물을 빼앗는 일의 비유.

**두레질**

두레로 물을 푸는 일을 '두레질'이라고 한다.

'두레'는 논에 물을 퍼붓기 위하여 나무로 만든 기구라는 뜻도 되고, 농민들이 농삿일을 공동으로 하기 위하여 계모임 단위로 만든 마을 공동체이기도 하다.

**써레질**

써레로 논바닥을 고르거나 흙덩이를 잘게 부수는 일을 '써레질'이라고 한다.

**발길질 · 발질 · 뒷발질**

발로 걷어차는 짓을 '발길질' 또는 '발질'이라고 한다. '뒷발질, 앞발질, 구둣발질, 헛발질' 들도 있다.

**손질 · 군손질**

'손질'은 물건을 손대어 잘 만지는 일이기도 하지만, 남을 손으로 함부로 때리는 짓이기도 하다. '군손질, 뒷손질, 선손질, 잔손질, 헛손질' 들도 있다.

**입질**

'입길'이라고도 하는데, 이러쿵저러쿵 남의 흉을 보는 짓을 '입질'이라고 한다.

**동자질**

"부엌에서 밥 짓는 일"을 '동자질'이라고 한다.

**난도질 · 뭇칼질**

칼로 사람이나 물건을 함부로 베는 짓을 '난도질' 또는 '뭇칼질'이라고 한다.

**울골질**

지긋지긋하게 으르며 덤비는 짓을 '울골질'이라고 한다.

**마름질**

옷감이나 재목 따위를 치수에 맞게 재거나 가르는 일을 '마름질'이라고 한다.

**담금질**

① 높은 온도로 열처리한 쇠붙이를 물·기름에 담가 식히는 일.

② 몹시 호되게 시키는 훈련의 비유.

③ 낚시를 물에 담갔다가 건졌다가 하는 일.

**쏠장질**

흙·모래 따위가 무너지지 않게 말뚝을 단단히 박아 받치는 일을 '쏠장질'이라고 한다.

**맞불질**

'맞불질'에는 다음과 같은 것들이 있다.

① 불이 타고 있는 곳의 맞은편에서 마주 불을 놓는 일.

② 담뱃불 따위를 맞대고 붙이는 일.

③ 총을 서로 마주 겨누고 쏘는 일.

**쓰레질**

비로 쓸어서 집 안을 깨끗이 하거나, 갯바위에 붙어 있는 조개 따위를 따 내는 일을 '쓰레질'이라고 한다.

**쓸음질**

주로 쇠붙이 따위를 '줄'로 문질러서 닳게 하는 일을 '쓸음질'이라고 한다.

**쌩이질 · 씨양이질**

한창 바쁠 때에 쓸데없는 일로 남을 귀찮게 구는 짓을 '쌩이질' 또
는 '씨양이질'이라고 한다.

**쏘삭질**

함부로 남의 것을 들추거나 쑤시는 일, 또는 남을 자꾸 꾀거나 부추
기는 짓을 '쏘삭질'이라고 한다.

**찜질**

① 약물이나 더운 물에 적신 헝겊 또는 얼음덩이를 아픈 곳에 대어
　 병을 고치는 법.
② 온천이나 뜨거운 물에 몸을 담그거나, 더운 모래밭에 몸을 묻거
　 나, 뜨거운 김에 몸을 쐬어 땀을 흘려서 병을 고치는 법.

**싸개질**

물건을 싸거나, 의자 · 침대 따위를 헝겊이나 가죽 따위로 싸는 일을
'싸개질'이라고 한다.

**썰음질**

먹줄로 친 금을 따라 세톱으로 나무를 켜는 일을 '썰음질'이라고
한다.

**뜨개질**

옷이나 장갑 같은 것을 털실 따위로 떠서 만드는 일을 '뜨개질'이라
고 한다.

**뜯게질**

해지고 낡아서 입지 못하게 된 옷이나 빨래할 옷의 솔기를 뜯어 내

는 일을 '뜯게질'이라고 한다.

## ■ 결

사람이나 사물의 "바탕"이란 뜻으로 '결'이란 말이 있는데, '마음결, 살결, 손결, 숨결'도 있고,

"줄기"란 뜻으로는 '눈결(눈 내리는 줄기), 물결, 소릿결, 은결(은물결)' 들이 있고,

그 밖에 '도린결(외진 곳), 말결(어떤 말을 할 때), 일결(큰 손님 겪기), 팔결 · 팔팔결(엄청나게 다름), 한결(한층)' 들도 있다.

## ■ 익살, 탈 · 가탈, 거탈

놀기나 잘 하고 '익살'이나 부리다가는 '탈'이 나서 '가탈 · 까탈'이 붙는데, 그런 "고장 · 병 · 사고" 들의 '뒤탈, 발탈, 배탈, 젖탈' 들이 나기도 한다.

'거탈'은 참모습이 드러나지 않고 겉으로만 드러난 태도이다.

얼굴에 쓰는 '탈'에는

'두룽다리탈(들놀음의 셋째 양반탈), 삐뚜루미탈, 산대 · 산디탈, 손님
탈, 하회탈'

들이 있는데, 남사당패 탈놀이 두째 마당을 '옴탈잡이'라고 한다.

## ■ 해찰

'해찰'은 "마음에 썩 내키지 않아 물건을 부질없이 이것저것 집적거리며 해친다거나, 일에는 마음이 없고, 쓸데없이 다른 짓을 함"이라는 뜻이다.

## ■ 거덜, 허물, 눈살, 허울

사람이 너무 놀기만 좋아하면 '거덜'이 나서 '허물'이 생기고, '눈

살' 을 찌뿌리게 하여 '허울' 좋은 개살구가 된다.

## ■ 난질

오입도 계집이 하면 '난질' 이라고 한다.

## ■ 장귀팔

투전에서 열 끗짜리 · 아홉 끗짜리 · 여덟 끗짜리가 각각 둘씩일 경우를 '장귀팔' 이라고 한다.

## ■ 그 밖의 리을끝낱말들

일에는 **'밑알'** (어떤 일에 작은 밑거름이 되는 것)도 필요하고, 불리는 데에는 **'씨알'** 도 있어야 하는데, 남의 '핏줄' (혈통)을 '씨알머리' 라고 한다.

경우에 따라서는 **'이골'** 이 나거나 **'안달'** 이 나서 **'야살'** 을 까거나 **'엄살'** 을 떨거나 **'앙탈'** 을 부리기도 한다.

**'노발대발'**, **'몰골'** 사납게 **'골'** (화)도 내며, **'넉살'** 좋게 **'헤살'** 도 놓고 **'안달복달'** **'실살'** 도 챙기고, **넌덜머리** 나도록 **'비대발괄'** 도 하는가 하면, 미주알고주알 캐물어 콩팥칠팔 지껄이기도 하고, **'성깔'** 도 부리고, **'비윗살'** 좋게 **'사살(사설)'** 도 나불나불 늘어놓는다.

**'가살'** (가량맞고 야살스러움)도 빼고, **'앙살'** (엄살 부리며 버티고 겨룸), **'야발'** (야살스럽고 되바라짐), **'드살'** (드세게 구는 짓), **'간살'** (간사스럽게 아양을 떪)도 피워 **'혼쭐'** 이 나기도 한다.

매우 친한 사이는 **'옴살'** 이고, 남의 비밀을 캐내어 다른 사람에게 넌지시 알려 주는 것을 **'발쇠'** 라고 하는데, 그 준말이 **'발'** 이며, 잘못되면 **'멱살'** 잡이도 한다.

독한 귀신의 기운이나 친족 사이의 사나운 띠앗을 **'살'** 이라고 하는

데 '**눈살**(눈총), **독살**(독한 기운), **망신살**, **상문살**(사람이 죽은 쪽에서 퍼지는 독기)' 들이 있다. 또 '**원진살**(부부가 서로 미워하는 기운), **주당살**(혼인 때 꺼리는 귀신을 덧들여 받는 기운), **창피살**' 들이 있다.

동네 어귀에 서 있는 '**수살**' 은 돌림병이 돌 때에는 새끼줄을 치고, 사람이 아프면 그 옷을 걸어 놓기도 한다.

살다 보면 집에 '**손질**' 을 해야 할 경우가 생긴다. '손질' 에는 '**군손질**, **뒷손질**, **선손질**(먼저 손댐), **외손질**(한 손 질), **잔손질**, **헛손질**' 들이 있다.

정월에는 연날리기도 하는데, 연에는 '**귓달**(연에 X 모양으로 대는 대오리), **꽁숫달**(연 가운데 세로로 대는 대오리), **머릿달**(연 머리에 대는 대오리), **쪽반달**(연 가운데 위쪽에 절반으로 자른 반달 모양의 빛깔이 다른 종이를 붙인 연), **허릿달**(연 허리에 대는 대오리)' 들이 있다.

연의 '**달**' (대오리)을 '**살**' 이라고도 하여 '**귓살, 꽁숫살, 머릿살, 쪽반살, 허릿살**' 이라고도 한다.

세상 사는 사람살이(인간 생활)는 얽히고 설켜 복잡하므로 사연도 많아, 리을끝낱말도 그만큼 복잡하고 다양하다.


※ '그 밖의 리을끝낱말' 들에 들어 있는 안달복달, 미주알고주알, 콩팔칠팔, 나불나불 들은 이름말이 아니고 꾸미는 말(1)에 나온다.

## 집안 세간



# 버리고 비우기

"고희만 채우고 가면 딱 좋지."

하던 강 노인도 자식들 잘 되는 걸 보더니, 욕심이 생기는지 슬그머니 자기의 남은 수명을 해마다 5년씩 늘려 나간다.

70은 좀 아쉽고 80을 넘으면 치매 걸릴까 두려우니 75세 이쪽 저쪽에 죽는 게 알맞겠다고 누가 뭐라지도 않는데, 스스로 변명을 하며 상향 조정을 해 둔 것이 작년 이맘때였다.

그러나 마누라 생각은 좀 달랐다. 4남매를 다 결혼시켜 손자도 둘이나 봤것다, 언제 가도 아쉽지 않도록 조금씩 조금씩 떠날 준비를 하면서 이별 연습도 해야 된다는 것이었다. 살아 있는 사람들과의 관계는 물론이거니와, 평소에 아끼고 집착했던 모든 사물과의 결별을 연습한다는 것이 쉽지는 않겠지만, 첫 번째로 실행에 옮긴 것이 전화를 포함해서 모든 만남의 횟수를 서서히 줄여 가자는 것이다. 그다지 중요하지 않은 모임에선 아예 빠지고 밀린 세금이나 회비들 소소한 돈거래도 정산을 해 둔다.

혹시라도 잠자다가 갑자기 떠날 수도 있겠다며 (가끔 동창생 가운데 그런 변을 당하는 경우가 더러 있었다) 속옷을 항상 깨끗하게 갈아 입으며 영정 사진도 골라 놓은 눈치였다.

그러곤 날마다 살림을 뒤집어서 안 쓰는 물건을 골라 내고 버리기를 되풀이하는 것이다. 이불도 홑이불, 겹이불, 핫이불 들을 제때 제때 손질하고 홑청을 깔끔하게 꿰매 둔다.

다락에 올라가서 뒤져 보면 버릴 것이 많다. 삭아서 못 쓰게 된 모시발, 큰딸이 여고 다닐 때 쓰던 수틀이 있는가 하면 곡식을 되던 말도 테두리가 떨어진 채 나뒹군다.

몇 년 전만 해도 손수 방 도배를 할 때 풀칠을 하던 몽당솔도, 니스칠을 하던 솔도 더 이상 쓸 일이 없을 것 같다. 시집 올 때 혼수품 가운데에서 가장 비싼 값을 쳐서 장만했던 재봉틀도 노루발이 덜렁거리고 녹이 슨 고물이 되었지만, 팔이 저리도록 재봉틀을 돌려 아이들 옷을 해 입히던 전설 같은 시절이 눈물겨워 잠시 미뤄둔 상태이다.

어쩌다 백화점 세일 때 큰맘 먹고 손자들 옷을 사 줘도 며느리의 수준과 감각에 맞지 않는지 아이들에게 입히는 것을 본 적이 없다. 노엽고 야속해도 모든 것이 젊은 사람 위주로 돌아가는 세상의 큰 흐름을 거스를 수는 없는 노릇이다. 시어머니가 죽으면 가장 먼저 사진부터 없애더라는 말이 생각나서 사진틀에 끼워 둔 사진들을 꺼내어 막 찢으려는데, 그 날따라 일찍 가게 문을 닫은 삼식 씨가 저녁을 먹으러 들어서며 하는 첫마디가

"오늘 뉴스를 보니까 우리나라가 고령 사회로 들어서는 거 시간 문제라네.  남녀 합해서 평균 수명이 77세라는데 뭣이거나 평균은 넘는 게 좋은 거니까 나도 80으로 올려야 할까, 어쩔까, 당신 생각은 어때?"
하고 뚱딴지 같은 소리다.

"오래 산다고 누가 뭐래요? 평균이고 나발이고 마누라보다 한 발만 앞서 가구려. 나 없으면 요즘 같은 세상에 어느 자식이 삼식이 아버지를 챙겨 줄 것 같소?"

> 오래 살아도 변하지 않는 것도 있다.
>
> '바늘' 간 데 '실' 가고, '옷솔' (솔기)에는 '가름솔, 곱솔 · 쌈솔, 곱쌈솔, 꺾음솔, 등솔, 통솔, 혼솔, 홀솔' 들 'ㄹ'이 한이 없다. '재봉틀'도 '손틀, 발틀' 대신 '전기틀'이 나왔다지만, '노루발'이 있어야 한다.

세간살이에도 거의 'ㄹ'이 붙는다.

---

결, 살, 귀틀, 마룻널, 갈판돌, 까치발, 쪽매널, 이불, 저울, 말, 발, 갈큇발, 부들, 풀, 솔, 칠, 귀얄, 줄, 사슬, 틀, 사갈, 노루발, ······.

---

집안 세간은 집이 크거나 작거나 똑같이 있어야 한다고 한다. 살림에 필요한 세간들이 집 안 곳곳 구석구석에까지 박혀 있을 테니까.

따라서 리을끝낱말도 그만큼 쓰여 있을 것이다.


### ■ 서돌

집 짓는 데 가장 중요한 재목인 서까래 · 도리 · 보 · 기둥 따위를 통틀어 일컫는 말.

### ■ 결

집안 세간으로

'장농, 책장, 책상, 뒤주, 식탁, 밥상, 소반, ······'

들에 가장 많이 쓰이는 재료가 널빤지일 것은 뻔하다. 널빤지에는 켜를 이루는 무늬인 '나뭇결'이 있다.

'결'에는

‘곧은결(나이테와 직각이 되게 자른 나무 면에 나타난 결),

꼬인결,

늘결(나이테와 접선 되는 면의 나뭇결),

무닛결,

엇결(엇나간 나뭇결),

잔결’

들이 있다.

■ **턱솔**

나무 토막을 이어 붙일 때 서로 두께의 반씩 도려 낸 자리를 ‘턱솔’ 이라고 한다.

■ **살**

창문이나 부채, 바퀴 따위의 뼈대를 ‘살’ 이라고 한다.

‘간살, 겉살(부채 겉살), 견짓살(납작한 얼레 살대),

문살,

바큇살, 부챗살, 비늘살(루버), 빗살,

심살(벽심),

장살(세로로 세워 짜는 문살),

창살’

들이 있는데,

집을 괴어 받치는 지레는 ‘들살’ 이다.

■ **귀틀 · 동귀틀 · 장귀틀 · 마룻널**

마루를 놓기 위하여 굵은 나무로 가로세로로 먼저 짜 놓은 틀을 ‘귀 틀’ 이라고 한다.

마루의 '장귀틀'과 '장귀틀' 사이에 가로로 걸쳐서 마룻널을 끼우는 짧은 귀틀이 '동귀틀'이고,

기둥과 기둥 사이에 세로로 건너질러 동귀틀을 받으며 마룻널을 끼우게 된, 가장 긴 마루 귀틀이 '장귀틀'이다.

동귀틀과 동귀틀 사이에 끼우는 널조각은 '마룻널'이다.

귀틀에는 마루(대청) 놓는 '마룻귀틀'도 있고,

네모난 목재나 통나무 따위로 가로세로 어긋나게 '井' 모양으로 짠 '귀틀'도 있다.

## ■ 갈판돌

밑에 받쳐서 곡식이나 열매를 갈 때 쓰는 돌을 '갈판돌'이라고 한다.

## ■ 까치발

선반이나 탁자 따위의 널빤지를 버티어 받치기 위하여 수직면에 대는 직각세모꼴 모양의 나무나 쇠를 '까치발'이라고 한다.

## ■ 써렛발

써레 모퉁이에 박는, 끝이 뾰족한 나무를 '써렛발'이라고 한다. 논바닥을 고르거나 흙덩이를 부수는 데에 쓰인다.

## ■ 쪽매널 · 쪽매질

널조각에다가 여러 가지 무늬를 놓아 만든 널을 '쪽매널'이라 하고, 나무쪽이나 널조각을 붙여 대는 일을 '쪽매질'이라고 한다.

## ■ 이불 · 홑이불 · 겹이불 · 핫이불

사람이 옷을 지어서 몸을 가리고 나면, 잘 때 덮는 '이불'이 있어야 한다.

이불에는 '홑이불, 겹이불, 핫이불' 들이 있다.

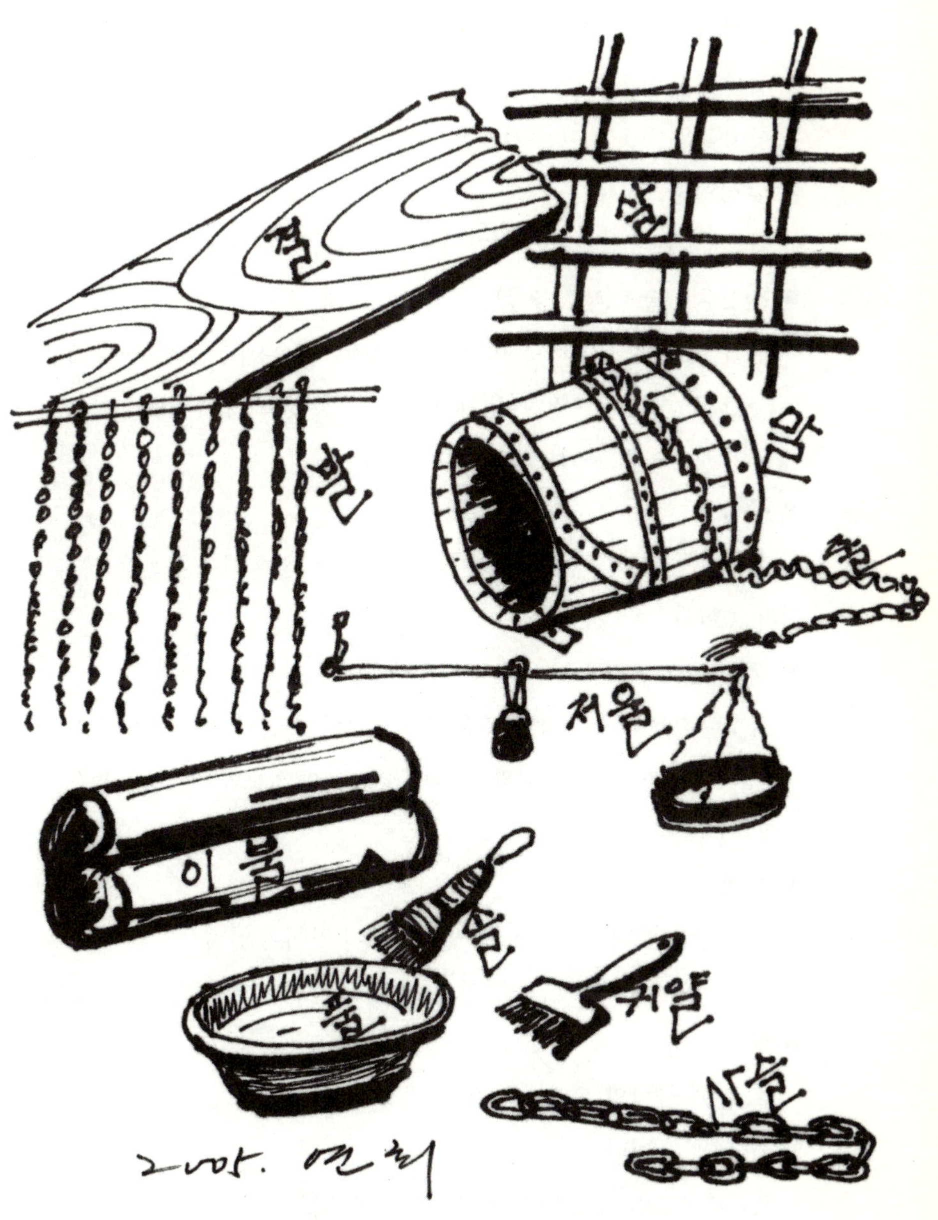

홑이불에는 한 겹으로 된 이불과 홑청이 있다.

겹이불은 솜을 두지 아니하고 거죽과 안을 맞추어 만든다.

핫이불은 솜을 두어 두껍게 만든다.

## ■ 낮잠이불

겹으로 된 넓적넓적한 '조각이불'은 '낮잠이불'이다.

## ■ 쟁깃술·술·(쟁기몽클)

쟁기 꼭지에서 아래로 비스듬히 뻗어나간 나무를 '쟁깃술' 또는 '술'이라고 하는데, 어떤 지방에서는 '쟁기몽클'이라고 한다.

끝이 보습을 맞추어 끼우게 되어 있다.

## ■ 쪽술

쟁기의 술이 비스듬히 내려가다가 꺾여서 곧게 뻗은 부분을 '쪽술'이라고 한다.

## ■ 지게뿔

지겟다리에서 윗세장을 끼운 뾰족한 부분을 '지게뿔'이라고 한다. ('세장'은 지게나 걸채 따위의 두 짝이 함께 짜여 있도록 가로질러 박은 나무다.)

## ■ 저울

고기 같은 것의 무게를 달려면 '저울'이 있어야 한다.

'저울질'은 무게를 다는 일인데, 무슨 일을 견주어 본다는 뜻도 있다.

## ■ 말

쌀 같은 곡식의 분량을 되는 기구가 '말'이라는 그릇이다. 한 말은 열 되고, 백 홉이다.

"말 위에 말을 얹는다"고 하면 욕심이 많다는 뜻이고,

“말로 주고 되로 받는다”고 하면 손해를 본다는 뜻인데,

“말로 배워 되로 풀어 먹는다”고 하면 배운 것을 제대로 써 먹을 줄 모른다는 뜻이다.

### ■ 발·대발·갈대발·싸리발

굴 어귀를 가리거나 집 방문을 열어 놓고 안이 들여다보이지 않게 하려면 ‘발’을 쳐야 한다.

발에는 가늘게 쪼갠 대오리로 엮은 ‘대발’,

갈대로 엮은 ‘갈대발’,

싸리로 엮은 ‘싸리발’

들이 있다.

### ■ 난벌

나들이할 때 입는 옷이나 신 따위를 통틀어 ‘난벌’이라고 한다.

### ■ 갈큇발

갈퀴의 몸을 이루는 갈고리 진 낱낱의 부분을 ‘갈큇발’이라고 한다.

### ■ 신날

짚신이나 미투리 바닥에 세로로 놓는 날을 ‘신날’이라고 하는데, 네 가닥이나 여섯 가닥으로 하여 신을 삼는다.

### ■ 부들

부들의 줄기나 잎으로 엮어 만든 자리를 ‘부들’이라고 한다.

### ■ 풀·강풀·진풀

집 벽에 종이를 바르는 데에는, ‘풀’이 있어야 한다.

풀은 무엇을 바르거나 붙이는 데, 또는 종이나 피륙 따위를 빳빳하게 하려고 먹이는 데 쓰는 끈끈한 물질이다.

물에 개지 않은 된 풀은 '강풀'이고,

옷 따위를 빨아서 마르기 전에 먹이는 풀은 '진풀'이라고 한다.

■ **솔**

풀을 칠하는 일을 '풀칠'이라고 한다. 풀칠을 하려면 '솔'이 있어야 한다.

'솔'은 또 먼지나 때 따위를 떨어뜨리거나 닦아 내는 데에도 쓰인다.

'말솔'로는 말의 털을 빗기고,

'몸솔'로는 가려운 데 긁고,

닳아진 솔은 '몽당솔'이고,

밤송이 같은 솔은 '밤송이솔'인데,

'가마솔, 구둣솔, 빗솔'

들도 있다.

'옷솔'은 옷에 묻은 먼지 따위를 쓸어 떨어뜨리는 데 쓰인다.

■ **칠**

집 벽이나 기둥 또는 가구의 겉에 발라서 썩는 것을 막거나, 광택이나 빛깔을 내는 데 쓰는 물질, 또는 그것을 바르는 일을 '칠'이라고 한다.

그런데 우리 사전에는 그 우리말 '칠'에다가 어김없이 한자 '漆[칠]:' (옻칠)을 붙여 놓았다. 한자 '漆'이 없으면 우리는 '칠'도 하지 못하는 그런 겨레로 여겨, 우리말 '칠'과 한자 '漆'을 혼동한 것이다.

우리가 '옻칠' (옻을 칠하는 것)이라고 하는 것을 중국에서는 '도칠 (塗漆)' (옻을 바름)이라고 한다.

기름칠, 니스칠, 똥칠(똥을 묻히거나 누르칙칙한 칠이나 체면 · 명예를 더럽히는 짓), 먹칠(먹으로 칠하는 짓), 물칠, 옻칠, 페인트칠,

흙칠

따위의 '칠'은 한자 '漆'이 아니다. 우리말 '칠'과 한자 '漆'은 완전히 다른 말이다.

■ **쌍실**

단청에서 머리초 따위의 둘레에 둘러 대는 좁은 색띠를 나란히 두 줄로 그린 것이 '쌍실'이다.

보통 '녹실'과 '청실'을 쓴다.

■ **귀얄**

칠을 하려면 '귀얄'이 있어야 한다. 귀얄은 풀, 칠 따위를 칠할 때 쓰이는 넓적한 솔이다.

'귀얄잡이'란 말은 귀 밑에 수염이 많이 난 사람을 놀리는 말로 쓰인다.

■ **줄**[1]

무엇을 묶거나 동이는 데 쓰이는 긴 물건을 '줄'이라고 한다.

<해와 달이 된 오누이>를 보면, 할머니를 삼킨 호랑이에게 쫓기는 오누이에게 하늘에서 '하늘줄'인 '동아줄'이 내려온다. 오누이는 그 줄을 타고 올라가 '날(해)'과 '달'이 된다.

그 줄이 '목숨줄'인 '탯줄'이다.

'줄'은 신비하다.

'줄'에는

'가랫줄, 가시줄, (연)가운뎃줄, 거미줄, 게줄(곁줄), 고무줄, 고팻줄 (깃대 고패 줄), 굽통줄, 그넷줄, 금줄(인줄), 기름줄,

(연)꽁숫줄, 끌줄,

낚싯줄, 눈썹줄(베틀 눈썹대 줄), (베틀)눌림줄, 늑줄(느슨해진 줄),

다림줄(수직 줄), 당감잇줄(짚신 총 줄), 닻줄, 동아줄(굵은 줄), (물레)
  동줄, 두레박줄, 드림줄, 등줄,

(연)떡줄,

마룻줄, 망건당줄, (연)머릿줄, 먹줄, 멍엣줄, (주낙)모릿줄, 목돗줄,
  목줄(목구멍 힘줄), 몸줄(줄다리기 줄), 못줄, 물렛줄, 물통줄, 뭇줄
  (삼줄), 민줄, 밑줄,

발줄, 밧줄, 배잡이줄(닻 배 잇는 줄), 벌이줄(버팀 줄), (길마)베리줄,
  (가야금)벗줄, (걸채)벼릿줄, (책)보람줄, (마소)봇줄(써레, 쟁기를
  잇는 줄),

빨랫줄,

새끼줄, 설렁줄, 쇠줄, 신찐줄(베틀 신 끈),

쌍줄, 썰줄,

(돛)아딧줄 · 앗줄, 아랫당줄 · 윗당줄, 아릿줄 · 가짓줄, 오랏줄, 오
  줌줄(오줌길), 외줄, 용총줄(마룻줄), 은줄, 이음줄,

장줄(세로 못줄),

타락줄(머리털 줄), 탕갯줄, 통줄,

활벌이줄(연 머릿줄), 활줄(활시위), 횃줄 · 햇댓줄, 후릿줄'

들이 있다.

※ 그런 물건을 묶거나 동이는 끈 같은 '줄'이 아닌 '줄'도 여러 가지 있다.

'가로줄 · 세로줄, 과줄(과자), 글줄,

낌줄(광산에서 새 쇳줄의 실마리가 되는 가는 줄),

날줄(경선) · 씨줄(위선),

덧줄, 돈줄, 뒷줄 · 앞줄 · 옆줄 · 아랫줄 · 윗줄,

땅줄(연고지와의 연줄),

명줄,

밥줄, 벌잇줄(벌잇길), 붙임줄 · 이음줄(악보에서),

뺑줄(연줄 뺏기),

선줄(세로 쇳줄), 쇳줄(광맥), 수줄(줄다리기 수컷줄) · 암줄(줄다리기 암

　컷줄),

씻줄(계통),

이불줄(광산에서, 비탈지지 않고 이불처럼 평평하게 널린 쇳줄),

잔줄, 재바닥줄(끊어졌다가 내려가서 다시 나오는 쇳줄), 젖줄,

참줄(좋은 쇳줄),

탯줄,

핏대줄 · 핏줄(혈관),

힘줄'

들이다.

■ **사슬**

줄과 같은 것에 '사슬'이라고도 하는 '쇠사슬'도 있다. '쇠사슬'은
쇠고리를 여러 개 이어서 만든 줄이다.

■ **꼬나불 · 꼬나풀**

길지 아니한 끈 나부랑이인데, 더러는 남의 앞잡이 노릇을 하는 사
람을 낮잡아 하는 말로도 쓰인다.

■ **놋날**

돗자리 따위를 엮을 때 '날'로 쓰는 노끈을 '놋날'이라고 한다.

■ **술 · 낙지발술(끈술)**

　가마, 깃발, 끈, 띠, 책상보, 옷 따위 가장자리를 꾸미려고 다는 여러 가닥의 실을 '술'이라고 한다.

　'술'에는 낙지발 모양으로 여러 가닥의 끈목을 한 군데 묶어 만든, '끈술'이라고도 하는, '낙지발술'도 있다.

■ **틀**

　'틀'에는 "기계"라는 뜻도 있는데 살림살이에 널리 쓰인다.

　틀에는

　'가마니틀, 갈이틀, 국수틀, 기름틀, 김매기틀(제초기),

　나무틀(나무 기구), 나틀(베실 뽑는 기구), 날틀,

　돗틀(돗자리 짜는 기구), 두레박틀,

　머리틀(기름틀 머리),

　방틀(♯ 모양 틀), 벌집틀, 베틀, 벼락틀(덫), 붙임틀(널빤지 붙이는

　　장치),

　빵틀(빵 굽는 쇠틀),

　새끼틀, 솜틀, 쇠틀, 술틀, 신틀,

　자리틀(자리 짜는 장치), 자아틀(윈치), 장애틀(광산에서 수직굴 물을

　　퍼 올리는 장치를 만드는 기계), 재봉틀(발틀 · 손틀), 쬠틀'

들이 있다.

　**암틀 · 수틀**

　틀이 암수의 두 부분으로 되어 있을 때, '암틀'에 끼워 넣게 된 것을 '수틀'이라고 한다.

## ■ 사갈

도이칠란트의 '아이젠'은 알아도 우리말 '사갈'은 모른다.

옛날 우리 조상들은 산을 오를 때, 얼음이나 눈길을 걸을 때, 미끄러지지 않게 '사갈'을 만들었다.

'사갈'에는 굽에 못을 박은 나막신과, 굵은 철사로 뾰족하게 만들어 신바닥에 대는 것이 있다.

## ■ 깎기칼

대패질을 할 수 없는 부분을 깎거나 다듬는 칼을 '깎기칼'이라고 한다.

## ■ 노루발

흔히 '노루발장도리'를 말하는데, 재봉틀에서 바느질감을 눌러 놓는 쇠붙이도 '노루발'이다.

## ■ 줄[2]

쇠붙이를 쓸거나 깎는 데 쓰는, 강철로 만든 연장을 '줄'이라고 한다.

## 여자들 세간

여자들 세간에도 'ㄹ' 범벅이다.

> 바늘, 바늘틀, 실, 재봉틀(손틀, 발틀, 전기틀), 거울, 너울, 구슬, 방물, 방울, 수틀, 솔(기), 홍두깨살.

여자들이 쓰는 연모도 역시 리을끝낱말로 비롯했다. 맨 처음에 한 일이 옷 같은 것을 짓는 일이었다.

## ■ 바늘

'바늘'은 옷을 짓거나 천 같은 것을 꿰매는 데에 쓰이는 가늘고 끝이 뾰족한 쇠다.

바늘로는 맨 처음에 뼈로 만든 '뼈바늘'을 썼을 것이다.

쇠를 쓰기 시작하면서는 '쇠바늘'이 나타나고, 그것이 썩 작으면 '잔바늘',

큰 '돗바늘'은 '작대기바늘'이라고 하여 이불이나 돗자리를 꿰매며,

실을 꿰지 않은 '맨바늘'은 '알바늘'이라고 한다.

참대로 만들어 그물을 뜨는 데 쓰이는 바늘은 '그물바늘'이다.

뜨개질을 할 때 대로 만든 '대바늘'이 '뜨개질바늘'이라고도 하는 '뜨개바늘'로 쓰인다.

소매, 목둘레 따위를 돌려 뜨는 대바늘을 '둘레바늘 · 고리바늘'이라고 한다.

'귀바늘'이라고도 하는 '코바늘'은 끝이 갈고리처럼 되어 있는 뜨개바늘이다.

※ 바늘이 아닌 바늘에

열이 날 때 혓바닥에 '좁쌀알' 같이 돋아 오르는 '혓바늘',

서류를 꿰는 '못바늘',

베틀 북 속의 대오리를 '북바늘'

이라고 하는 것도 있다.

그 밖에 '도깨비바늘'과 바늘꽃과에 딸린 '여뀌바늘' 같은 풀들도 있다.

## ■ 바늘틀

뜨개질할 때 뜨개질바늘을 설치하는 틀을 '바늘틀'이라고 한다.

## ■ 실·올·올실

'실'은 고치, 털, 솜, 삼 따위를 가늘고 길게 자아 꼰 물건이다. 흔히 피륙을 짜거나 바느질하는 데에 바늘귀에 꿰어서 쓰인다.

'실'에는

'고치실, 금실, 깁실,

깜찌기·깜찌기실(가늘고 질긴 실),

날실(삶지 않은 실, 피륙의 세로 실),

다홍실,

뜨개실,

먹실(먹물 칠한 실), 명실·무명실, 밑실(재봉틀 북실),

베실, 북실, 빔실(몇 가닥 꼰 실),

삼묵실(세 올 실),

씨실(피륙의 가로 실),

윗실(재봉틀 바늘 실), 은실,

털실, 테실, 토리실(둥글게 감은 실), 톳실·토끼실(음력 정월 첫 토끼

날에 만든 실)'

들이 있다.

실은 '올'로 이루어져 있다. 올은 실의 한 가닥이다.

그런 올실이 털로 이루어져 있으면 '털올실'이고, 베의 올이면 '베올실'이다.

단 하나의 올을 '외올' 또는 '홑올'이라 하고, 외올로 된 실은 '외올실'이라고 한다.

두 올 이상으로 된 실은 '겹실'이고, 겹실에는 '이겹실, 세겹실' 따위가 있다. 이겹실은 두 올로 드린 실인데, '쌍올실'이라고도 하는 사람도 있다.

## ■ 재봉틀 · 손틀 · 발틀 · 전기틀

바늘과 실로 바느질을 하는데, 바느질도 요즘에는 손으로 하지 않고 재봉틀로 많이 한다.

재봉틀에는 '손틀'과 '발틀'이 있다.

전기로 돌리는 '전기틀'도 나왔다.

## ■ 거울 · 쪽거울

특히 여자들에게는 필요한 것이 많다.

얼굴을 들여다보고 예쁘게 하려면 거울이 있어야 한다. '거울'은 물건 모양 특히 얼굴 같은 것을 비추어 볼 수 있게 유리 따위로 만든 물건이다. 보통 유리 뒤쪽에 아말감을 발라 만든다.

거울도 작은 거울이나 깨진 거울은 '쪽거울'이라고 한다.

## ■ 너울

밖에 나가려면 '너울'도 있어야 한다. '너울'은 지금은 없지만, 옛날 여자들이 나들이할 때 얼굴을 가리기 위해서 쓰던, 깁으로 된 물건이다.

## ■ 구슬

살림살이 형편이 펴이어 나아지면 치레도 하고 싶어진다.

그 치레에 가장 알맞은 것이 '구슬'이다. '구슬'은 동그란 모양의 보석이나 진주 같은 것인데, 주로 여자들의 몸치장에 많이 쓰인다.

구슬은 옥이라고도 하며, 보배로 치고 있다.

**말짱구슬**

중국에서 만든 갖가지 빛깔의 유리 구슬을 '말짱구슬' 이라고 한다.

■ **방물**

여자들이 가까이에 놓고 쓰는 화장품, 반짇고리, 패물 따위를 '방물' 이라고 한다.

■ **방울 · 방울알**

'방울' 은 얇은 쇠붙이로 둥글고 속이 비게 만들어 그 속에 단단한 물건을 넣어, 흔들면 달랑달랑 소리가 나는 물건이다.

방울은 개나 소나 말 따위 집짐승 목에 걸어서 움직이면 소리가 나게 하기도 한다.

방울에는 쇠방울만이 아니라, 따로 떨어져 나온 물의 작은 덩이인 '물방울' 도 있다.

또, 비누를 풀어 놓은 물을 가는 대롱의 한쪽 끝에 찍어 그 대롱 반대쪽에 입을 대고 불어서 방울방울 흩날리게 하여 방울보라를 이루는 '비누방울' 도 있다.

방울 안에 있어서 방울을 흔들면 소리를 내게 하는 알이 '방울알' 이다.

■ **꽃술**[2]

세간이나 옷 따위를 꾸미기 위한 여러 가닥의 색실을 '꽃술' 이라고 한다.

■ **수틀**

여자들 세간에 '수틀'도 빼 놓을 수 없다.

수틀은 수 놓을 때 바탕천을 팽팽하게 하기 위하여 가장자리를 잡아 당기어 끼우는 나무틀이다.

■ **쳇발**

베틀에 달려, 짠 피륙이 구김살이 가거나 너비가 늘거나 줄거나 하지 못하게 양쪽으로 버티어 켕기는 데 쓰이는 가느다란 나무오리를 '쳇발'이라고 한다.

■ **쳇불**

쳇바퀴에 메워 물이나 가루를 거르는 데 쓰는 그물을 '쳇불'이라고 한다.

■ **식칼 · 부엌칼**

부엌에서 쓰는 칼을 '식칼' 또는 '부엌칼'이라고 한다.

'세간'은 아니지만, 여자들 바느질이나 다듬이질 할 때 또는 나날살이에서 쓰이는 리을끝낱말 몇 개를 소개한다.

■ **솔(솔기)**

바느질할 때 옷의 솔기를 '솔'이라고 하는데,

'가름솔(두 폭을 맞대고 꿰매어 시접을 양쪽으로 갈라 붙인 솔기),

곱솔(꺾어서 호고 또 접어서 박는 솔기), 곱쌈솔(시접이 나오지 않도록 싼 솔기),

꺾음솔(속으로 접혀 들어간 시접을 한쪽으로 꺾은 솔기),

등솔(등 솔기),

쌈솔(한쪽 시접을 넓게 박아 좁은 시접을 싸 박은 솔기),

통솔(두 겹을 겹쳐 겉에서 말아 뒤집어 안쪽에서 박는 솔기),

혼솔(홈질 솔기), 홑솔(꺾음솔)’

들이 있다.

### ■ 잇솔 · 칫솔

이를 닦는 데 쓰는 솔을 ‘잇솔’이라고 한다. 그런데 우리네 사전들에는 ‘칫솔’이 표준인 양 해 놓았다. ‘이’를 ‘이’라고 하지 ‘치’라고는 하지 않는다.

### ■ 홍두깨살

홍두깨질을 하면 홍두깻감에 윤이 나는데, 그 윤을 ‘홍두깨살’이라고 한다.

# 2. 안이름말

**(1) 안이름말 ①**

**(리을끝낱말)**

**(2) 안이름말 ②**

**(리을속낱말)**

앞에서는 사물의 이름을 나타내는 리을끝낱말을 부분별로 몇몇 부분을 살펴보았다. 여기서는 이름말이 아니고, 꾸미는 말이나 낱말의 줄기나 뿌리에 리을끝음절이 쓰인 안이름말의 보기를 들어 본다.

북한에서는 쓰이는 것 같지마는, 우리가 잘 안 쓰는 것은 (  ) 안에 넣거나 거의 싣지 아니하였다.

# (1) 안이름말 ① (리을끝낱말)

## 꾸미는 말(1)

### ① 겹치는 두 음절이 같은 것

갈갈, 갤갤, 걀걀, 걸걸, 골골,

깔깔(깔), 깰깰(깰), 꺌꺌, 껄껄(껄), 꽐꽐, 꿀꿀(꿀), 꿜꿜, 끌끌, 낄낄(낄),

달달, 덜덜, 돌돌, 돨돨, 둘둘, 들들,

딸딸, 똘똘, 똴똴, 뚤뚤, 뜰뜰,

랄랄(랄), 릴릴(릴),

발발, 밸밸, 벌벌, 빌빌,

빨빨, 뻘뻘,

살살, 샐샐, 설설, 솔솔, 쇌쇌, 술술, 슬슬, 실실,

쌀쌀, 썰썰, 쏠쏠, 쐴쐴,

잘잘, 잴잴, 절절, 졸졸, 좔좔, 줄줄, 질질,

짤짤, 쨀쨀, 쩔쩔, 쫄쫄, 쫠쫠, 쭐쭐, 찔찔,

찰찰, 철철, 촐촐, 촬촬, 출출,

캘캘(캘), 콜콜, 콸콸, 쿨쿨, 퀄퀄, 킬킬(킬),

탈탈, 털털, 툴툴,

팔팔, 펄펄, 폴폴, 풀풀,

할할, 헐헐, 홀홀, 활활, 훌훌, 휠휠.


## ② 겹치는 두 음절이 다른 것

곰틀, 굼틀, 곱실, 굽실,

꼼틀, 꿈틀, 꼽실, 꿉실,

당실, 덩실, 동실, 둥실,

몽실, 뭉실,

방글, 벙글, 뱅글, 빙글,

빵글, 뻥글, 뺑글, 삥글,

방실, 벙실, 뱅실, 빙실,

빵실, 뻥실, 뺑실, 삥실,

삔질,

상글, 성글, 생글, 싱글, 설핏,

쌍글, 썽글, 쌩글, 씽글,

옴찔, 움찔, 옴칠, 움칠,

팽글, 핑글,

함칠, 흠칠.


## ③ 다른 두 음절이 겹친 덩이끼리 겹치는 것

가닐가닐, 그닐그닐, 가들가들, 거들거들, 가물가물, 거물거물, 가불

가불, 거불거불, 가슬가슬, 거슬거슬, 가실가실, 가칠가칠, 거칠거칠,

가탈가탈, 간들간들, 건들건들, 간실간실, 근실근실, 간질간질, 근질

근질, 감실감실, 검실검실, 게걸게걸, 고들고들, 구들구들, 고물고물, 구물구물, 고불고불, 구불구불, 고슬고슬, 구슬구슬, 곤들곤들, 곰실곰실, 굼실굼실, 곱슬곱슬, 굽슬굽슬, 곱실곱실, 굽실굽실, 구질구질, 군실군실, 그물그물,

까끌까끌, 꺼끌꺼끌, 까들까들, 꺼들꺼들, 까물까물, 꺼물꺼물, 까불까불, 꺼불꺼불, 까풀까풀, 꺼풀꺼풀, 까슬까슬, 꺼슬꺼슬, 까실까실, 꺼실꺼실, 까칠까칠, 꺼칠꺼칠, 까탈까탈, 깐질깐질, 꼰질꼰질, 끈질끈질, 깨질깨질, 꺼질꺼질, 꼬들꼬들, 꾸들꾸들, 꼬물꼬물, 꾸물꾸물, 꼬불꼬불, 꾸불꾸불, 꼼실꼼실, 꿈실꿈실, 꼼질꼼질, 꿈질꿈질, 꼼틀꼼틀, 꿈틀꿈틀, 꼽슬꼽슬, 꿉슬꿉슬, 꼽실꼽실, 꿉실꿉실, 꽁알꽁알, 꿍얼꿍얼, 쨍괄쨍괄, 쬐꼴쬐꼴, 끄물끄물,

나달나달, 너덜너덜, 나불나불, 너불너불, 나슬나슬, 너슬너슬, 나울나울, 너울너울, 나잘나잘, 너절너절, 나탈나탈, 너털너털, 나팔나팔, 너펄너펄, 나풀나풀, 너풀너풀, 난들난들, 넌들넌들, 난질난질, 는질는질, 남실남실, 넘실넘실, 늠실늠실, 노글노글, 누글누글, 녹실녹실, 눅실눅실, 느물느물, 능글능글, 니글니글, 니얼니얼,

다달다달, 더덜더덜, 다불다불, 더불더불, 다팔다팔, 더펄더펄, 당실당실, 덩실덩실, 대굴대굴, 데굴데굴, 대글대글, 디글디글, 데설데설, 댕글댕글, 뎅글뎅글, 도글도글, 두글두글, 도돌도돌, 두둘두둘, 도톨도톨, 두툴두툴, 동글동글, 둥글둥글, 동실동실, 둥실둥실, 두덜두덜, 뒤슬뒤슬, 딩굴딩굴, 득실득실,

때굴때굴, 떼굴떼굴, 때글때글, 띠글띠글, 땡글땡글, 떠벌떠벌, 또글또글, 뚜글뚜글, 똥글똥글, 뚱글뚱글, 뚜덜뚜덜,

망울망울, 멍울멍울, 매끌매끌, 미끌미끌, 먀알먀알, 몽글몽글, 뭉글뭉글, 몽실몽실, 뭉실뭉실, 몽클몽클, 뭉클뭉클, 문실문실,

바글바글, 버글버글, 바들바들, 버들버들, 바슬바슬, 버슬버슬, 부슬부슬[1], 바질바질, 반들반들, 번들번들, 반질반질, 번질번질, 방글방글, 벙글벙글, 방실방실, 벙실벙실, 방울방울, 배슬배슬, 비슬비슬, 배실배실, 비실비실, 배칠배칠, 비칠비칠, 배틀배틀, 비틀비틀, 밴들밴들, 빈들빈들, 뱅글뱅글, 빙글빙글, 보글보글, 부글부글, 보들보들, 부들부들, 보슬보슬, 부슬부슬[2], 보풀보풀, 부풀부풀, 복슬복슬, 북슬북슬, 부얼부얼,

('부슬부슬'은 ①부스러지는 꼴, ②비가 내리는 꼴)

빠글빠글, 뻐글뻐글, 뽀글뽀글, 뿌글뿌글, 빠질빠질, 뽀질뽀질, 빤들빤들, 뺀들뺀들, 뻔들뻔들, 삔들삔들, 빤질빤질, 뺀질뺀질, 뻔질뻔질, 빵글빵글, 뺑글뺑글, 뻥글뻥글, 삥글삥글, 빵실빵실, 뺑실뺑실, 뻥실뻥실, 삥실삥실, 빼뚤빼뚤, 삐뚤삐뚤, 빼틀빼틀, 삐틀삐틀,

사글사글, 서글서글, 사들사들, 서들서들, 사물사물, 서물서물, 소말소말, 스멀스멀, 산들산들, 선들선들, 상글상글, 성글성글, 새들새들, 시들시들, 새물새물, 시물시물, 생글생글, 싱글싱글, 소들소들, 수들수들, 속달속달, 숙덜숙덜, 속살속살, 숙설숙설, 송글송글, 숭글숭글, 송알송알, 숭얼숭얼, 수슬수슬, 수월수월, 시글시글, 시끌시끌, 시설시설, 시실시실,

쌍글쌍글, 썽글썽글, 째물째물, 씨물씨물, 쌩글쌩글, 씽글씽글, 쏙달쏙달, 쑥덜쑥덜, 쏭알쏭알, 쑹얼쑹얼

아물아물, 어물어물, 아슬아슬, 어슬어슬, 으슬으슬, 아질아질, 어질

어질, 아찔아찔, 어찔어찔, 아칠아칠, 어칠어칠, 야들야들, 이들이들, 야물야물, 야슬야슬, 유들유들, 어글어글, 오글오글, 우글우글, 오돌오돌, 우둘우둘, 오들오들, 우들우들, 오똘오똘, 우뚤우뚤, 오물오물, 우물우물, 오불오불, 우불우불, 오졸오졸, 우줄우줄, 오쫄오쫄, 우쭐우쭐, 으슬으슬, 이글이글,

앙글앙글, 엉글엉글, 앙알앙알, 엉얼엉얼, 앙잘앙잘, 엉절엉절, 억실억실, 옥실옥실, 왁실왁실, 욱실욱실, 옴실옴실, 움실움실, 옴씰옴씰, 움씰움씰, 옴질옴질, 움질움질, 옴찔옴찔, 움찔움찔, 옹알옹알, 웅얼웅얼, 옹잘옹잘, 웅절웅절, 와글와글, 워글워글, 와들와들, 왜글왜글, 자글자글, 지글지글, 잔물잔물, 진물진물, 장알장알, 쟁알쟁알, 징얼징얼, 재갈재갈, 지걸지걸, 재깔재깔, 지껄지껄, 재랄재랄, 지랄지랄, 재잘재잘, 지절지절, 쟁글쟁글, 징글징글, 조잘조잘, 주절주절, 조글조글, 주글주글, 조물조물, 주물주물, 종달종달, 중덜중덜, 종알종알, 중얼중얼, 종잘종잘, 중절중절,

짜글짜글, 찌글찌글, 짱알짱알, 쨍알쨍알, 찡얼찡얼, 쪼글쪼글, 쭈글쭈글, 쪼물쪼물, 쭈물쭈물, 쪼잘쪼잘, 쭈절쭈절, 쪽잘쪽잘, 쭉절쭉절, 쫑달쫑달, 쭝덜쭝덜, 쫑알쫑알, 쭝얼쭝얼, 쫑잘쫑잘, 쭝절쭝절,

창알창알, 칭얼칭얼, 초들초들,

캐들캐들, 키들키들,

타달타달, 터덜터덜, 터들터들, 토달토달, 투덜투덜, 타발타발, 터벌터벌, 타실타실, 터실터실, 타울타울, 터울터울, 탱글탱글, 토글토글, 투글투글, 토실토실, 투실투실,

파들파들, 퍼들퍼들, 포들포들, 푸들푸들, 파슬파슬, 퍼슬퍼슬, 포슬

포슬, 푸슬푸슬, 판들판들, 펀들펀들, 팬들팬들, 핀들핀들, 팽글팽글, 핑글핑글,

하늘하늘, 흐늘흐늘, 하물하물, 흐물흐물, 한들한들, 흔들흔들, 함실함실, 흠실흠실, 함칠함칠, 흠칠흠칠, 헤실헤실, 헹글헹글, 호물호물, 후물후물, 화들화들, 후들후들, 회똘회똘, 휘뚤휘뚤, 흥얼흥얼.


**④ 다음과 같은 것도 이와 같다.**

상글방글, 성글벙글, 생글뱅글, 싱글벙글, 시들부들,

쌍글빵글, 썽글뺑글, 쌩글뺑글, 씽글삥글,

아글바글, 아글타글, 앙글방글, 엉글벙글, 어칠비칠, 언틀먼틀, 오글보글, 우글부글, 오글자글, 우글지글, 오글쪼글, 우글쭈글,

오돌도톨, 우둘두툴, 오돌포돌, 우둘푸둘, 오물쪼물, 우물쭈물, 오불고불, 오불꼬불, 오불구불, 오불꾸불, 우불구불, 우불꾸불, 오살박살, 오톨도톨, 우툴두툴, 옹졸봉졸, 왁달박달, 왁실덕실, 왜뚤비뚤, 왜틀비틀, 우질부질,

헤실비실, 흐슬부슬,

게두덜게두덜, 구두덜구두덜,

닥다글닥다글, 덕더글덕더글, 댁대굴댁대굴, 덱데굴덱데굴, 득시글득시글, 들까불들까불,

딱따글딱따글, 떡떠글떡떠글, 땍때굴땍때굴, 떡떼굴떡떼굴,

옥시글옥시글, 욱시글욱시글, 왁다글닥다글, 웍더글덕더글, 왁다글왁다글, 웍더글웍더글, 왁시글덕시글, 왁시글왁시글, 왁자글왁자글들이 얼마든지 있다.

**⑤ 그 밖의 것**

곧잘, 괴발개발, 기엄둥실, 는실난실, 늘, 덜, 도동실, 두둥실, 두둥게 둥실 · 두둥둥실, 두리둥실, 미주알고주알, 불불불, 서털구털, 시시콜 콜, 안달복달², 알뜰살뜰, 앙금쌀쌀, 언틀먼틀, 엉금썰썰, 왁자글, 왁자 지껄, 잘, 정말² (정말1은 이름말 부분에 나옴), 제발, 콩팔칠팔

들도 있다.

## 줄기와 뿌리(1)

**① 풀이말 줄기**

가늘다, 가말다, 가멸다, 가물다, 갈다, 감풀다(거칠고 사납다), 갸울
　다, 거닐다, 거들다, 거멀다, 거칠다, 걸다, 골다, 괄다, 괠다, 굴다,
　굼닐다, 궁굴다(그릇 따위가 보기보다 속이 너르다), 궁글다, 그슬다,
　그을다, 기울다, 길다,

까불다, 깔다, 꺄울다, 끌다, 끼울다,

나날다, 나닐다, 날다, 널다, 넘늘다, 노닐다, 놀다, 늘다, 능놀다,

다물다, 달다, 더불다, 덜다, 덩달다, 도닐다, 돌다, 되들다, 뒵들다, 딍
　굴다, 드물다, 들다,

떠들다, 떨다,

만들다, 말다, 멀다, 모질다, 몰다, 몽글다, 무솔다, 무질다, 물다, 밀다,

배돌다, 버물다, 벌다, 베풀다, 보풀다, 부닐다, 부풀다, 불다, 붓날
　다 (말짓이 들뜨다), 붉달다(말짓을 괄괄하게 하다), 비뚤다, 비틀

다, 빌다,

빨다, 뼈들다, 뼈물다, 삐뚤다,

살다, 설다, 성글다, 솔다, 슬다, 시들다,

썰다, 쏠다, 쓸다,

아물다, 악물다, 알다, 야물다, 어물다(야무지지 않다), 어질다, 얼다,

엉클다, 여물다, 열다, 영글다, 옹글다, 울다, 웅글다, 위들다, 이끌

다, 이울다, 일다,

잔질다(약하고 잘다), 잘다, 장돌다(속이 비어 홀쭉해지거나 풀풀 날아돌

다), 저물다, 절다, 졸다, 졸들다(발육이 부실하다), 좇닐다, 줄다, 질다,

짜들다, 쪼들다, 찌들다,

초들다, 치뜰다,

털다, 통돌다, 통밀다, 통틀다, 틀다,

팔다, 풀다,

하리놀다, 하리들다, 허물다, 헐다, 헝클다, 휘돌다, 휘몰다, 휩쓸다,

흐놀다, 흔들다.


## ② '하다' 풀이말 뿌리

(ㄱ) 같은 두 음절이 겹치는 것

갈갈하다, 걸걸하다, 골골하다, 괄괄하다,

깔깔하다, 껄껄하다, 꿀꿀하다, 끌끌하다,

놀놀하다, 뇔뇔하다, 눌눌하다,

달달하다, 덜덜하다, 돌돌하다,

딸딸하다, 떨떨하다, 똘똘하다,

발발하다(발랄하다), 빌빌하다,

살살하다, 설설하다,

쌀쌀하다, 썰썰하다, 쏠쏠하다, 쑬쑬하다, 쓸쓸하다,

알알하다, 얼얼하다, 왈왈하다,

잘잘하다, 절절하다,

짤짤하다, 쩔쩔하다,

촐촐하다, 출출하다, 칠칠하다,

칼칼하다, 컬컬하다, 클클하다,

탈탈하다, 털털하다, 툴툴하다,

팔팔하다, 펄펄하다, 풀풀하다,

할할하다, 헐헐하다, 홀홀하다.


(ㄴ) 다른 두 음절이 겹치는 것

각별하다(정성스럽다) (各別:각각 다름), 개질하다, 골똘하다, 골몰
   하다, 곱살하다, 구뜰하다, 궁굴하다,

꺽실하다,

나잘하다, 너절하다,

닦달하다, 단출하다, 덩둘하다, 뒤발하다,

말쌀하다, 몽클하다, 뭉클하다,

배틀하다, 비틀하다, 부실하다('불실'은 잘못),

살뜰하다, 서늘하다, 섬질하다, 수꿀하다, 시들하다,

싸늘하다, 써늘하다, 쌉쌀하다, 씁쓸하다,

아슬하다, 알뜰하다, 앙살하다, 애절하다, 야들하다, 어굴하다('억

울'은 잘못), 어슬하다, 오솔하다, 옹졸하다, 우쭐하다,

자잘하다, 재랄하다, 지랄하다, 정갈하다, 조쌀하다, 조촐하다, 졸절
하다, 중씰하다, 지껄하다, 지질하다,

짭짤하다, 찝찔하다,

차깔하다, 착살하다 · 칙살하다(하는 짓이 다랍다),

튼실하다,

퍼벌하다, 포실하다(살림이 넉넉하고 오붓하다),

허술하다, 허줄하다, 허출하다, 헌칠하다, 후출하다, 훤칠하다.


㈃ 다른 세 음절 이상이 겹치는 것

시서늘하다,

알딸딸하다, 얼떨떨하다, 엇구뜰하다, 중쓸쓸하다,

간간짭짤하다, 건건찝찔하다,

달곰쌉쌀하다, 달곰씁쓸하다, 두루뭉술하다,

마닐마닐하다, 마당맥질하다, 만질만질하다, 매실매실하다, 머슬머
슬하다,

산들방글하다, 시금떨떨하다, 시금씁쓸하다, 시금털털하다,

어리둥절하다, 우두망찰하다,

안절부절못하다.


### ③ 그 밖의 풀이말 뿌리

※ '-거리다/-대다'가 붙는 뿌리는 〈꾸미는 말(1)〉에 있으므로 여기에서는
따로 들지 아니한다. (보기: 깔깔거리다/대다, 발발거리다/대다, ……의 깔

**깔, 발발, …… 따위.)**

뇌꼴스럽다, 맛깔스럽다, 맵살·밉살스럽다, 애발스럽다, 야발스럽
　　다, 애살스럽다, 야살스럽다, 영절스럽다, 왜골스럽다, 우악살스럽
　　다, 이물스럽다, 태깔스럽다,

강팔지다, 대살지다, 되알지다, 밀알지다, 반비알지다, 앙칼지다, 오
　　달지다, 옹골지다, 포달지다,

부질없다, 속절없다, 여들없다, 열없다, 자발없다, 하릴없다,

능갈치다, 말·발버둥질치다, 야멸치다, 얼레발치다, 태질치다,

거덜나다, 단물나다, 똑별·뚝별나다,

댕돌같다, 득달같다, 득돌같다,

간살부리다, 앙살부리다, 앙탈부리다,

오갈들다, 은결들다,

귀살쩍다, 열쩍다,

능갈맞다, 착살맞다,

가살떨다,

거들뜨다,

늑줄주다,

매몰차다.

심살내리다,

언걸먹다,

엄발나다,


이 밖에도 더 있을 것이다.

# (2) 안이름말 ② (리을속낱말)

## 꾸미는 말(2)

'르'이 낱말의 끝음절 끝에 붙지 아니하고, 낱말 속의 다른 음절에 붙는 '리을속낱말' 도 있다. 이런 낱말은 낱말을 이루기가 쉬워서 리을 끝낱말보다 많다.


### ① 두 음절이 겹치는 것

갈쌍, 글썽,

깔따, 껄떡, 껄렁, 꼴깍, 꿀꺽, 꼴딱, 꿀떡, 꼴랑, 꿀렁, 꼴짝, 꿀쩍,

꼴칵, 꿀컥, 끌꺽,

날름, 낼름, 널름, 늘름, 늘씬,

달각, 덜걱, 달강, 덜경, 달깍, 덜꺽, 달깡, 덜껑, 달랑, 덜렁, 달싹,

덜썩, 들썩, 달칵, 덜컥, 달캉, 덜컹,

딸각, 떨걱, 딸강, 떨겅, 딸깍, 떨꺽, 딸깡, 떨껑, 딸랑, 떨렁, 딸싹, 떨

썩, 딸칵, 떨컥, 딸캉, 떨컹,

말씬, 몰씬, 물씬, 몰칵, 물컥, 몰캉, 물컹, 몰큰, 물큰,

발각, 벌걱, 발끈, 벌끈, 발딱, 벌떡, 발랑, 벌렁, 발록, 발름, 벌름,

발씬, 벌씬, 발짝, 벌쩍, 발칵, 벌컥, 불컥, 볼끈, 불끈, 볼똑, 불뚝, 볼록,

불룩, 볼쏙, 불쑥,

빨각, 뻘걱, 빨끈, 뻘끈, 빨따, 뻘떠, 뿔끈, 불끈, 뿔똑, 뿔뚝, 뿔록,

뿔룩,

샐긋, 실긋, 샐룩, 실룩, 샐쭉, 실쭉, 설핏,

쌜긋, 씰긋, 쌜룩, 씰룩, 쌜쭉, 씰쭉,

올각, 울걱, 올깍, 울꺽, 올따, 올카, 울컥, 왈각, 월거, 왈강, 왈칵,

월컥,

잘각, 절걱, 잘강, 절겅, 잘근, 질근, 잘금, 질금, 잘깍, 절꺽, 잘깡, 절

껑, 잘끈, 질끈, 잘똑, 질뚝, 잘랑, 절렁, 잘록, 절룩, 잘박, 절벅, 잘방,

절벙, 잘싹, 절썩, 잘쏙, 절쑥, 잘칵, 절컥, 잘캉, 절컹, 잘팍, 절퍽,

짤각, 쩔걱, 짤강, 쩔겅, 짤깍, 쩔꺽, 짤깡, 쩔껑, 짤끔, 쫄끔, 찔끔, 짤

랑, 쩔렁, 짤록, 쩔룩, 짤칵, 쩔컥, 짤캉, 쩔컹,

찰각, 철걱, 찰강, 철겅, 찰깍, 철꺽, 찰깡, 철껑, 찰딱, 철떡, 찰락, 철

럭, 찰람, 철럼, 칠럼, 찰랑, 철렁, 찰박, 철벅, 찰방, 철벙, 찰싹, 철썩,

찰칵, 철컥, 찰캉, 철컹, 찰팍, 철퍽, 촐랑, 출렁,

칼락, 컬럭, 쿨럭, 콜랑, 쿨렁, 콜록, 쿨룩,

탈각, 털걱, 탈강, 털겅, 탈락, 털럭, 탈랑, 털렁, 탈박, 털벅, 탈방,

털벙, 탈싹, 털썩, 탈칵, 털컥, 탈캉, 털컹,

팔딱, 펄떡, 팔락, 펄럭, 팔랑, 펄렁, 팔싹, 펄썩, 팔짝, 펄쩍, 폴딱,

풀떡, 폴락, 풀럭, 폴랑, 풀렁, 폴싹, 풀썩, 풀쑥, 폴짝, 풀쩍,

할금, 흘금, 할긋, 흘긋, 할깃, 흘깃, 할끔, 흘끔, 할끗, 흘끗, 할낏,

흘낏, 할따, 핼금, 힐금, 핼긋, 힐긋, 핼끔, 힐끔, 핼끗, 힐끗, 홀각,

홀걱, 홀따, 훌떡, 훌랑, 훌렁, 훌짝, 훌쩍, 홀쪽, 홀쭉, 훌쭉,

## ② 두 음절이 겹친 덩이끼리 겹치는 것

갈강갈강, 글겅글겅, 갈근갈근, 걸근걸근, 갈기갈기, 갈래갈래, 갈쌍갈쌍, 글썽글썽, 갈씬갈씬, 걸씬걸씬, 갈피갈피, 걀쭉걀쭉, 길쭉길쭉, 걀찍걀찍, 걀쯤걀쯤, 길쯤길쯤, 길찍길찍, 걸쩍걸쩍, 골막골막, 굴먹굴먹, 골싹골싹, 굴썩굴썩, 글컹글컹,

깔끔깔끔, 깔딱깔딱, 껄떡껄떡, 깔짝깔짝, 끌쩍끌쩍, 깔쭉깔쭉, 껄쭉껄쭉, 깰깩깰깩, 낄끽낄끽, 껄렁껄렁, 꼴깍꼴깍, 꿀꺽꿀꺽, 꼴딱꼴딱, 꿀떡꿀떡, 꼴랑꼴랑, 꿀렁꿀렁, 꼴짝꼴짝, 꿀쩍꿀쩍, 꼴칵꼴칵, 꿀컥꿀컥, 끌꺽끌꺽,

날름날름, 낼름낼름, 널름널름, 늘름늘름, 날쌍날쌍, 늘썽늘썽, 날씬날씬, 늘씬늘씬, 날짝날짝, 날짱날짱, 늘쩡늘쩡, 날캉날캉, 늘컹늘컹, 날큰날큰, 늘큰늘큰, 널찍널찍, 늘찐늘찐,

달각달각, 덜걱덜걱, 달강달강, 덜겅덜겅, 달근달근, 달깍달깍, 덜꺽덜꺽, 달깡달깡, 덜껑덜껑, 달랑달랑, 덜렁덜렁, 달막달막, 들먹들먹, 달망달망, 들멍들멍, 달싹달싹, 덜썩덜썩, 들썩들썩, 달칵달칵, 덜컥덜컥, 달캉달캉, 덜컹덜컹, 돌래돌래, 둘레둘레, 들척들척, 들큰들큰,

딸각딸각, 떨걱떨걱, 딸강딸강, 떨겅떨겅, 딸깍딸깍, 떨꺽떨꺽, 딸깡딸깡, 떨껑떨껑, 딸랑딸랑, 떨렁떨렁, 딸막딸막, 뜰먹뜰먹, 딸싹딸싹, 뜰썩뜰썩, 딸칵딸칵, 떨컥떨컥, 딸캉딸캉, 떨컹떨컹, 떨기떨기, 똘랑똘랑,

말긋말긋, 물긋물긋, 말똥말똥, 멀뚱멀뚱, 말랑말랑, 몰랑몰랑, 물렁물렁, 멀찍멀찍, 말씬말씬, 몰씬몰씬, 물씬물씬, 몰칵몰칵, 물컥물컥, 몰캉몰캉, 물컹물컹, 몰큰몰큰, 물큰물큰, 물쩡물쩡,

발긋발긋, 벌긋벌긋, 발기발기, 발깃발깃, 벌깃벌깃, 발깍발깍, 벌꺽
벌꺽, 발끈발끈, 벌끈벌끈, 발딱발딱, 벌떡벌떡, 발랑발랑, 벌렁벌렁,
발록발록, 발룩발룩, 벌룩벌룩, 발롱발롱, 발룽발룽, 벌룽벌룽, 발름
발름, 벌름벌름, 발맘발맘, 발밤발밤, 발씬발씬, 벌씬벌씬, 벌씸벌씸,
발짝발짝, 벌쩍벌쩍, 불쩍불쩍, 발쪽발쪽, 벌쭉벌쭉, 발칵발칵, 벌컥
벌컥, 불컥불컥,

볼각볼각, 불걱불걱, 볼강볼강, 불겅불겅, 볼근볼근, 불근불근, 볼긋
볼긋, 불긋불긋, 볼끈볼끈, 불끈불끈, 볼똑볼똑, 불뚝불뚝, 볼똥볼똥,
불똥불똥, 볼록볼록, 불룩불룩, 볼쏙볼쏙, 불쑥불쑥, 불컥불컥, 볼톡
볼톡, 불툭불툭, 볼통볼통, 불퉁불퉁,

빨긋빨긋, 뻘긋뻘긋, 빨깍빨깍, 뻘꺽뻘꺽, 빨끈빨끈, 뻘끈뻘끈, 빨딱
빨딱, 뻘떡뻘떡, 빨랑빨랑, 뻘렁뻘렁, 빨리빨리, 빨짝빨짝, 뻘쩍뻘쩍,
뿔쩍뿔쩍, 빨쪽빨쪽, 뻘쭉뻘쭉, 뿔끈뿔끈, 뿔끈뿔끈, 뽈똑뽈똑, 뿔뚝
뿔뚝, 뽈록뽈록, 뿔룩뿔룩,

살강살강, 설겅설겅, 살근살근, 슬근슬근, 살금살금, 슬금슬금, 살긋
살긋, 살랑살랑, 설렁설렁, 살래살래, 설래설래, 살망살망, 설멍설멍,
살밋살밋, 슬몃슬몃, 살짝살짝, 슬쩍슬쩍, 살캉살캉, 설컹설컹, 살핏
살핏, 설핏설핏, 샐긋샐긋, 실긋실긋, 샐룩샐룩, 실룩실룩, 샐쭉샐쭉,
실쭉실쭉, 솔랑솔랑, 술렁술렁, 솔래솔래, 슬렁슬렁, 실떡실떡,

쌀강쌀강, 썰겅썰겅, 쌀긋쌀긋, 썰긋썰긋, 쌀랑쌀랑, 썰렁썰렁, 쌀래
쌀래, 썰래썰래, 쌀캉쌀캉, 썰컹썰컹, 쌜긋쌜긋, 씰긋씰긋, 쌜룩쌜룩,
씰룩씰룩, 쌜쭉쌜쭉, 씰쭉씰쭉,

알근알근, 얼근얼근, 알금알금, 얼금얼금, 알락알락, 얼럭얼럭, 알랑

알랑, 얼렁얼렁, 알록알록, 얼룩얼룩, 알롱알롱, 얼룽얼룽, 알른알른,
얼른얼른, 알쏭알쏭, 얼쏭얼쏭, 알씬알씬, 얼씬얼씬, 알짱알짱, 얼쩡
얼쩡, 알쫑알쫑, 얼쭝얼쭝, 알찐알찐, 얼찐얼찐,
얄긋얄긋, 일긋일긋, 얄깃얄깃, 얄랑얄랑, 열렁열렁, 일렁일렁, 얄쭉
얄쭉, 일쭉일쭉, 얄찍얄찍, 얄팍얄팍, 얼멍얼멍, 얼밋얼밋, 얼쯤얼쯤,
올각올각, 울걱울걱, 올강올강, 울겅울겅, 올공올공, 올근올근, 울근
울근, 올깍올깍, 울꺽울꺽, 올딱올딱, 올똑올똑, 울뚝울뚝, 올랑올랑,
울렁울렁, 올막올막, 울먹울먹, 올칵올칵, 울컥울컥, 왈각왈각, 월걱
월걱, 왈강왈강, 월겅월겅, 왈딱왈딱, 월떡월떡, 왈칵왈칵, 월컥월컥,
왈캉왈캉, 월컹월컹, 욜랑욜랑, 을근을근,
잘각잘각, 절격절격, 잘강잘강, 절겅절겅, 질겅질겅, 잘근잘근, 질근
질근, 잘금잘금, 질금질금, 잘기잘기, 잘깃잘깃, 질깃질깃,
잘깍잘깍, 절꺽절꺽, 잘깡잘깡, 절껑절껑, 잘끈잘끈, 질끈질끈, 잘똑
잘똑, 절뚝절뚝, 질뚝질뚝, 잘랑잘랑, 절렁절렁, 잘래잘래, 절레절레,
잘록잘록, 절룩절룩, 질룩질룩, 잘름잘름, 절름절름, 질름질름,
잘박잘박, 절벅절벅, 질벅질벅, 잘방잘방, 절벙절벙, 잘싹잘싹, 절썩
절썩, 잘쏙잘쏙, 절쑥절쑥, 질쑥질쑥, 잘착잘착, 질척질척, 잘칵잘칵,
절컥절컥, 질컥질컥, 잘캉잘캉, 절컹절컹, 잘팍잘팍, 절퍽절퍽, 질퍽
질퍽, 졸금졸금, 줄금줄금, 줄기줄기, 졸깃졸깃, 줄깃줄깃, 졸딱졸딱,
졸랑졸랑, 줄렁줄렁, 졸래졸래, 줄레줄레, 졸막졸막, 줄먹줄먹, 졸망
졸망, 줄멍줄멍,
짤각짤각, 쩔격쩔격, 짤강짤강, 쩔겅쩔겅, 짤깃짤깃, 찔깃찔깃, 짤깍
짤깍, 쩔꺽쩔꺽, 찔꺽찔꺽, 짤깡짤깡, 쩔껑쩔껑, 짤끔짤끔, 쫄끔쫄끔,

찔끔찔끔, 짤뚝짤뚝, 쩔뚝쩔뚝, 찔뚝찔뚝, 짤랑짤랑, 쩔렁쩔렁, 짤래
짤래, 쩔레쩔레, 짤록짤록, 쩔룩쩔룩, 찔룩찔룩, 짤름짤름, 쩔름쩔름,
찔름찔름, 짤막짤막, 짤쏙짤쏙, 찔쑥찔쑥, 짤칵짤칵, 쩔컥쩔컥, 짤캉
짤캉, 쩔컹쩔컹, 쫄깃쫄깃, 쭐깃쭐깃, 쫄딱쫄딱, 쫄랑쫄랑, 쭐렁쭐렁,
쫄래쫄래, 쭐레쭐레, 쭐룩쭐룩, 쫄망쫄망, 쭐멍쭐멍,
찰각찰각, 철걱철걱, 찰강찰강, 철겅철겅, 찰깍찰깍, 철꺽철꺽, 찰깡
찰깡, 철껑철껑, 찰딱찰딱, 철떡철떡, 칠떡칠떡, 찰락찰락, 철럭철럭,
찰람찰람, 철럼철럼, 칠럼칠럼, 찰랑찰랑, 철렁철렁, 칠렁칠렁, 찰박
찰박, 철벅철벅, 찰방찰방, 철벙철벙, 찰싹찰싹, 철썩철썩, 찰칵찰칵,
철컥철컥, 찰캉찰캉, 철컹철컹, 찰팍찰팍, 철퍽철퍽, 촐랑촐랑, 출렁
출렁, 촐싹촐싹, 출썩출썩,
칼락칼락, 컬럭컬럭, 콜랑콜랑, 쿨렁쿨렁, 쿨럭쿨럭, 콜록콜록, 쿨룩
쿨룩,
탈각탈각, 털걱털걱, 탈강탈강, 털겅털겅, 탈락탈락, 털럭털럭, 탈랑탈
랑, 털렁털렁, 탈래탈래, 털레털레, 탈박탈박, 털벅털벅, 탈방탈방, 털벙
털벙, 탈싹탈싹, 털썩털썩, 탈칵탈칵, 털컥털컥, 탈캉탈캉, 털컹털컹,
팔딱팔딱, 펄떡펄떡, 팔락팔락, 펄럭펄럭, 팔랑팔랑, 펄렁펄렁, 팔싹
팔싹, 펄썩펄썩, 팔짝팔짝, 펄쩍펄쩍, 폴딱폴딱, 풀떡풀떡, 폴락폴락,
풀럭풀럭, 폴랑폴랑, 풀렁풀렁, 폴싹폴싹, 풀썩풀썩, 풀쑥풀쑥, 폴짝
폴짝, 풀쩍풀쩍,
할근할근, 헐근헐근, 흘근흘근, 할금할금, 흘금흘금, 할긋할긋, 흘긋
흘긋, 할깃할깃, 흘깃흘깃, 할끔할끔, 흘끔흘끔, 할끗할끗, 흘끗흘끗,
할낏할낏, 흘낏흘낏, 할딱할딱, 헐떡헐떡, 할랑할랑, 헐렁헐렁, 할짝

할짝, 할쭉할쭉, 헐쭉헐쭉,

핼금핼금, 힐금힐금, 핼긋핼긋, 힐긋힐긋, 핼끔핼끔, 힐끔힐끔, 핼끗핼끗, 힐끗힐끗, 홀깍홀깍, 훌꺽훌꺽, 홀따홀따, 훌떠훌떠, 홀랑홀랑, 훌렁훌렁, 홀짝홀짝, 훌쩍훌쩍, 홀쪽홀쪽, 홀쭉홀쭉, 훌쭉훌쭉, 흘림흘림, 흘쩍흘쩍.

## ③ 다음과 같은 것들도 있다.

실긋샐긋, 실룩샐룩, 실쭉샐쭉, 씰긋쌜긋, 씰룩쌜룩, 씰쭉쌜쭉, 알근달근, 얼근덜근, 알기살기, 얼기설기, 알락달락, 얼럭덜럭, 알록달록, 얼룩덜룩, 알롱달롱, 얼룽덜룽, 알쏭달쏭, 얼쑹덜쑹, 얼멍덜멍, 올강볼강, 울겅불겅, 올공볼공, 올근볼근, 울근불근, 올긋볼긋, 울긋불긋, 올똑볼똑, 울뚝불뚝, 올랑촐랑, 울렁출렁, 올록볼록, 울룩불룩, 올망졸망, 울멍줄멍, 올목졸목, 울묵줄묵, 올몽졸몽, 울뭉줄뭉, 올쏙볼쏙, 울쑥불쑥, 울씬갈씬, 올톡볼톡, 울툭불툭, 올통볼통, 울퉁불퉁, 왈각달각, 월걱덜걱, 왈강달강, 월겅덜겅, 왈랑절렁, 왈랑철렁, 왈칵달칵, 월컥덜컥, 왈캉달캉, 월컹덜컹, 일긋얄긋, 일렁얄랑, 일쭉얄쭉, 할깃흘깃, 흘깃할깃, 헐근할근, 헐금씨금,

가들막가들막, 거들먹거들먹, 그들먹그들먹, 갈그랑갈그랑, 글그렁글그렁, 고불탕고불탕, 구불텅구불텅, 깔그랑짤그랑, 꼴찌락꼴찌락, 꼴찌락꿀찌럭,꿀찌럭꿀찌럭,

달가닥달가닥, 덜거덕덜거덕, 달가당달가당, 덜거덩덜거덩, 달그락달그락, 덜그럭덜그럭, 달그랑달그랑, 덜그렁덜그렁, 달까닥달까닥, 덜꺼덕덜꺼덕, 달까당달까당, 덜꺼덩덜꺼덩, 달라당달라당, 덜러덩

덜러덩, 달카닥달카닥, 덜커덕덜커덕, 달카당달카당, 덜커덩덜커덩,
들까불들까불,

딸가닥딸가닥, 떨거덕떨거덕, 딸가당딸가당, 떨거덩떨거덩, 딸그락
딸그락, 떨그럭떨그럭, 딸그랑딸그랑, 떨그렁떨그렁, 딸까닥딸까닥,
떨꺼덕떨꺼덕, 딸까당딸까당, 떨꺼덩떨꺼덩, 딸까닥딸까닥, 떨꺼덕
떨꺼덕, 딸카당딸카당, 떨커덩떨커덩, 몰카닥몰카닥, 물커덕물커덕,
몰카당몰카당, 물커덩물커덩,

발라당발라당, 벌러덩벌러덩, 발카닥발카닥, 벌커덕벌커덕,

실기죽샐기죽, 실기죽실기죽,

쏠라닥쏠라닥,

알라꿍달라꿍, 얼러꿍덜러꿍, 알로록달로록, 얼루룩덜루룩, 알로록
알로록, 얼루룩얼루룩, 알로롱달로롱, 얼루룽덜루룽, 알로롱알로롱,
얼루룽얼루룽, 얄기죽얄기죽, 일기죽일기죽, 어슬렁어슬렁, 우물쩍
우물쩍, 우물쩍주물쩍,

왈가닥달가닥, 월거덕덜거덕, 왈가닥왈가닥, 월거덕월거덕, 왈가당
달가당, 월거덩덜거덩, 왈가당왈가당, 월거덩월거덩, 왈카닥달카닥,
월커덕덜커덕, 왈카닥왈카닥, 월커덕월커덕, 왈카당달카당, 월커덩
덜커덩, 왈카당왈카당, 월커덩월커덩,

잘가닥잘가닥, 절거덕절거덕, 잘가당잘가당, 절거덩절거덩, 잘그락
잘그락, 절그럭절그럭, 잘그랑잘그랑, 절그렁절그렁, 잘바닥잘바닥,
절버덕절버덕, 질버덕질버덕, 잘바당잘바당, 절버렁절버렁, 잘싸닥
잘싸닥, 절써덕절써덕, 잘카닥잘카닥, 절커덕절커덕, 질커덕질커덕,
잘카당잘카당, 절커덩절커덩, 잘파닥잘파닥, 절퍼덕절퍼덕, 질퍼덕

질퍼덕,

짤가닥짤가닥, 쩔거덕쩔거덕, 짤가당짤가당, 쩔거덩쩔거덩, 짤그락짤그락, 쩔그럭쩔그럭, 짤그랑짤그랑, 쩔그렁쩔그렁, 짤까닥짤까닥, 쩔꺼덕쩔꺼덕, 짤까당짤까당, 쩔꺼덩쩔꺼덩, 짤카닥짤카닥, 쩔커덕쩔커덕, 짤카당짤카당, 쩔커덩쩔커덩, 찌들름찌들름,

찰가닥찰가닥, 철거덕철거덕, 찰가당찰가당, 철거덩철거덩, 찰그랑찰그랑, 철그렁철그렁, 찰까닥찰까닥, 철꺼덕철꺼덕, 찰까당찰까당, 철꺼덩철꺼덩, 찰바닥찰바닥, 철버덕철버덕, 찰바당찰바당, 철버덩철버덩, 찰싸닥찰싸닥, 철써덕철써덕, 찰카닥찰카닥, 철커덕철커덕, 찰카당찰카당, 철커덩철커덩, 찰파닥찰파닥, 철퍼덕철퍼덕,

탈가닥탈가닥, 털거덕털거덕, 탈가당탈가당, 털거덩털거덩, 탈바닥탈바닥, 털버덕털버덕, 탈바당탈바당, 털버덩털버덩, 탈싸닥탈싸닥, 털써덕털써덕, 탈카닥칼카닥, 털커덕털커덕, 탈카당탈카당, 털커덩털커덩, 탈파닥탈파닥, 털퍼덕털퍼덕, 팔라닥팔라닥, 펄러덕펄러덕, 팔라당팔라당, 펄러덩펄러덩,

할기족할기족, 흘기죽흘기죽, 해발쪽해발쪽, 헤벌쭉헤벌쭉, 헐씨근헐씨근, 홀까닥홀까닥, 훌꺼덕훌꺼덕, 홀라당홀라당, 훌러덩훌러덩, 새근발딱새근발딱, 시근벌떡시근벌떡, 할기족족, 흘기죽죽, 할래발딱할래발딱, 헐레벌떡헐레벌떡

들이 있다.


### ④ 그 밖의 것들

갈팡질팡, 걸핏, 골고루, 날면들면, 늘상, 들락날락, 들랑날랑, 들쑥날쑥,

들입다, 들쭉날쭉, 말끄러미, 물끄러미, 말짱, 멀리, 멀찌감치, 발그레, 벌그레, 벌써, 빨리, 살그머니, 슬그머니, 살근살짝, 살며시, 슬며시, 살짝, 슬쩍, 살포시, 새콤달콤, 시쿰덜쿰, 샐기죽죽, 설마, 술덤벙물덤벙, 슬근슬쩍, 알금삼삼, 얼금숨숨, 알맞추, 알콩달콩, 알탕글탕, 애면글면, 어벌쩡, 얼렁뚱땅, 얼른, 얼락배락, 얼마나, 얼멍덜멍, 얼싸둥둥, 얼싸절싸, 얼추, 왁자지껄, 울고불고, 울레줄레, 은근슬쩍, 일껏, 일찌감치, 일찍, 쫄딱, 화들짝, 활딱, 훨떡, 활싹, 훨썩, 활씬, 훨씬, 활짝, 훨쩍, 흘근번쩍
들도 있다.

※ '-이, -히' 따위가 붙어서 '꾸미는 말'이 되는 것은 다 아는 것들이니까, 여기에 넣지 아니하였다. (보기: 살짝이, 솔곳이, 일찍이, 말끔히, 멀쩡히.)

## 줄기와 뿌리 (2)

'리을속낱말'로 된 줄기와 뿌리도 있다.

### ① 풀이말 줄기

가냘프다, 갈기다, 갈서다, 걸맞다, 걸머지다, 걸먹다, 걸싸다, 걸치다, 고달프다, 글뛰다(그리워하는 마음이 뒤끓다), 공글리다, 구슬프다, 궁글리다, 길차다,

깔기다, 깔끄럽다, 깝살리다, 껄끄럽다, 깔보다, 꼴리다, 꿀리다,

날뛰다, 날래다, 날쌔다, 날치다, 날카롭다, 널따랗다, 널브러지다, 놀

라다, 놀랍다, 늘채다(능란하고 재빠르다),

달갑다, 달구다, 달뜨다, 들뜨다, 달래다, 달리다, 달치다(몹시 안타
  깝고 들뜨다), 돌리다, 두들기다, 둘리다, 들레다, 들르다, 들키다,

딸리다, 떨치다,

말개지다, 멀게지다,

말리다, 몰리다(모여들다, 어려움을 당하다), 물크러지다, 밀리다(할 일
  이 쌓이다, 뒤처지다),

발가벗다, 벌거벗다, 발기다, 발리다, 벌리다, 벌이다, 불리다(쇠를 달
  구다, 몸과 마음을 굳세게 하다), 빌리다,

빨가벗다, 뻘거벗다, 빨개지다, 뻘게지다,

살갑다, 살피다, 서글프다, 설레다, 설치다, 설피다, 솔찮다, 슬겁다,
  슬프다, 실그러지다,

쏠리다, 씰그러지다,

안슬프다, 알기다, 알맞다, 알제기다, 얄궂다, 얄따랗다, 열따랗다, 얄
  따래지다, 얄밉다, 어설프다, 열뜨다, 얼맞다, 얼버무리다, 얼크러
  지다, 열뜨다, 열째다, 올차다(야무지고 기운차다), 일구다, 일그러
  지다, 일떠서다,

즐겁다, 줄기차다, 질기다,

찌물쿠다,

틀리다,

펼치다,

할갑다, 헐겁다, 할기다, 흘기다, 할퀴다, 헐뜯다, 헐벗다, 홀리다, 홀
  치다. 훌치다.

② '하다' 풀이말 뿌리

갈망하다, 걸쩍지근하다, 걸쭉하다, 골막하다, 굴먹하다, 골싹하다,
　굴썩하다, 길쭉스름하다, 길쯔막하다,

깔끔하다, 깔밋하다, 끌밋하다, 껄렁하다, 껄쭉하다, 꿀찍하다,

날쌍하다, 늘썽하다, 날짝지근하다, 늘쩍지근하다, 늘비하다, 늘펀
　하다,

달곰삼삼하다, 달곰새금하다, 달곰하다, 달람하다, 덜럼하다, 달짝지
　근하다, 들쩍지근하다, 달착지근하다, 들척지근하다, 달콤새콤하
　다, 달콤하다, 들큼하다, 들렁들렁하다, 들썽하다,

떠들썩하다, 떨떠름하다,

말끔하다, 멀끔하다, 말짱하다, 멀쩡하다, 물그스레하다, 물그스름하
　다, 물쩍지근하다,

발가우리하다, 발그·볼그/대대·댕댕·레·무레·속속·스레·
　스름·족족/하다, 발칙하다, 벌그·불그/데데·뎅뎅·레·무
　레·숙숙·스레·스름·죽죽/하다, 부들눅진하다,

빨그/대대·댕댕·레·스레·스름·족족/하다, 발긋하다, 뻘그/데
　데·뎅뎅·레·스레·스름·죽죽/하다, 뻘쭉하다, 뽈그/레·스
　레·스름·족족/하다, 뿔그/레·스레·스름·죽죽/하다,

살망하다, 설멍하다, 설변설변하다, 설뚝미룩하다, 솔곳하다, 실미적
　지근하다, 실팍하다,

알싸하다, 알짝지근하다, 얼쩍지근하다, 알큰하다, 얼큰하다, 얄팍하
　다, 얼씬하다, 올곡하다.

작달막하다, 잘겁하다, 질겁하다, 줄느런하다.

### ③ 그 밖의 풀이말 뿌리

걸쌈스럽다, 걸쌍스럽다, 끌끔스럽다, 불퉁스럽다, 불퉁스럽다, 살똥
　　스럽다, 살천스럽다, 실쌈스럽다, 앙달머리스럽다, 얄망스럽다, 을
　　씨년스럽다,

가풀막지다(원말:가팔막지다), 결판지다, 덜퍽지다, 들피지다, 일매
　　지다, 잘크라지다,

깔축없다, 물색없다, 헐수할수없다,

얼러방치다,

돌라방치다,

갈마들다,

얼겹들다,

걸머쥐다,

걸씬들리다,

걸터앉다,

골탕먹다,

얼바람맞다,

열퉁적다,

호들갑떨다,

얼토당토아니하다.

# 마무리

# 리을끝음절 모음

‘리을끝음절’이란, ‘갈, 날, 달’ 들처럼 ‘ㄹ’로 끝나는 음절을 말한다.

우리말에서 이름말의 끝음절로 쓰이는 ‘리을끝음절’은 모두 74개 인데, 다음과 같다.

우리말이란, 현대 표준말이다. 그러므로 충북에서 ‘등걸’을 ‘등클’ 이라고 하는 것 따위는 필요한 것이 아니면 싣지 아니한 것도 있다.

갈, 걀, 걸, 결, 골, 괄, 굴, 글, 길,

깔, 꼴, 꿀, 끌,

날, 널, 놀, 늘,

달, 덜, 돌, 둘, 들,

딸, 뜰,

랄,

말, 멀, 멸, 물, 밀,

발, 밸, 벌, 별, 볼, 불,

뻘, 뿔,

살, 설, 솔, 술, 슬, 실,

쌀, 쏠, 쓸,

알, 얄, 얼, 열, 올, 울, 을, 일,

잘, 절, 줄, 질,

찰, 철, 출, 칠,

칼, 콜,

탈, 틸, 톨, 틀,

팔, 펄, 풀,

활, 흘.

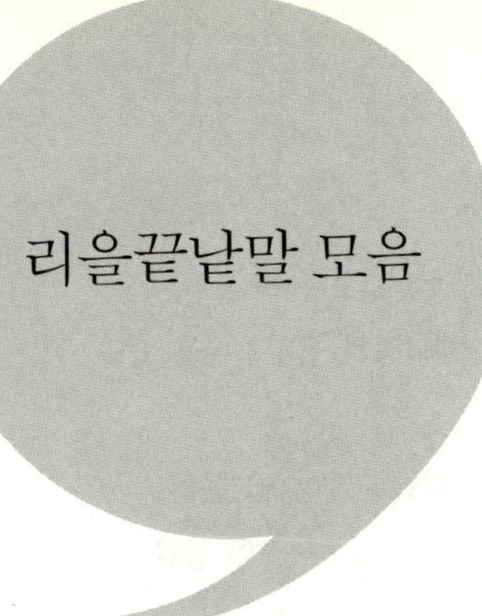


74개의 리을끝음절이 어떻게 쓰이는지, 그 리을끝낱말을 들어 본다. 리을끝음절도 홑낱말로 쓰이는 것은 리을끝음절말로 리을끝낱말과 함께 다룬다.

꾸밈말이나 풀이말, 또는 사물의 이름을 나타내는 이름말이라도 리을끝음절이 낱말의 끝이 아닌 경우는 따로 보인다.

※ 1980년대 이후에도 더러 찾아 모은 것도 있지마는, 주로 1940년대 후반에서 1970년대까지 모아 본 것이므로 현재 말살이와는 맞지 않거나 사전에 없는 것도 있다.

**갈:** 갈(① 갈바람=하니바람, ② 알 낳을 때의 피라미, ③ 기둥사개 가름장 따위 갈라진 것, ④ 소리갈 · 씨갈 · 한글갈),

사갈(아이젠),

자갈, 재갈. …… [갈끝낱말이 10개쯤]

**걀:** 달걀.

**걸:** 걸(윷가락 세 끗), 게걸(먹보의 욕심),

날걸(윷판 끝에서 세째 자리),

뒷걸(윷판 첫밭에서 여덟째 밭), 등걸(나무등걸 … 8),

언걸(① 남 때문에 받는 해, ② 큰 고생), 잉걸(불잉걸=불 숯덩이),

찌걸(윷판 첫밭에서 열새째 밭). …… [걸끝낱말이 20개쯤]

**결:** 결(① 나뭇결·돌결·머릿결·물결·소릿결……, ② 성결, ③ 때·사이·짬: 어느결, 꿈결, 잠결……),

도린결(외진 곳),

살결,

얼결(얼떨결), 엉겁결, 일결(큰 손님 겪이),

팔팔결(팔결=엄청나게 다름),

한결. …… [결끝낱말 30개쯤]

**골:** 골(① 화, ② 틀: 망건골, 신골……, ③ 골짜기: 산골1, ④ 얕게 팬 금: 가슴골, 기왓골……, ⑤ 고랑, ⑥ 고을: 악박골 =서울 현저동 일대, ⑦ 뼛골[골 빠지다], ⑧ 머릿골),

갑잡골(가보잡기 골패),

꼽잡골(앞부리가 높은 가죽신),

날개골(풀),

단골, 당골,

매골·몰골(볼품 없는 모습), 모기골·바늘골(사초과 풀), 문골 (달립문골 … 5),

벙거지골(전골 지지는 그릇),

산골2(접골약), 성냥골(올방개 아재비), 시골,

온골(종이·피륙 온 폭), 왕골, 왜골(허우대 크고 거친 사람),

　　　이골, 전골(고기전골 … 5). …… [60개 남짓]
**괄:** 냉괄(내),
　　　비대발괄(어굴할 때 간절히 빎).
**굴:** 굴(① 석화: 강굴, 생굴……, ② 땅굴……),
　　　가지굴(곰칫과 바닷물고기),
　　　덩굴(칡덩굴 … 25),
　　　미네굴(조개),
　　　얼굴. …… [30개 남짓]
**글:** 글(소리글 … 13),
　　　양글(① 소가 논밭 가는 일과 짐 싣는 일, ② 두 그루 짓기). ……
　　　　　[15개 남짓]
**길:** 길(① 고갯길 · 눈길1=눈이 덮인 길, 바닷길 … 60, ② 윤기, ③
　　　　　물건 등급, ④ 웃옷 섶과 무 사이 긴 폭, ⑤ 길이 단위),
　　　구실길(구실할 방법), 꿈길(꿈의 과정),
　　　눈길²(① 눈이 가는 곳, ② 주의 · 관심),
　　　말길(말하는 방법),
　　　바른길(옳은 길),
　　　발길(① 걸어가는 발, ② 왕래),
　　　벼슬길(벼슬할 기회),
　　　소맷길, 손길(① 내민 손, ② 돌보는 일, ③ 손 움직임),
　　　옆길(하는 일 밖의 딴 일), 오줌길(요도), 입길(입 놀림),
　　　장삿길(장사하는 판), 잿길. …… [70개 남짓]
**깔:** 고깔, 괴깔(보풀보풀 일어난 실오리),

눈깔(눈알),

대깔(대 부스러기), 뚜깔(마타리),

맛깔,

빛깔,

색깔, 성깔,

영깔(집안에 밝은 기운이 가득 차 으리으리한 느낌이 드는 상태),

젓깔(젓으로 담근 음식),

태깔.…… [10개 남짓]

꼴: 꼴(① 모양, 닮은꼴 … 15, ② 형편·처지, ③ 먹이 풀, 말꼴),

개꼴·별꼴(꼬락서니), 괴꼴(낟알 섞인 짚북데기),

눈꼴(눈 모양),

몸꼴(몸맵시), 밑꼴(원형),

주제꼴(몰골).…… [25개쯤]

꿀: 꿀(개꿀, 멍덕꿀, 벌꿀),

멀꿀(늘푸른 덩굴나무),

제비꿀·긴제비꿀(단향과 풀).

끌: 끌(가심끌, 굴림끌, '배'둥근끌 … 2, 때림끌, 박이끌 … 2, 세모
　　끌, 애끌, 푼끌, 홈끌, 흙손끌),

티끌,

헛끌(맞구멍 끌밥 밀어 내는 연장).…… [15개쯤]

날: 날(① 하루 날, 돌날 … 90, ② 연장 날, 칼날 … 8, ③ 날실),

놋날(노끈),

등날(등마루 날카로운 줄),

바깥날(방 밖 날씨),

신날,

챗날(기름챗날: 기름떡을 덮어 눌러 짜는 널판),

콧날(콧마루). …… [100개 남짓]

**널:** 널(① 널빤지, 등널 … 7, ② 관이나 곽),

너널(덧버선),

펴널(상투 틀 때 맨 아래 돌림). …… [10개 남짓]

**놀:** 놀(① 노을, 아침놀 … 3, ② 벼 뿌리 벌레),

낫놀(슴베가 안 빠지도록 낫자루 놀구멍 박는 쇠못).

**늘:** 늘(언제나),

그늘, 꽃그늘, 솔개그늘(아주 작게 지는 그늘),

마늘(통마늘 … 6), 미늘(2),

바늘(돗바늘 … 18), 비늘(돌비늘: 운석 … 9),

오늘, 우늘(상모 꼭대기 돌대),

하늘. …… [40개쯤]

**달:** 달(① 지구 위성, 반달 … 6, ② 열두 달, 지난 달 … 11, ③ 연달,

머릿달 … 4, ④ 심마니의 '불, 씨', ⑤ 볏과 풀),

가달(몹시 사나운 사람), 고달(① 자루에 박힌 칼 · 송곳 따

위 몸뚱이, ② 대롱 부리, ③ 거만 부림),

나달(① 네댓새, ② 세월), 난달(① 사통오달 길, ② 나들이고누

말밭),

닭달, 몸닭달, 집안닭달,

막달(해산달), 만달(덩굴 그림),

바오달(군막 · 군영), 박달(박달나무, 나도박달 ⋯ 3),

산달, 선달(① 살판 · 살목 위 나무, ② 급제하고 노는 사람), 속달

  (속달뱅이: 작은 규모),

안달, 안달복달, 양달, 응달,

포달(암상 나서 대드는 일). ⋯⋯ [50개쯤]

**덜:** 거덜,

너덜(너덜경: 돌 많은 비탈), 넌덜(넌더리),

더덜(더하고 덜기),

서덜(① 돌 많은 냇가, ② 생선의 가시 · 대가리 · 껍질 따위).

**돌:** 돌(① 생일, ② 암석, 갓돌 ⋯ 100개쯤, ③ 도랑),

귓돌(속귀에 있는 석회질 물질),

노돌(노들),

사돌, 서돌(집 짓는 데 중요한 서까래, 도리, 보, 기둥 따위), 이무

  깃돌(성문 난간 홈), 잇돌(치석),

첫돌. ⋯⋯ [110개 남짓]

**둘:** 둘(하나+하나),

단둘(단 두 사람),

사둘(벌레그물 비슷한 물고기그물),

한둘(하나나 둘).

**들:** 들(① 평야, ② 따위),

구들(방구들 ⋯ 7), 구렛들(기름진 들),

난들(마을에서 먼 들), 노들(서울 노량),

뒷들,

버들(고리버들, 능수버들, 키버들 … 40), 부들(3),

아들(맏아들 … 17). …… [70개쯤]

**딸:** 딸(아들 딸 … 15),

움딸(죽은 딸 남편의 새 아내). …… [16개쯤]

**뜰:** 뜰(① 마당, 뒤뜰 … 5, ② 거문고 줄을 안쪽으로 떠 내기),

대뜰(댓돌과 벽 사이),

오래뜰(대문, 중문 안 뜰).

**랄:** 물수랄(물수란),

재랄, 지랄, 돈지랄.

**를:** 겨를.

**말:** 말(① 언어, 낱말 … 78, ② 열 되, ③ 마필, 조랑말 … 23, ④ 물 속

풀, 바닷말 … 7, ⑤ 고누·윷판 말),

대말(죽마),

모말(네모난 되말),

싸리말(배송굿 때 쓰는 싸리로 엮어 만든 말),

저승말(저승사자 말), 정강말(안 타고 제 발로 걸음의 비유).

…… [12개쯤]

**멀:** 거멀(거멀장: 사개 맞춘 모서리에 걸쳐 대는 쇳조각).

**멸:** 멸(약모밀: 삼백초과 풀),

'멸치'의 준말로

'꽃동멸, 날개멸, 눈통멸, 밀멸, 보리멸, 청보리멸, 샛멸, 샛줄멸'

들이 있다.

**물:** 물(① 액즙, 꿀물 … 85, ② 빛깔, 잿물 … 8, ③ 물고기 따위 싱싱

한 정도, ④ 옷 한 번 빨 동안, ⑤ 산물이 한목씩 나올 차례),

가물(봄가물 … 5), 건물(괜히 나오는 정액), 고물(① 떡고물 …

6, ② 배의 뒷부분), 그물(고깃그물 … 30),

꽃물(① 전국, ② 꽃물감, ③ 고비), 끝물(막물: 마지막 나는 산물),

나물(콩나물 … 120 남짓), 눈물(피눈물 … 3),

뜨물(쌀뜨물 … 3),

만물(마지막 논 김매기), 맏물(그 해에 맨 먼저 거둔 먹을거리),

묵물(묵을 쑨 메밀 따위 앙금의 웃물),

박우물(바가지로 뜰 수 있는 얕은 우물), 반물(검은 남빛), 밤잔

물(밤을 지낸 자리끼), 방물(여자들 세간), 비눗물,

쇠지랑물(외양간 뒤에 괸 물), 순물(순두부 누를 때 나오는 물),

스물, 신물,

쓸갯물(담즙),

암물(뽀얀 샘물), 애물(① 성가신 물건, ② 부모 먼저 죽은 아이),

여물(삼여물 … 4), 우물(큰우물 … 8), 이물(뱃머리),

제고물(반자 없이 서까래에 흙 발라 만든 천장), 제물(순수한 물

건), 진딧물,

첫물(새옷 처음 빨 동안), 추깃물, 칠석물(칠석날에 오는 비),

허물(흉허물 … 3). ……[320개쯤]

**밀:** 밀(① 볏과 곡식: 참밀, ② 벌똥),

개밀(볏과 풀),

막지밀(질 낮은 밀), 메밀(2).

**발:** 발(①다리 끝 부분, 손발 … 28, ② 기세, 끗발 … 12, ③ 대발 …

7, ④ 길이의 단위),

갈개발(① 종이연 아랫귀에 붙이는 종잇조각, ② 권세가에 붙어 세도부림), 갈퀴발, 기러기발(안족), 길발, 김발, 깃발,

노루발(새끼노루발 … 8), 노발대발,

다발(꽃다발 … 3), 당나발(보통 나발보다 큰 나발), 동발(주먹 동발 … 3),

마당발(① 넓적발, ② 폭 넓은 사람), 못발(못자리 고르개),

산발(산줄기), 상발(상모 끝),

야발(야살스러운 태도), 오리발(① 물갈퀴, ② 딴전),

적발(적바림), 지네발(깃발 따위에 붙이는 지네 모양 헝겊), 진 두발(동가사릿과 해초), 집게발(게발),

짜개신발(일본사람을 낮잡아 이르는 말),

통발(개통발 … 4),

허발(궁하여 함부로 먹거나 덤빔). …… [80개쯤]

**밸:** 밸('배알'의 준말).

**벌:** 벌(① 곤충, 꿀벌 … 80, ② 옷벌 … 7, ③ 평야, 갯벌 … 4, ④ 일의 번수, 애벌 … 3),

가락짓벌(상투를 틀 때 감아 넘기는 큰 고), 고치벌(노랑고치 벌… 4),

노루벌(노루가죽을 뚫고 나오는 날벌레),

맵시벌(알락맵시벌 … 21), 자귀벌(도끼벌: 자귀로 대강 다듬은 목재),

속벌(속에 입을 옷가지),

애벌 · 초벌(같은 일을 거듭할 때 첫 번째 차례).
…… [120개 남짓]

**별:** 별(성신, 샛별 … 11),

늑대별(시리우스),

닻별(카시오페이아 자리),

물별(물별과 한해살이풀). …… [15개쯤]

**볼:** 볼(① 뺨의 복판, 조개볼 … 2, ② 좁고 기름한 물건의 너비, ③ 버
선 바닥에 대는 헝겊 조각, 앞볼 … 4, ④ 신볼 : 신의 양 옆면
사이).

**불:** 불(① 타는 불, 산불 … 37, ② 불알, ③ 결채나 옹구에서 물건을
싣게 된 부분),

개불(안줏감), 걸쨋불(결채에 달려 물건 넣는 옹구), 검불(티검
불 … 3), 고콜불, 괴불(괴불주머니: 어린이 노리개), 귓불,

끄나불,

담불(① 짐승 열 살, ② 곡식 덤불, ③ 돌담불), 덤불, 도깨비불, 된
불(급소를 맞히는 총알, 극심한 타격), 등불 (3),

땅까불(암탉이 땅바닥에 비비적거림),

반딧불, 반불, 번갯불, 벼락불,

삼불, 쇠죽불,

염불(비어져 나온 아기집), 이불(겹이불 … 7),

쥐불(둑에 놓는 불),

쳇불(체에 메운 그물), 초롱불,

호롱불, 횃불, 후림불(① 휩쓸리는 서슬, ② 걸려드는 일). ……

[80개 남짓]

**뻘:** 뻘(① 개흙, ② 가족 사이 관계).

**뿔:** 뿔(짐승 머리에 솟은 뾰족한 물질, 쇠뿔 … 6),

각뿔 · 모뿔(네모뿔 … 3), 고뿔,

생강뿔(생강 뿌리에 뾰족뾰족 돋은 것).

**살:** 살(① 먹는 살: 가로무니살=횡문근, 가리맛살=가리맛조개 살,

게살=게의 살, 과일살, 군살, 궂은살=군더더기살, 긴살=볼기

긴살[쇠고기],

달기살[쇠고기], 등살,

맛살=맛조개, 밑살=국거리,

볼깃살, 방아살[쇠고기], 뱃살, 본살, 비곗살,

뺨살, 뼈대살=골격근, 뻘기살[쇠고기],

새살, 속살＝㉠ 살갗 안쪽 살 ㉡ 속으로 실속 있게 찬 살 ㉢ 소

의 입안 고기,

안심살,

제복살[쇠고기], 조갯살, 쥐살[쇠고기],

참살, 초맛살 · 토시살[쇠고기],

허벅살, 혹살[쇠고기], 흰살=돼지 비계, 힘살＝㉠ 근육, ㉡ 갈

빗대힘살[늑간근].

　　※ '살' 은 '살'이로되, 먹지 못하는

'굳은살',

'속살' ＝㉠ 식물의 겉껍질 안 부분, ㉡ 겉으로는 알 수 없는 실체,

'잎살' ＝잎의 겉가죽 안쪽에 있는 녹색 두꺼운 부분,

　　　　'청승살'＝어울리지 않게 찐 노인살

　　들도 있다.

　　② 살갗: 겉살[1],

　　　　견짓살＝닭 겨드랑이 흰 살,

　　　　닭살,

　　　　맨살,

　　　　속살[2]＝옷에 가려진 살, 흙살＝흙을 다루어 거칠어진 살갗.

　　③ 간살[1], 겉살[2]＝쥘부채 겉의 굵은 살,

　　　　동살＝가로 창살,

　　　　문살,

　　　　바큇살, 부챗살, 비늘살＝루버, 빗살,

　　　　속살[3]＝쥘부채 겉살 사이 살, 심살＝흙벽 욋대 엮을 나무,

　　　　장살＝세로 문살, 장피살＝배가 부른 문살,

　　　　창살,

　　④ 내비치는 기운: 동살＝동틀 때 햇살,

　　　　물살,

　　　　바람살, 볕살, 불살, 빛살,

　　　　햇살,

　　⑤ 구김살, 눈살[1]＝눈썹 사이 주름살,

　　　　이맛살,

　　　　주름살, 잔주름살,

　　　　콧살＝코 주름살,

　　⑥ 화살: 고두리살＝새 잡는 화살,

다라진살=가늘고 긴 화살,

몸빠진살=가는 살,

부픈살=굵은 화살,

사수리살=옛날 화살,

쏜살,

아기살, 우는살=효시,

주살=오늬와 시위를 잡아맨 화살,

⑦ 독한 기운: 독살[살풀이],

친족의 사나운 띠앗: 원진살,

⑧ 노름판에서 몫에 더 태운 돈).

가살(야살스러운 짓), 간살²(간사스러운 아양), 갈빗살(① 갈비
에 붙은 살, ② 갈비처럼 갈라진 받침살),

까막살(바닷말), 나잇살·낫살, 넉살, 넘보라살, 넘빨강살, 눈살²=
눈총·눈쌀,

동개살(깃을 크게 댄 화살), 드살(드세게 굴거나 못살게 굶), 들
살(안 쓰러지게 받치는 지레),

떡살,

망곳살(연 얼레 살), 머리살(머리 속 신경 살), 멱살, 몸살, 밑살
(① 미주알=창자·항문 부분, ② 여자 외생식기),

사살(잔소리나 푸념), 수살(동네 지키는 돌·나무), 실살(겉으
로 드러나지 아니한 이익),

앙살(엄살 부리는 짓), 야살(얄망궂고 되바라진 짓), 어살(물고
기 울타리), 엄살, 옴살(매우 친밀한 사이), 익살, 잇살(잇몸),

작살·고래작살, 젖몸살, 주살(활쏘기에서 오늬와 시위를 잡아
매고 쏘는 화살), 줄살(밧줄과 닻으로 길그물·깃그물·통그
물을 고정시킨 어장),

작살(잘고 다라운 짓),

한살(한 데 붙은 두 물건), 헤살, 홍두깨살(홍두깨 감의 윤기), 흙
살(섞이지 않고 부드러운 흙). …… [110개 남짓]

**설:** 설(설날),

너설(바위, 돌 들이 삐죽삐죽 나온 곳), 바위너설,

사설(잔소리나 푸념).

**솔:** 솔(① 브러시: 가마솔＝솥솔,

　　　구둣솔,

　　　땟솔＝몸의 때를 문질러 벗기는 솔,

　　　말솔, 몸솔,

　　　밤송이솔, 빗솔,

　　　옷솔,

　　② 솔기: 곱솔＝꺾어 호아 접어 박은 솔기, 곱쌈솔·쌈솔＝시
　　　　접을 싸 박은 솔기,

　　　꺾음솔·홑솔＝시접을 꺾은 솔기,

　　　등솔＝등솔기,

　　　통솔[솔기 박기],

　　　혼솔＝홈질한 솔기,

　　③ 소나무: 곰솔＝해송·흑송,

　　　다복솔, 도래솔,

　　　몽당솔,

　　　보득솔=키가 작고 가지가 많은 어린 소나무,

　　　잔솔,

　　　청솔=벤 지 얼마 안돼 아직 잎이 안마른 소나무[청솔가지],

　　④ 활 무명 과녁).

관솔,

바위솔(① 난장이바위솔, 둥근바위솔, 좀바위솔, ② 돌나무과의

　　풀),

올챙이솔(자라풀과의 풀),

진솔(진솔옷: 한 번도 안 빤 새 것),

턱솔(두께의 반씩 도려 내고 이어 붙인 자리). …… [35개쯤]

술: 술(① 마실 술: 강술, 고래술, 귀밝이술,

　　　　단술, 됫술,

　　　　말술,

　　　　볏술,

　　　　쌀술, ……;

　　② 가마·기·책상보 따위에 장식으로 다는 여러 가닥 실,

　　③ 책·종이·피륙 따위를 포갠 부피,

　　④ 쟁깃술,

　　⑤ 밥술),

꽃술(① 여러 가닥의 색실, ② 꽃잎 술, ③ 암꽃술 … 4),

떳술(관복에 다는 술),

바다술(용골갯고사릿과 극피동물),

　　　쇠술(쇠숟가락). …… [50개쯤]

　슬: 구슬(은구슬 … 4),

　　　벼슬,

　　　빠꿈벼슬(뇌물 주고 공명첩 산 벼슬),

　　　사슬(먹이사슬 … 6), 서슬(① 쇠붙이 연장의 날카로운 부분, ②

　　　　강한 기세),

　　　이슬(밤이슬 … 6). …… [20개쯤]

실: 실(가는 실: 겹실, 고치실, 금실, 깁실=명주실 · 비단실, 깜찌기

　　　실=가늘고 질긴 실),

　　　날실=① 생실, ② 세로실,

　　　다홍실,

　　　먹실, 명실=무명실,

　　　베실=삼실, 북실, 빔실=연사,

　　　삼묵실=세 올 실,

　　　씨실,

　　　올실 · 외올실 · 홑실, 윗실, 은실,

　　　털실 · 털옷실, 테실, 토리실(테를 짓지 아니하고 그냥 둥글게 감

　　　　은 실), 톳실,

　　　고래실(기름진 논), 구실(① 할 일: 제구실, ② 세납: 텃구실=집

　　　　터 세금, ③ 관아 임무),

　　　꽃실(수술대: 수술 꽃밥 받침 줄기),

　　　박쥐구실(줏대 없는 모리배),

　　　연귀실(연귀의 실장식), 지실(재앙의 해로움),

팡이실(곰팡이 세포), 함실(부넘기 없는 아궁이).

…… [40개 남짓]

**쌀:** 쌀(매조미쌀=매갈이 쌀, 멥쌀, 밀쌀,

볍쌀, 보리쌀,

사래쌀=수곳삯의 쌀, 상두쌀=초상계의 쌀, 생동쌀=푸른 차

조쌀, 수수쌀, 심쌀=죽에 넣는 쌀,

슳은쌀,

오레쌀, 율무쌀, 입쌀,

좁쌀 · 차좁쌀,

찐쌀,

찹쌀,

풀쌀(무리풀을 갈기 위하여 물에 불린 멥쌀),

햅쌀, 흰쌀.…… [30개쯤]

등쌀(귀찮게 구는 짓).

**쏠:** 쏠(작은 폭포).

**쓸:** 쓸(여울).

**알:** 알(① 동물의 암컷이 낳는 둥근 물질, ② 깨알, 낟알, 낱알, 눈알,

돌알),

돌비알(깎아 세운 듯 한 돌 언덕), 된비알(몹시 험한 비탈),

미주알고주알,

배알(창자),

탱알(개미취).…… [30개 남짓]

**얄:** 귀얄,

미얄(봉산 탈춤 일곱째 마당에 나오는 인물, 또는 탈).

**얼:** 얼(① 정신, ② 흠),

한얼(대종교에서 말하는 큰 넋).

**열:** 열(① 도리깻열, ② 총열, ③ 챗열, ④ 아홉+하나).

**올:** 올(① 실이나 줄의 가닥: 베올, 외올, ② 올해의: 올봄, ③ '일찍' 의: 올벼).

**울:** 울(① 일가나 친척, ② 울타리: 대울, 뒤울, 바자울, 산울, ③ 우 리),

개울, 거울(4), 겨울(4), 기울(2),

너울(3),

망울(3), 멍울(2), 물너울(바다같이 넓은 물이 크게 움직이는 물결),

방울(17),

서울(2), 시울(3),

여울(3),

저울(4),

터울(한 어머니가 먼저 낳은 아이와 그 다음에 낳은 아이와의 나 이 차이),

한울(천도교에서 말하는 우주 본체), 허울. …… [55개쯤]

**을:** 가을(9),

고을,

노을,

마을(4). …… [15개쯤]

**일:** 일(활동, 할 일),

　　공일, 구움일(목재를 구움판에 넣고 말리는 일), 군일, 굿일(구덩
　　　이 파는 일),

　　끝일,

　　날일, 낮일. …… [50개쯤]

**잘:** 잘(검은 담비),

　　말미잘, 개고둥말미잘.

**절:** 절(① 사찰, ② 인사: 맞절),

　　갑절, 곱절,

　　나절(7),

　　땡추절(파계승 모인 절),

　　미절(허섭스레한 쇠고기),

　　큰절. …… [15개쯤]

**줄:** 줄(① 줄끈, ② 줄칼, ③ 어떤 방법),

　　가랫줄, 가로줄, 가시줄, 게줄(줄다리기 줄 외 곁 줄), 과줄(강
　　　정 · 다식 · 약과 · 정과), 글줄, 금줄,

　　끝줄,

　　땅줄,

　　명줄, 못돗줄(무거운 물건을 메어 나를 때 얽어 매는 밧줄), 못줄
　　　(삼으로 굵게 드린 바),

　　밥줄,

　　설렁줄,

　　양냥이줄(자전거 앞뒤 기어를 연결하는 쇠줄),

젖줄,

초롱줄,

타락줄(사람의 머리털을 꼬아 만든 줄), 탯줄.

…… [130개 남짓]

**질:** 가래질, 가동질, 각통질(소 장수가 소의 배를 크게 보이려고 억
지로 풀과 물을 먹이는 짓), 거둠질, 걸기질(논바닥 고르기),
꾐질, 군것질, 글경이질(① 글경이로 마소의 털을 빗기거나, 물
고기를 훑어 잡는 일, ② 지방 관리나 세력가가 백성의 재물을
긁어 들이는 짓). 기움질(옷 따위 해어진 곳에 조각을 대어 깁
는 일),

나비질(곡식의 검부러기나 먼지 따위를 날리려고 키 따위로 부
쳐 바람을 일으키는 일),

따깜질(큰 덩이에서 조금씩 뜯어 내는 짓),

무두질(털가죽에서 털과 기름을 뽑고 부드럽게 다루는 일), 무
자맥질(물 속에서 팔다리를 놀리며, 떴다 잠겼다 하는 짓),

밴대질(여자끼리 성교를 흉내 내는 짓), 봉창질(물건을 몰래 모
아서 감추어 두는 일), 비게질(마소가 가려운 곳을 긁느라고
다른 물건에 몸을 대고 비비는 짓),

쏠라닥질(쥐 따위가 쏘다니며 함부로 잘게 물어 뜯는 짓).

울골질(지긋지긋하게 으르며 덤비는 짓). …… [350개 남짓]

**찰:** 구렁찰 · 다다기찰(늦찰벼),

생동찰(푸른 차조),

잡찰(잡차래: 삶아 낸 잡살뱅이 쇠고기),

　　진득찰,

　　철진득찰,

　　해찰.

**철:** 철(① 계절, ② 분별력),

　　가을철, 겨울철, 김장철,

　　봄철,

　　여름철,

　　장마철, 제철,

　　한철. …… [10개쯤]

**출:** 넌출, 먹넌출,

　　부출(① 가구 따위 네 귀 기둥, ② 뒷간 바닥 좌우 널빤지).

**칠:** 칠(① 도료, ② 옻칠),

　　기름칠,

　　며칠1(몇째 날),

　　바닥칠, 밥풀칠(밥풀을 이겨서 바르는 일),

　　풀칠,

　　흙칠.

**칼:** 칼(① 도검, ② 형틀),

　　갈이칼(도는 재료에 대는 칼), 굽이칼(굽은 칼), 그레칼(그레: 금
　　　긋개),

　　나무칼,

　　대칼,

　　머리칼,

　　바람칼(새의 날개),

　　세칼(서북풍). ······ [35개쯤]

**콜:** 고콜(관솔불 놓는 벽 구멍).

**클:** 당클(제주에서 큰 굿 하는 방벽 선반을 젯상으로 쓰는 일),

　　수클 · 암클.

**탈:** 탈(① 가면, ② 사고),

　　가탈(일을 방해하는 조건), 거탈(겉 태도),

　　뒤탈,

　　문둥탈(고성 · 통영 오광대놀이에서 문둥이 양반이 쓰는 탈),

　　배탈,

　　샌님탈(눈썹과 수염이 희고 언청이인 양반탈). ······ [15개쯤]

**털:** 털(①모발 ②소금물 국자:소금밭에서 소금물을 퍼 담을 때 쓰는

　　국자, 말린 호리병박이나 막에 자루를 달고, 소금물이 넘쳐 흐

　　르지 않게 아가리를 작게 낸다),

　　가시털(독털), 갓털(새의 머리털), 깃털,

　　날개털, 머리털, 물결털. ······ [20개 가깝다]

**톨:** 가톨, 가운데톨,

　　밤톨,

　　외톨,

　　피톨, 붉은피톨 · 흰피톨.

**틀:** 갈이틀(선반기), 고랑틀(차꼬), 국수틀, 귀틀(마루틀), 기름틀,

　　　기틀,

　　　날틀(실틀),

섬틀(섬을 치는 틀),

자리틀(왕골 · 부들 · 짚 따위로 자리를 짜는 틀).

…… [60개 가깝다]

**팔:** 곰배팔,

아래팔(팔꿈치~손목), 오른팔, 외팔, 왼팔.

**펄:** 개펄,

모래펄,

수펄,

암펄,

진펄.

**풀:** 갈풀, 감풀(썰물 때에만 보이는 넓고 평평한 모래톱),

강풀(① 강가 풀, ② 물에 개지 않은 된 풀), 갖풀, 골풀(12), 과남

풀(용담과의 여러해살이풀),

꺼풀, 꼬리풀(6), 꿀풀,

닥풀(아욱과의 한해살이풀), 둑새풀(볏과의 한해살이풀),

매듭풀(콩과에 딸린 한해살이풀), 모시풀(6), 모풀(못자리에 거

름으로 넣는 풀), 무리풀(물에 불린 쌀을 물과 함께 맷돌에 간

뒤, 체에 받쳐서 가라앉힌 앙금을 말린 무릿가루로 쑨 풀),

사리풀(가짓과의 한해/여러해살이풀, 잎에 독이 있어 마취제로

쓰인다), 속서근풀(꿀풀과의 여러해살이풀), 송이풀(10), 쇠

치기풀(포아풀과의 여러해살이풀),

오이풀(8),

자귀풀(콩과의 한해살이풀), 자라풀(자라풀과의 여러해살이

　　　풀), 족두리풀(세신과의 여러해살이풀),

　　톱풀(엉거싯과의 여러해살이풀). …… [80개 남짓]

**활:** 동개활(동개에 넣어 지고 말을 달리며 쏘는 활),

　　무명활(솜활),

　　부린활(시위를 벗긴 활),

　　상활(돛 맨 위 활대),

　　얹은활(시위를 걸어 놓은 활),

　　최활(베틀에서 가로너비 버팀목),

　　큰활(쇠화살을 쏠 활),

　　하활(돛 맨 밑 활죽).

**흘:** 나흘,

　　머흘(자갈: 제주),

　　사나흘, 사흘,

　　열흘,

　　초나흘, 초사흘.


리을끝낱말은 우리 조상들만 좋아하는 것이 아니라 8 · 15 광복 바로 뒤에 새로 만든 말에도 그런 낌새가 보인다.

'꼬리별 · 꽁지별 · 살별(문성 · 미성 · 장성 · 추성 · 혜성),

달별(배성 · 위성),

떠돌이별(유성 · 행성 · 혹성),

별똥별(분성 · 비성 · 성화 · 운성 · 유성 · 유화), 붙박이별(정성 ·

　항성)'

들은 그렇다 치고,

‘난소’를 ‘알집’, ‘난자’를 ‘알씨’, ‘정자’를 ‘얼씨’라 하고,

식물의 ‘육아 · 주아’를 ‘알눈’ 또는 ‘살눈’, 동물 ‘배반’을 ‘알눈’
이라고 한 것들도 일부러 그렇게 하자는 것이 아니었고, 자연스럽게 이
루어진 말들이다.

최근에는 연고지와의 연줄을 ‘땅줄’,

돈 될 만 한 오달진 땅을 미리 사 놓고 되파는 수를 ‘알박기’
라고 하는 말도 생겼다.

리을끝낱말은 앞으로도 끊이지 않을 것이다.

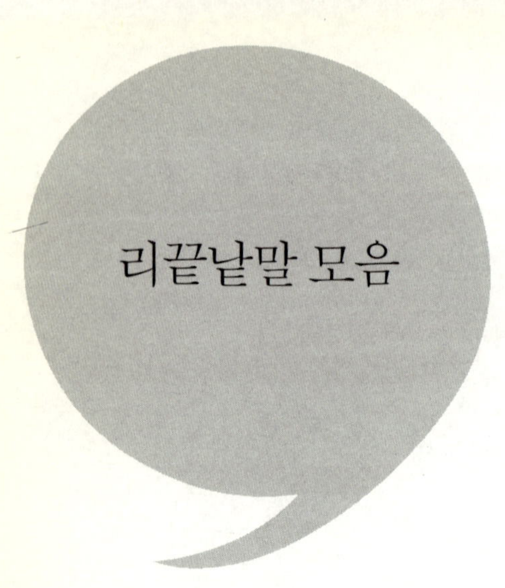

우리말에서 ‘리끝낱말’을 대표할 만 한 말이 ‘우리’다. ‘우리’라는 말은 “짐승을 가두어 기르는 곳”에서 비롯한 것 같다. ‘우리’ 안에 “한데 모으는 것”이 아니겠는가.

그래서 ‘우리’는 “자기와 여러 사람, 특히 자기와 친밀한 관계인 여러 사람”을 가리키는 말이다. “우리나라, 우리 겨레, 우리 동네, 우리 집, 우리 아버지”처럼 쓰이는 것이다.

이 ‘우리’라는 말은 그 끝음절이 ‘ㄹ’과 관계가 있고, “뭉쳐야 산다”는 협동 의식을 지니고 있는 우리만의 말이다.

‘우리’라는 말도 가려 써야 한다. ‘우리 어머니’는 “우리 형제들의 어머니”니까 괜찮지마는, ‘우리 남편, 우리 아내’는 자칫 오해받기 쉽다. 실제로 네팔 같은 나라에서는 여자가 귀해 남편이 여럿이니 ‘우리 아내’가 있고, 회교 나라에서는 네 명의 아내를 거느릴 수 있으니 ‘우리 남편’이 있을 수 있다. 그러나 우리나라에는 그런 것은 없다.

다른 보기를 들어 보자.

‘우리말’이라고 붙여 쓰면 ‘우리 말’ 가운데에서 외래말을 뺀 우리 토박이말이다.

‘우리 글’ 도 띄어 쓰면 우리가 쓰는 ‘한글, 한문, 영문’ 들 모든 글이지만, ‘우리글’ 이라고 붙여 쓰면 ‘한글’ 만을 가리킨다.

짐승을 옆에서 보면, 맨 앞에 ‘머리’, 가운데에 ‘허리’, 끝에 ‘꼬리’, 밑에 ‘다리’ 가 있다. 모두 ‘리끝낱말’ 로 짐승 겉몸 전체를 나타내고 있다. 이것 또한 우연치고는 기적 같다.

‘말’ 은 ‘소리’ 로 이루어진다. ‘소리’ 도 ‘리끝낱말’ 이다. ‘소리’ 라는 말이 들어가는 말에는 어떤 것들이 있을까. 생각나는 대로 모아 보았다. 이 밖에도 더 있을 것이다.

(이 ‘소리’ 라는 말이 들어가는 말은 다음 보기말 모음 가운데 ‘ㅅ’ 소리로 시작하는 말에서 ‘사리 · 대사리’ 줄의 ‘소리 · 가운뎃소리’ 를 거의 차지한다.)


가운뎃소리, 갈이소리, 갖은소리, 개소리, 객소리, 거센소리, 군소리, 굴림소리, 긴소리,

깩소리, 끊음소리, 끝소리,

낮은소리, 노랫소리, 높은소리,

다리아랫소리, 닿소리, 된소리, 뒷소리,

딴소리, 뜬소리,

말소리, 맑은소리, 머리소리, 목구멍소리, 목소리,

바람소리, 바른소리, 받는소리, 발소리, 별소리, 볼멘소리, 빗소리,

사잇소리, 상소리, 생소리, 선소리, 쇳소리, 숨소리, 신소리,

쓴소리,

안울림소리, 앞짧은소리, 애먼소리, 어금닛소리, 예사소리, 옳은소

리, 외마디소리, 우스갯소리, 울림소리, 웃음소리, 이음소리, 입소
　리, 입찬소리, 잇소리,

　잔소리, 잡소리, 제소리, 종소리, 죽는소리, 쥐소리,

　쨍소리, 쪽소리, 찍소리,

　첫소리, 총소리,

　콧소리, 큰소리,

　판소리, 풍경소리,

　허튼소리, 헛소리, 혓소리, 홀소리, 홑소리, 흐린소리, 흰소리.


### ■ 'ㄱ'소리로 시작하는 말

가리 · 대가리 … 47,

가사리 · 우뭇가사리 … 9,

가시리(이별의 한을 노래한, 고려 때의 민요),

가을카리,

개리(오릿과 새),

거리 · 국거리 … 108,

거저리(딱정벌레) · 뿔거저리 … 6,

겨리(소 두 마리 쟁기),

계명워리(행실이 안 바른 여자),

고라리＝시골고라리(어리석고 고집 센 시골 사람),

고리 · 갈고리 … 45,

고사리 · 개고사리 … 35,

구리 · 개구리 … 53,

군치리(개고기 술집),

귀리 · 메귀리 … 4,

길카리(먼 친척),

까리(길거리 떠돌이),

깽비리(동아리에서 몸집이 작은 사람),

(꺼리) 치다꺼리 · 푸다꺼리(음식을 간단하게 차려 놓고 부정이나
　　살 따위를 푸는 무당 굿. 국어 사전의 '푸닥거리' 는 잘못) … 3,

꼬리 · 꾀꼬리 … 22,

꽈리 · 땅꽈리 … 6, 꽹과리,

(꾸리) 실꾸리 … 7,

끄리(잉엇과 민물고기),

끼리 · 코끼리 … 4.

■ 'ㄴ' 소리로 시작하는 말

나리 · 개나리 … 27,

날라리,

냉과리(잘 구워지지 않아서 불을 붙이면 짙은 연기와 냄새가 나는
　　숯),

너리(고름병) · 고너리(멸칫과) … 5,

노라리(건달처럼 건들건들 놀며 세월만 보내는 짓),

(노리) 배꼽노리 … 7,

누리 · 에누리(물건값을 더 많이 부르거나, 값을 깎는 일) … 4.

■ 'ㄷ' 소리로 시작하는 말

다리 · 강다리 … 122,

(더리) 넌더리 … 5,

더퍼리,

도르리(① 돌려가며 먹음, ② 여럿이 돌려 먹음),

도리(① 도리머리, ② 돌보, ③ 둥근 물건 안둘레) · 목도리… 47,

되리(거웃 없는 여자),

두리 · 곁두리 … 31,

드리 · 깊드리 … 7,

들러리,

따까리(자질구레한 심부름을 맡아 하는 사람),

따리 · 보따리 … 5,

떠버리,

똬리,

(뚜리) 귀뚜리 … 9.

## ■ 'ㅁ' 소리로 시작하는 말

마리 · 가마리(앞 말의 대상이 되는 사람의 뜻을 더하는 말조각) …
  22,

막걸리 · 쌀막걸리 … 4,

머리 · 개머리 … 117,

며느리 · 민며느리(장래 며느리를 삼으려고 관례 전에 데려다가 기
  르는 계집아이) … 9,

모리(노름 말),

무꾸리,

무녀리(한 태에 낳은 여러 마리 새끼 가운데에서 맨 먼저 나온 새

끼),

무리 · 갈무리 … 18,

미꾸리 · 긴미꾸리 … 3,

(미리) 공미리 … 4.

■ 'ㅂ' 소리로 시작하는 말

바리 · 동바리(툇마루나 좌판 따위의 밑에 괴는 짧은 기둥), 비바리
  (① 곡식이나 천 따위를 많은 사람에게서 조금씩 빌어 모아, 제물
  을 만들어 귀신에게 바치는 일), ② 제주에서 '처녀'를 이르는
  말) … 34,

버카리(쭈그러진 여자),

벼리 · 작벼리(물가의 모래 벌판에 돌이 섞여 있는 곳) … 3,

보리 · 겉보리 … 13,

보비리(꼽꼽쟁이),

부리 · 돌부리 … 34,

비라리(청하는 일),

뿌리 · 곁뿌리 … 28.

■ 'ㅅ' 소리로 시작하는 말

사리 · 대사리 … 28,

새코찌리(조의 하나),

서리 · 된서리(늦가을에 되게 내리는 서리나, 모진 재앙 · 타격) …
  15,

소리 · 가운뎃소리 … 84,

쇠시리(나무 모서리 · 겉 모양 내기),

수리 · 독수리 … 20,

수여리(암꿀벌),

쉬리(잉엇과의 민물고기),

스리(볼 상처),

싸리 · 대싸리 … 27,

쓰리(얼음 끄는 쇠꼬창이),

씨내리(아이를 낳지 못할 때에 다른 남자를 들여 아이를 배게 하던
  일),

씨리(도끼날 달아 얼음 깨는 장대).

■ 'ㅇ' 소리로 시작하는 말

아니리(판소리에서, 창을 하는 중간에 가락을 붙이지 않고 이야기
  하듯 엮어 나가는 사설),

(아리) 동아리 … 36,

아주까리,

약바리(약바른 사람),

약빠리(약빠른 사람),

어리 · 덩어리 … 18,

오르내리,

오리 · 가오리 … 38,

우러리(짚 · 삼으로 만든 뚜껑),

우리 · 둥우리 … 11,

이리(① 지나친 극장 만원, ② 물고기 정액 주머니, ③ 갯과 짐승).

■ 'ㅈ' 소리로 시작하는 말

자리 · 개자리, 무자리(후삼국 · 고려 때, 떠돌아 다니면서 천업에 종
　사하던 무리. 대개 여진의 포로나 귀화인의 후예로서, 사냥을 하
　거나 고리를 만들어 팔았는데, 이들에게서 광대, 백정, 기생 들이
　나왔다고 함) … 147,

재리(① 신바닥 징, ② 어린 땅꾼, ③ 꼽꼽쟁이),

재여리(중매),

조리 · 쥐코조리(마음이 좁아 옹졸한 사람),

주리 · 광주리 … 6,

(지리) 노고지리 … 4,

(짜리) 바구니짜리(바구니를 끼고 살림만 하는 주부) … 7.

■ '치' 소리로 시작하는 말

초리(① 가늘고 뾰족한 끝, ② 가장 잔 과일) · 눈초리 … 8,

추리(쇠고기) · 계추리 … 7,

치리(잉엇과 민물고기).

■ '티' 소리로 시작하는 말

(타리) 느타리(느타릿과에 딸린 버섯) … 9,

(터리) 엉터리 … 4,

토리(① 실뭉치, ② 화살대 끝에 씌운 고리) · 도토리 … 9,

(투리) 까투리 … 12.

■ '피' 소리로 시작하는 말

파리 · 사금파리 … 50,

팽패리(별난 사람),

피리 · 날피리 … 8.

**■ 'ㅎ'소리로 시작하는 말**

하리(① 일러 바침, ② 화살 중간 부분, ③ 간악한 여자 망령),

허리·등허리 … 18,

호리(소 한 마리 쟁기),

후리(후리질: 후릿그물질)·신후리(고등어잡이 후릿그물).

※ 끝음절 끝소리 'ㅣ' 앞에 오는 닿소리가 'ㄹ'인 '리' 끝음절말이 모두 1,600개쯤 있는데, 그 다음 많은 닿소리 'ㄱ'인 '기'끝음절말은, 새 말을 만들 때 많이 쓰이지마는 그래도 1,100개 남짓 된다. 그 다음은 '미'끝음절말이 280개쯤이다.

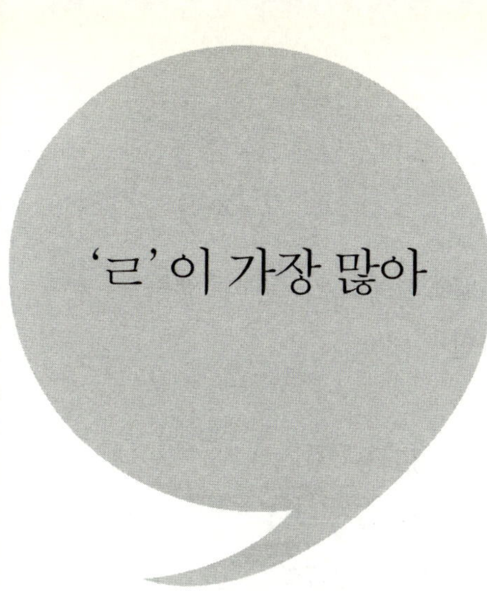


## □ 모든 홀·닿소리 잦기

정음사에서 펴낸 유재원 《우리말 역순사전》(1985)에 실린 올림말
은 모두 37,491개이다. 이 가운데 낱말의 모든 음절에 쓰인 홀·닿소
리(51개)별 잦기(빈도) 차례표를 가장 많이 쓰인 4개만 보면

홀소리 ㅏ: 28,580 (10.2%)　　닿소리 ㄹ: 26,053 (9.3%)

　　　　ㅣ: 21,785 (7.7%)　　　　　ㄱ: 24,358 (8.7%)

　　　　ㅓ: 15,652 (5.0%)　　　　　ㅁ: 13,738 (4.9%)

　　　　ㅜ: 14, 189 (5.0%)　　　　　ㄴ: 13,056 (4.6%)

들과 같다.

전체 낱말에서 홀소리는 ‘ㅏ’가 가장 많이 쓰이고, 닿소리에서는
‘ㄹ’이 가장 많이 쓰인다는 것을 알 수 있다.

## □ 말끝 홀·닿소리 잦기

우리말에서 낱말의 끝음절 끝소리가 쓰이는 잦기를 알아 보자.

《우리말 역순사전》에 실린 올림말에서 끝음절에 쓰인 48개의 끝소리 잦기 차례표를 가장 많이 쓰인 4개만 보면

| | |
|---|---|
| 홀소리 ㅣ: 9,998 (26.7%) | 닿소리 ㄹ: 3,779 (10.7%) |
| ㅏ: 5,499 (14,6%) | ㄱ: 2,950 (7.9%) |
| ㅐ: 1,639 (4.4%) | ㅇ: 2,130 (5.7%) |
| ㅜ: 1,231 (3.3%) | ㅁ: 1,952 (5.2%) |

들과 같다. 홀소리 가운데에서는 'ㅣ'가 가장 많고, 닿소리 가운데에서는 'ㄹ'이 가장 많이 쓰이었다. 곧, 받침 가운데에서는 'ㄹ' 받침이 가장 많다는 것이다.

이 밖에도 'ㄹ'이 끝소리가 아니고 낱말의 중간에 들어가는 것도 있다.

가물치, 갈가마귀, 갈고리, 갈기, 갈래, 갈매기, 갈무리, 갈미봉, 갈치, 갈취, 갈피……

들처럼 이루 헤아릴 수 없이 많다.

'ㄹ'이 받침이 아닌 자리에 쓰이는 낱말도 우리 둘레에는 많이 있다.

가락, 가락지, 가랑비, 가랑이, 가래, 가로, 가루, 거루, 겨레, 겨릅, 고드름, 고루, 고무래, 고수레, 구럭, 구렁이, 구리, 귀리, 그레게, 그루, 그릇, 그림, 그림자, 기러기, 기름, 꾸러기, 꾸러미……

들도 'ㄹ'이 들어간 말들이다.

# 희망의 '리을'

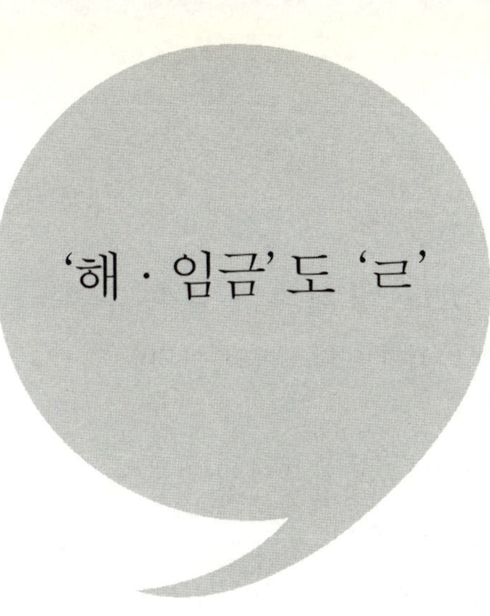


쓰이는 잦기가 많은 것이야 ‘ㅣ’나 ‘ㅏ’도 더 많지마는 ‘ㄹ’은 우리 삶에서 가장 요긴하고 바람직한 낱말에 많이 쓰인다는 특징이 있다.

‘해’도 ‘ㄹ’로 끝나는 말이라야 하고, ‘바다’도 ‘ㄹ’로 끝나는 말이라야 한다고 고민하고 있는데, 한자 ‘日’(날 일)이 우주를 ‘하늘, 날, 달, 별’로 완전히 ‘ㄹ’로 통일해 주고, <용비어천가>의 ‘바랄’이 땅덩이를 ‘달, 들, 돌, 물, 바랄’로 완전히 ‘ㄹ’로 통일해 주어, ‘ㄹ’의 신비를 확인할 수 있었다.

《국사대사전》(지문각, 1968)에서 ‘거서간’을 찾아 보면,

 “신라 시조 박혁거세를 ‘거서간’이라고 불렀다. 이것은 고대(세한)의 진한 말로 임금 또는 귀인을 뜻하였으며, 제사를 맡은 웃어른이란 뜻이 있다고 한다.”

라고 되어 있다.

일반 국어 사전에서 ‘거서간’을 찾아 보면, ‘거슬한’이라고도 한다고 되어 있다.

‘거서간’과 ‘거슬한’이 같다면, ‘거서’와 ‘거슬’이 같고, ‘간’과 ‘한’이 같다는 말이다.

　'거슬한'은 나중에 '마립간'이라고도 했다. 옛날 취음에는 한자음의 받침이 무시되기도 했다. '마립간'은 '마리한'이다. '마리'는 '머리'의 옛말이다.

　그러므로 '거슬'은 "임금, 귀인, 머리(우두머리)" 따위 뜻의 말이다.

　'ㄹ'(리을)은 이런 데서도 중요한 구실을 하고 있다.

　어째서 우리 겨레가 'ㄹ'을 좋아하고 요긴한 낱말에 많이 썼을까, 이것은 앞으로 더욱 연구할 과제다.

# 조상들과의 같음성

‘알씨, 얼씨, 밥줄, 오줌길’ 따위는 광복 후에 만들어진 말이다. ‘우주’의 한자 ‘宇宙’가 ‘宇’(집 우)와 ‘宙’(집 주)로 둘 다 “집”이란 뜻이다. 그렇다면 ‘우주’는 ‘집’이다. 그러나 우주를 집이라고 하기는 좀 그렇다. ‘집’이라고 할 바에는 ‘울’이 더 낫겠다. ‘울’도 그냥 ‘울’이 아니라 크고 끝이 없는 ‘울’이라야 한다. 그래서 ‘한울’(큰 울타리)이라 해 보고(천도교에서 ‘우주’를 ‘한울’이라고 한다), 지구를 ‘땅알’(땅으로 된 큰 알)이라고 해 보듯, 앞으로도 중요한 곳에 쓰일 말은 우리 조상들의 ‘얼’을 이어받아 ‘ㄹ’ 끝낱말로 해 봄직하다.

갑신년(2004년) 세밑에 남아시아에 지동(지진)이 일어나 바다가 넘쳤다.

영어로 ‘타이들 웨이브’(tidal wave)라고 하는데, “지진으로 바다 밑이 가라앉거나 솟아오르거나, 흙모래가 바다 속으로 무너져 내리거나, 바다 밑 불산이 터지거나 하여, 바닷가 가까이에서 바다의 밀물 높이가 높아진 때의 물결 움직임”이다.

이런 것을 중국에서는 ‘하이샤오’(海嘯)라 하고, 일본에서는 ‘쓰나미’(津波)라 하고, 우리는 ‘해일’(海溢)이라고 한다.

중국의 '바다울이'나 일본의 '나루물결'보다는 우리의 '바다넘침'이 훨씬 구체적이고 알기 쉽다. 그러나 일본의 '쓰나미'가 국제 용어로 채택되어, 우리도 쓰고 있다. 우리는 '밸'도 없단 말인가. '바다넘침'(해일)은 그 생김새가 어떤 말의 풀이 같고, 낱말 같지 않다. 높이가 높아진 밀물의 물결이 뭍으로 밀어닥치는 상황을 나타낸다. 그렇다면 하필 한자말로 할 것이 아니라, 우리는 우리대로 우리말로 해야 한다.

'밀물결'이라고 해 보았다. "밀물의 물결"이래도 좋고, "밀어닥치는 물결"이래도 좋다. 우리말로 할 수 있다는 그것이 더 좋은 것이다.

그러고 보니, '밀·물·결'이 다 리을끝음절말이다. 일부러 'ㄹ'을 염두에 두고 만든 말이 아니다. 하다 보니까 우연히 그렇게 된 것이다.

1991년에 서울 서북부 지역 젊은 시인들이 '시인 축구단'을 짰다. 1999년에 그 시인 축구단 이름을 '글발'이라고 했다고 한다. 'ㄹ'을 되살리어 피어나게 하는 보기의 하나다. 우리 조상들과의 똑같음성(동일성 : 아이덴티티)으로 나타난 것이 아닐까.

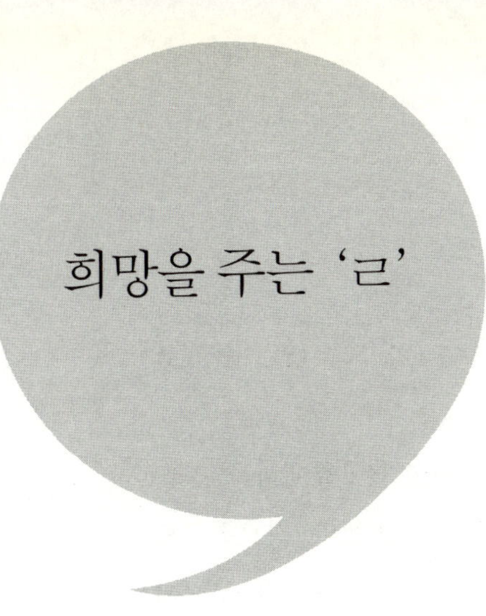


‘ㄹ’은 본디 “가멸다, 걸다, 길다, 날다, 놀다, 늘다, 달다, 들다, 만들다, 벌다, 빌다, 살다, 알다, 열다, 이끌다, ……” 따위 바람직한 말의 줄기에 끝소리로 많이 붙어 쓰인다.

그런가 하면, ‘ㄹ’이 아닌 다른 받침이 붙어 쓰이는 말 ‘꺾다, 낡다, 닫다, 떫다, 막다, 멎다, 묶다, 밉다, 속다, 썩다, 잃다, 좁다, 죽다’ 들은 거의 바람직하지 않은 경우에 많이 쓰인다.

또, ‘ㄹ’이 어떤 말 줄기의 끝으로 쓰이는 경우와, 다른 소리가 줄기의 끝으로 쓰이는 경우와 견주어 보면 ‘ㄹ’이 바람직한 말맛을 풍긴다.

‘가다, 오다, 하다, ……’ 들 줄기에 ‘ㄴ, ㅁ’이 붙으면, “간 · 감, 온 · 옴, 한 · 함, ……” 들로 되어, 이미 끝났거나 끝나거나 하여, 앞으로의 바람이 없거나 없어진다.

‘ㄹ’이 붙으면 “갈, 올, 할, ……” 들로 되어, 앞으로 다가올 ‘꿈, 설렘, 기다림, 알고 싶음’ 따위 바람이 있다.

세종 임금께서 ‘훈민정음’을 만드셨다. 그것은

“백성을 가르칠 바른 소리”

다. 그 음절이 10개다.

그 안에 들어 있는 닿소리가

'ㄴ' (1), 'ㅊ' (1), 'ㄱ' (2), 'ㅂ' (2), 'ㅅ' (2), 'ㅇ' (2), 'ㄹ' (5)으로 'ㄹ'이 가장 많다.

그로부터 5백 몇십 년이 지나 한국 과학기술 연구원에서 사람꼴 로봇(틀사람, Network Based Humanmoid)을 개발했다. 정보통신부는 인터넷(누리그물) 공모를 통해서 그 이름을 남성 로봇을 '마루', 여성 로봇은 '아라'라고 지었다. '마루'는 "꼭대기 높은 곳" 따위 뜻으로 한국 로봇의 높은 기술 수준을 바라며, '아라'는 "주인을 알아보는 로봇"이란 개념에서 '알아'라는 소리를 나타낸 것이라고 한다.

둘 다 'ㄹ'이 들어 있다. 견주기가 알맞는지는 몰라도 그나마도 그리 되지 않는 것보다는 낫다.

문학평론가 이어령 교수는《우리 문화 박물지》(디자인 하우스, 2007)에 '64개의 키워드로 보는 한국인 문화 유전자 지도' 가운데 'ㄹ'을 "통합 그리고 연속의 무늬"라고 말했다.

우리 겨레는 이렇게 예나 지금이나 'ㄹ'과 가까운 사이다.

'ㄹ'은 끝없는 가능성을 가지고 우리에게 희망을 안겨 준다. 'ㄹ'은 우리 겨레와 함께 피어나고 영원히 영광이 있으리라.

아울러, 세계 어느 나라 말보다도 얼마든지 피어날 수 있는 우리말이 한자에 눌려 오그라들었지만, 그 굴레를 벗어나 제대로 피어나서, 온 세계를 환하게 밝힐 날이 어서 오기를 바란다.

[붙 임]

# 우리말과 한자

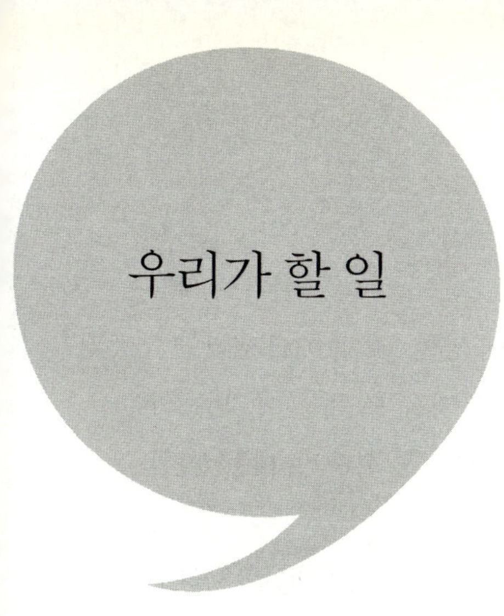


지금 우리나라에는 한자 복고 바람이 세차다. 우리를 괴롭힌 중국이 그리운 것이다. 그 중국이 고구려사를 왜곡하고 나섰다. 고구려를 건드리다가 수 양제가 망하고 당 태종이 혼났다. 그래서 그들이 날뛰는 것일까. 아니다. 그 빌미를 우리가 주고 있는 것일지도 모른다. 그들을 나무라기 전에 우리를 먼저 뒤돌아보자.

우리나라 이름은 '한나라'다. '한'은 "크다"는 뜻이고, '나'는 "땅", '라'는 땅이름에 붙어 쓰이는 말조각이다. '한나라'는 "큰 땅"이다. 참으로 컸다. 다 알다시피 만주뿐 아니라 중국 대륙에도 뻗쳐 있었고, 일본 규슈 '가라쿠니다케'(韓國岳), '가라후토'(사할린)의 '가라'가 '한나라'고, '쓰시마(두 섬)'도 우리말이다.

한글이 없을 때 우리나라 이름을 한자로 적었다. '한'의 소리를 '韓'으로 적고, '나라'를 뜻으로 '國'으로 적었다. 그래서 중국 《서경》(상서) 11권에

"……〈한서〉에 '고구려, 부여, 韓'이 있는데, '馯'은 없으나, 저 '馯'이 곧 '韓'이라, 음은 같고 글짜가 다를 뿐"

이라고 했다(위 인용문에서 '글짜'가 올바름. '글자'는 잘못). 우리나

라 이름을 한자로 나타내려면 '駻, 翰, 邯, ……' 들 어느 한자로 써도
된다. 그런데 하필이면 중국 건국 때 있다가 망한 '韓'을 갖다 썼다.

그런 데다가 우리나라를 달리 일컫는 말 가운데 '해동'이 "발해의
동쪽"이라면 괜찮지만, 달리 가장 많이 쓰이는 '동국, 동방, 대동' 따위
는 "동쪽 나라"라는 뜻이다.

어느 나라의 '동쪽 나라'라는 말인가. 중국은 세계의 '중원'이라고
허풍친다. 그 중원의 '동쪽 나라'라는 것이다. 벌써 여기서부터 우리가
스스로 중국의 속국 노릇을 하려고 했다.

신라가, 제 아비 원수를 갚으려고 벼르고 있는 당 고종의 힘으로 세
나라를 통일한답시고, 넓고 넓은 우리 땅을 거의 내주어 버렸다.

그러고 나서, 중국말을 '정언'이라 하고 우리말을 '방언'이나 '속
언, 속칭, 언칭'이라고 하여, 우리말은 표준말이 못 되고 다른 나라의
"지방 말, 속된 말, 상말"이라고 스스로 여겼다. 속국의 짓이다.

일본은 우리가 가르쳐 준 대로 한자를 쓰되 새겨 읽기 때문에 일본
말을 고스란히 간직해 온다. 그러나 우리는 한자를 그 소리로만 읽고,
우리말을 업신여기는 바람에 우리말이 많이 없어졌다.

2004년 봄에, 국어연구원에서 1990년대 현대 소설에 쓰인 낱말 찾
기 조사를 했다. 우리말은 '이다, 나, 것, 수, 있다, ……' 들이 50위 안에
49개, 한자말은 '여자'가 33위에 하나 쓰였고, 100위 안에는 우리말이
92개, 한자말이 8개 쓰였다고 한다.

그런데 우리 국어 사전에는 한자말이 70%라고 부끄럽지도 않은지
자랑한다. 자주 쓰이는 우리말은 안 올리고 쓰이지도 않는 한자말만 많
이 올려 놓았다. 실제로 '푸른 하늘'이란 말은 쓰이는데 없고, 그 한자

말은 쓰이는 '창공, 청천, ······' 들 댓 개와, 안 쓰이는 '궁창, 청허, ······' 들까지 21개나 있다. '제비집'은 없는데, '연소, 연과, 연와' 따위는 있다. '뛰어나다'만 있어도 되는데, 그런 뜻의 '걸연하다, 걸출하다, 고탁하다, ······' 따위가 29개는 더 있다.

한글이 없을 때 한자를 썼다. 그래서 중국 문화의 속국이 되었다. 세종 큰임금께서 중국의 속국에서 벗어나려고 한글을 만들었으면 한글을 쓸 일이지, 위정자들은 속국 사람 노릇을 하느라고 한자만 썼다. 그리고 여전히 온 나라를 더러운 한자로 싸 바른 채 놔두었다.

모든 문화살이 양식을 한자로 나타내려고 한다. '나라 다시 세우기 으뜸 모임'이라고 하든지 '나라 되살리기 모임'이라고 하든지, 하다 못해 '나라 재건 으뜸 회의'라고 해도 되는 것을 '국가 재건 최고 회의'라고 한자로만 해야 직성이 풀리는 족속들이다.

문화관광부에 '말글 정책과'도 있을 법 하다.

우리는 지난날 성도 이름도 중국 버릇 따라 한자로만 적을 수밖에 없었다. 한글이 생겼으면 곧바로 한글로 지어야 했다. 그러나 이제 겨우 호적에 이름만은 한글로 올릴 수 있게 되었다. 그래도 성은 절대로 안 된단다. 그래서 우리말 '궉' 씨도 '鳳' [봉] 자의 음을 바꾸어 올리고 있다. 얼마나 기막힌 속국 노릇인가.

서양 사람들은 한자 아닌 제 나라 말로 성과 이름을 지어 써도 아무렇지도 않다. 우리도 한자 아닌 우리말로 성과 이름을 지어 써야 하는 것이다. 세계 어느 나라가 제 나라 말을 놔두고, 남의 나라 말로 성과 이름을 짓는가.

일본은 한자로 짓되 제 나라 말로 읽으니까 문제가 다르다. 우리도 호주 제도도 바뀌어 어머니 성을 따른다거나, '남궁, 서문, 황보' 들 겹성도 있고, 이미 '이김, 박최, 정조' 들처럼 부모 성을 아우른 성씨도 나타나니, 우선 성을 '저이(伊) · 오얏리(李) · 다를이(異), 나을유(兪) · 버들류(柳) · 곳집유(庾) · 이길류(劉)'라고 해 보면 더 똑똑해질 것 아닌가. '버들류 성룡, 이길류 대치'라고 하면 성이 뚜렷해진다.

우리는 휴전 회담 때 중국 대표가 한글을 싫어한다고 우리말 '널문이'를 한자말 '판문점'으로 만들어 준 일이 있다. 속국이 아니고서야 어찌 이럴 수가 있는가.

우리나라 길이름도 그렇다. 큰 길에 '로'를 붙이고, 작은 길에 '길'을 붙인다. 우리 한글 위에 한자를 놓으려는 중국 속국 사람들의 짓이다. '로'를 없애 버리든지, 구별해 쓰려면 큰 길에 보란듯이 '길'이나 '큰길' 또는 '거리'를 붙이고 작은 길에 '로'를 붙여야 한다.

우리에게는 '나라'라는 완전한 말이 있다. 중국에서는 '국가'(나랏집)라는 억지말을 만들어 '나라'라는 뜻으로 쓰기로 했다. 우리와는 상관없는 일이다. 그런데도 우리가 완전한 '나라'보다 병신말 '국가'를 더 많이 쓴다.

그러고서 중국이 '고구려'를 자기네 소수 겨레 나라라고 하며 '고구려사를 왜곡'한다고 무슨 낯으로 대들 수 있는가.

우선 '나'부터 찾자. '한나라'를 '한國'으로 적더라도 신성한 '한'을 엉뚱한 '韓'으로 더럽히지 말고 한글로만 적고, 땅이름도 '마포'를 '삼개'로 하듯 우리말로 바꾸고, 사전에도 쓰이는 우리말을 넣고 안 쓰이는 한자말을 줄이고, 성도 우리말로 짓고, 우리나라를 한글나라로 만들어서 우리말을 받들어 우리가 남의 나라 속국이 아니라는 것을 보여 줘야 한다.

　우리가 한글이 없을 때 중국 한자의 신세를 졌으니, 인제 그 빚을 갚아야 한다.

　중국에서도 간체자나 로마자를 쓰는 것보다는 한글을 쓰는 것이 훨씬 낫다.

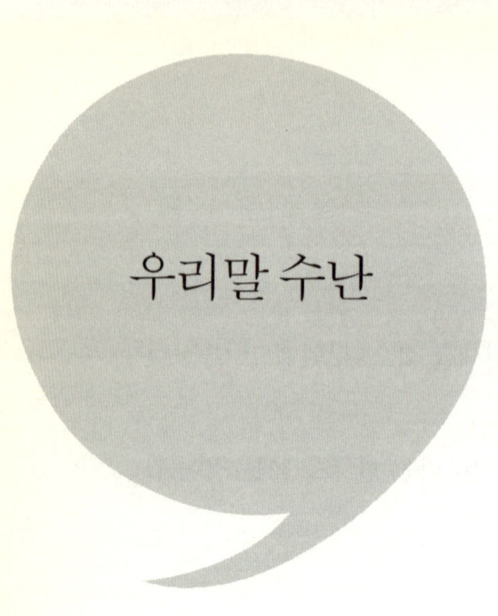


땅이름도 처음에는 모두 우리말이었다.

'고구려'를 《한서》에 '高駒麗', 《구당서》·《신당서》에 '高麗', 《삼국지》에 '高離·藁離·豪離', 《고려사》에 '句高麗', 《삼국사기》·《대동운부군옥》에 '句麗'라고 적었다. '高·藁·句·豪·高句·高駒·句高' 들이 같다는 것이다. 어째서 '고·구·호·고구·구고'가 같을까. 그것은 한자의 뜻과는 상관없이 그것들이 '크·크·크·크크·크크'를 적은 것이기 때문이다. 다른 풀이가 없다. '고구려'는 한자와 상관없이 "크고 큰 나라"라는 뜻의 우리말 '크크리'를 적은 것이다. 이 경우 '麗'는 "고울 려"가 아니고 "나라이름 리"다. 우리는 버리고 있는데, 일본에는 이 '리'가 살아 있다.

'미추홀'은 옛조선 때 말이다. '미'는 '물'의 옛말이고, '추'는 그 'ㅊ'이 지금의 사이시옷 구실을 했다. '홀'은 고구려 때까지 쓰인 '골'의 옛말이다. 그래서 '미ㅊ골'→'미ㅅ골'인데, 지금 말로는 '물ㅅ골' 곧 '물골'인 것이다.

그것이 고구려 때에는 '매소현'으로 바뀌었다. '매'는 '미'와 같이 '물'의 옛말이고, '소'는 역시 사이시옷, '현'은 '골'(고을)의 한자말이다. 이 때부터 우리말이 한자의 침략을 받기 시작했다.

후기 신라 경덕왕 때에는 '소성현'으로 바뀌어 완전히 한자말화 한다.

고려 때에는 '경원군'·'인주'·'경원부'로 불리다가, 조선 때에 '인천군'이던 것이 현재에는 '인천 직할시'로 하다가 '인천 광역시'로 되어 우리말은 흔적도 없어져 버렸다.

다만, 백제 때의 '임실' 한 곳만 바뀌지 않고 우리말 "임의 마을[主谷]"이란 뜻으로 지금까지 불려 내려오고 있다. 오직 '임실' 한 곳만 남고 땅이름이 모조리 한자말로 바뀌어 버린 것이다.

신라 때 벼슬이름 '뿔한'(높은 우두머리)도 '각간(角干)'처럼 뜻으로 옮겨 부르고 말았다.

숫자도 '온(백), 즈믄(천), 골(만), 잘(억), 울(조)' 들이 '온'은 '온갖', '골'은 '골백 번'에나 박혀 있고, '즈믄'은 '즈믄 해'처럼 살아나는 것 같기도 하나, '잘'과 '울'은 한자에 밀려 완전히 사라져 버렸다.

부름말도 'father'가 '아버지'니까 'grandfather'와 '한아버지(큰 아버지)→할아버지'로 맞아떨어진다. 그렇다면 《번역 소학》(1518)에 증조모를 '한할마님'이라고 했으니까 'great - grandfather'는 '한할 아버지', 'great - great - grandfather'는 '한한할아버지'일 텐데, '증 조부', '고조부'라는 한자말에 밀려 없어져 버렸다. 또 'son'이 '아들' 이면 'grandson'은 '할아들', 'great - grandson'은 '한할아들', 'great - great - grandson'은 '한한할아들'이라든지 아니라도 무엇인 가 우리말이 있었을 텐데, '손자', '증손자', '현손'이라는 한자말에 밀 려 없어져 버렸다.

우리는 흰옷 겨레라 수건도 '낯수건, 땀수건, 땟수건, 머릿수건, 먹수건, 목수건, 무명수건, 물수건, 발수건, 세숫수건, 손수건, 약수건, 털수건' 들과 '감잡이'까지 그 수가 많다.

중국에는 '따진(무릎형겊), 링진(목도리), 마오진(수건), 서우진(손수건), 웨이진(솔), 터우진(머릿수건), 페이진(행주)' 들 '진(巾)'이 몇 개 있을 뿐이다.

우리는 '모욕'을 자주 한다. 옛 글에 "모욕:《훈몽자회》(1527)·《광주천자문》(1575), 모욕감다:《구급간이방》(1489)·《본문 온역이해방》(1542), 모욕하다:《박통사 언해》(1677)" 들처럼 '모욕'이란 말이 있었고, 1930년대에 그 말을 쓴 기억이 있다.

그런데 우리 국어 사전들은 '목욕(沐浴)'으로 바꾸고, 우리말 '모욕'은 없애 버리는 추세다.

우리말을 없애는 것만이 아니라, 없는 한자말을 만든다.

일본에서 한자를 쓰는 것은, 그들도 우리처럼 글짜가 없었으니까 당연하다.

그러나 일본에서는 한자를 쓰되, 그 한자를 '春'을 "하루"라고 읽듯 거의 일본말로 읽으니까 상관없다.

우리는 한자를 쓰면 '春'을 "봄"이라고 우리말로 읽지 않고, '춘'으로만 읽는다. 이것이 우리말을 없애는 빌미다. 그러니까 '봄철'도 '춘계'나 '춘절'처럼 한자말로 하는 것이다.

일본에서 '툰드라'를 '凍土'라고 옮겨 쓴다. 우리는 '언땅'이라고 하면 그만이다. 그런데도 우리 사전에는 '언땅'은 없고 필요 없는 '동토'만 올라 있다.

우리말에

"언 발에 오줌 누기"

라는 말이 있다.

그것도 그대로 놔두지 않는다. 기어이 '동족방뇨' 라고 한자말로 바꾸어 사전에 실었다.

그 '동족' 은 있는 것도 아니고, 우리말 '언 발' 을 그렇게 만든 것이다. 우리 사전에 올림말로 '동족' 은 있어도 '언 발' 은 없다.

'언 붓' 을 없는 '동필' 로 만들어 싣는가 하면, '언 떡' 도 '동병' 이라고 만들어 싣는 사전도 있다. 물론 '언 붓' 도 '언 떡' 도 우리 사전들에 없다.

우리 사전 엮은이들은 우리말을 한자말로 바꾸려고 갖은 꾀를 다 부린다.

'暫時' 라는 말에 '間' 을 붙여, '잠시' 와 '暫間' 을 그 '잠시간' 의 준말로 한다. 그래 놓고 '잠간' 을 우리말 '잠깐' 의 원말로 한다.

'常事' 앞에 '例' 를 붙여 '例事' 와 '상사' 를 그 '예상사' 의 준말로 한다. 우리말 '예사' 가 '例事' 로 둔갑하는 과정이다.

우리말 '골똘하다' 도 그대로 두지 않는다. 쓸데없이 '골독(汨篤)' 이라는 헛것을 만들어 그 원말로 한다.

우리말 '야단' 과 '법석' 도 '야기요단' 이라는 헛것을 만들어 그 준말로 '惹端' 이라는 헛것을 만들어 내고, '들 법회' 나 '바깥 법회' 라고 할 것을 '野壇 法席' 이라고 꾸며, 그것이 우리말 '야단법석' 이라고 둔갑시킨다.

우리말 '지금' 도 중국의 '只今' 과는 상관없다. 중국에서는 '今時,

當今, 方將, 方在, 卽今, 如今, 現今, 現時, 現在, ……’ 들로 쓰는 모양이다.

그런데 우스운 것은, ‘至于今’(지금까지)을 만들어 그 준말로 ‘至今’이라는 헛것을 이끌어 낸 것이다. 그래 봤자, 우리말 ‘지금’과는 뜻이 다르다. 우리는 그 말을 쓴 일이 없고, 우리에게는 ‘아직, 아직껏, 여태, 여태껏, 입때, 입때껏, 지금까지, 지금껏’ 들이 있다.

이런 식으로도 우리말을 없앤다.

일부 한자에 젖은 무리들은 우리말이 없었다고 미리 못을 박고, 어떻게 해서든지 우리말을 한자말로 바꾸려고 애쓴다.

마치 한자가 없으면 우리는 말도 못 하는 그런 어리석은 겨레였던 것처럼 여긴다.

우리는 한자가 없을 때에도 ‘굴’에서 살았는데 우리말 ‘굴’이 한자말 ‘窟’이라고 시털구털 우긴다.

우리는 한자가 없어도 ‘어굴’한 일을 당한다. 그런데도 뜻도 다른 한자말 ‘억울’이라고 우겨 우리말 ‘어굴하다’를 없애 버렸다. 우리말 ‘어굴’에 걸맞은 한자말은 ‘억울’이 아니라 ‘원굴, 억원, 원억, 원왕, 원분, ……’ 들 얼마든지 있다. 그것들의 소리가 ‘어굴’이 아니니까 뜻은 달라도 소리가 같은 ‘억울’을 ‘어굴’이라고 우기는 것이다. ‘어굴하다’라고 가만히 놔두면 누가 잡아가나.

지금도 그런 버릇은 남아 있다. 한자말만이 아니라 일본말도 만들어 싣는다.

우리말에 ‘강턱’이란 말이 있다. 1980년대까지 우리 사전에 싣지 않고, 그 대신 일본에도 없는 일본말 ‘고수부지’를 만들어 실었다. ‘고

수’는 일본에서 쓰는 한자말이고, ‘부지’는 “터”라는 뜻의 일본말 ‘시키치’를 한자로 적은 찌꺼기다.

‘강턱’을 일본에서는 ‘고수부지’라고 하지 않고 ‘가와시키(치)’라고 한다.

민중서관《국어대사전》부터 ‘아연인낭평판’이란 것이 실렸다. 그런 말이 있는 것이 아니라, 우리말 ‘골함석’을 일본말로 풀이한 “아엔비키 나미히라반”을 한자로 적은 것이다. 낱말이 아니라 설명인 것이다. 그것이 지금에도 친일 국어 사전에는 못쓸 말이라는 표시도 없이, 쓰지도 않고 필요도 없는 것을 ‘아연도평판’이라고 싣고 있다. 이것은 일본에도 없는 일본식 말이다. 일본에서는 ‘나미도탄’이라고 할 것이다.

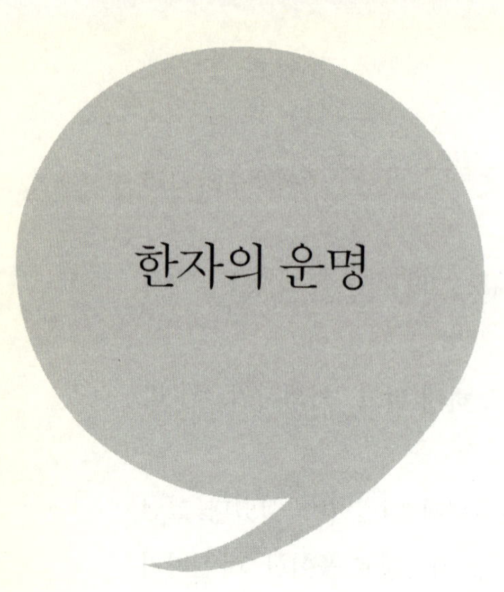


중국 한자 개혁은 한자가 생기면서부터 있었다. 그 간체자가 갑골문, 금석문, 소전, 예서, 해서에도 있고, 당·송 이후에도 발달하고, 태평천국(1851~1864: 홍수전들이 중국 광시성에 세웠다가 이홍장들에게 망한 나라) 때에는 실용하기도 했다.

20세기에 들어서는 1900년에 왕자오(왕조)가 닿소리 50개, 홀소리 12개, 성조 4개로 2,000음절을 적을 수 있는 '관화 합성 자모'를 발명하고, 1918년에 '주음 자모'(닿소리 21개, 홀소리 16개)를 공표했다. 지금 한국·일본에서 한자 사전들에 한자 음을 나타내는 '주음 부호'라고 쓰이고 있는 것이 바로 그것이다.

루페이쿠이(육비규)는 1921년에 정리 한자의 의견'을 냈고 첸쉬안퉁(전현동)은 1922년에 '감생 현행 한자 필획안'에서

"문자를 표음으로 바꿔 쓰는 것은 근본적으로 해결하는 방법이고, 필획을 줄이는 것은 일시적 해결 방법이다."
라고 했다.

그 뒤 1926년에 '국어 로마자 병음 방식'이 발표되고, 1928년에 '국어 로마자'가 공표되고, 이어서 '송·원 이래 속자보'(1930), '국음

상용자회' (1932), '간자 표준표' (1934), '간체자보' (1935), '간체자전' (1936), '상용 간자표' (1936), '간체자표' (1937)들이 나왔고, 1941년에는 '중국자 라틴화 운동 연표'를 펴내 로마자 운동이 계속되었다.

중국 한자 없애기 운동은 지배 계급 사회에서는 시대 요구에 따라 줄기차게 이어졌으나, 뜻밖으로 농민들의 반대에 부딪혔다. 먹고 사느라고 한자를 배울 겨를이 없어 문맹 상태인 농민들은 자나 깨나 언젠가는 한번 배워야겠다고 역사 이래 대대로 별러 오는데 한자를 없애다니 안 될 말이라고 버틴 것이다.

공산 정권이 들어선 뒤에도 '제일비 간체자표' (1951)를 공표한 데 이어 우위장(오옥장)이 1955년 4월에

"한자 표음화 이전에 간체화해서 쓰는 데 어려움을 줄일 필요가 있다."

고 했고, 1956년에는 '한자 간화 방안'을 공표했다. (곧, 간체자는 한자 로마자화의 준비용임을 밝힌 것이다.)

1958년 중국 베이징에서 '중국 문자의 개혁'이라는 영문 소책자가 나왔는데, 그 책에 저우언라이(주은래)의 '중국 문자 개혁에 관한 당면 과업'이란 글이 실려 있다. 그 글에 다음과 같은 대목이 있다.

"…… 한 가지 남은 의문은 중국 한자의 운명이다. 우리는 모두 한자가 지울 수 없는 공헌을 역사에 남긴 것에 대해서 동의한다. 한자가 앞으로도 영구히 변함없이 살아남을 것이냐, 원래의 형체에서 변할 것이냐, 또는 표음문자에 의해서 대체될 것이냐, 그 대체 문자가 라틴문자일 것이냐, 또는 그 밖의 어떤 표음문자일 것이냐, 우리는 거기에 대해서 성급한 결론을 내릴 필요가 없다. 문자의 변천에서 실증하는 바와

같이 어떠한 언어도 과거에 변했고, 또 장래에도 변할 것이다. …… 인류의 언어 발전 추세는 모든 언어가 서로 접근하다는 것이며, 그것은 드디어 각 언어 사이에 커다란 차이가 없어질 때까지 계속된다."

중국 문자 개혁 위원회는 1964년에 '간화자 총표'를 펴냈는데, 2,238자 가운데 '簽·須' 두 자가 겹쳐 2,236자를 수록했고, 1986년에 공식 발표했다. 중국에서는 '鞦韆' (그네)을 버리고 '秋千'으로 적는다. 이 '秋千'이 [츄첸]이라는 음을 나타태는 것처럼, 간체자는 뜻이 없는 소리 적기 노릇을 한다. 그 뒤에도 760여 자 더 간화하려다가 그만 두었다.

그러는 한편 로마자를 일부에서 실용화하고 있다. 약상자에도 중국 베이징 동인당에서 만든 '동인 우환 청심환'이란 한자 옆에 중국음 [퉁런 뉴황 칭신완]을 로마자 'TONGREN NIUHANG QING - XINGWAN'으로 적고 있다.

중국 과학원 어언 연구소 사전 편집실에서 엮은 《현대 한어 사전》 앞 표지에도 아래쪽에 한자로 책이름을 적고 그 위쪽에 로마자로 'XIANDAI HANYU CIDIAN'으로 적고 있다.

그 뒤 사전들의 한자 벌임 차례도 획순이 아니고 로마자 A B C 차례로 '一'이 아닌 '阿' 자가 맨 처음에 나오고, 낱말마다 로마자(한어 병음 자모)로 음이 달려 있다. 저우언라이가 말한 대로 한자가 소리글짜(간체자, 로마자화 방안)로 대체되고 있는 것이다.

중국에서 쓰고 있는 한어 병음 적기는 1986년에 유엔에서 채택한 것인데, 대만에서는 2000년 10월 7일에 통용 병음 적기를 채택하여 2001년부터 소학교에서 가르치고 있다. 두 안이 비슷하지만 '興, 大

龍'을 중국에서는 'Xing, Dalong'으로, 대만에서는 'Sing, Dairung'으로 적는다.

1990년부터 유네스코가 해마다 주는 세계 인류의 문맹 없애기 공로상 이름이 세종대왕상(King Sejong Literacy Prize)이다. 이 상을 1995년에는 9월 8일에 에콰도르 농촌 여성 문맹 없애기 모임과 중국 부녀 연합이 받았다.

지금 중국에서는 한자를 없애고 간체자를 쓰고 있다. 그래서 경제가 살아나 산업 물결이 우리를 쫓고 있다. 간체자는 한자 같지만 실제로는 한글과 같이 뜻이 없는 소리글짜다. 우리는 그것도 모르고 중국이 버린 번체자를 붙들고 있는 것이다. 제 글짜 놔두고 한자를 쓰자고 하니 깔보고 동북공정이 날름거린다.

1984년의 일이다. 일본에서 강연할 때 칠판에 '猥褻'이라고 적었더니 초등·중등 교사 850명이 "와!"하고 탄성을 질렀다. '외설'이라는 한자를 쓸 수 없다는 것이다. 그것은 중국도 마찬가지다. 인구 13억이라지만, 1억이나 알까 12억은 모르는 상태다.

실제로 중국 말글살이에서는 '외설'을 한자로는 몰라도 그 음을 로마자로 적은 'weishie'로는 안다.

한자의 운명은 리진시(여금희)가 1950년 11월 5일에 광명일보에 보낸 글에서,

"언제가는 없어지되, 언제까지도 두지는 못해

잠깐은 꼭 남겨 두되, 갑자기는 없애지 못해"

라고 한 바 있다.

우리는 1960~1970년대에 한글 전용으로, 한자 배울 그 시간에 살

궁리를 하여 잘 살게 되었다. 20세기를 보내면서 한자를 끌어들여 경제가 흔들린다니 안타깝다.

우리 한자 문제는 국민 전체의 문제가 아니다. 일부 필요한 사람만 따로 간체자나 가르치고 배우면 된다. 그리고 결국에 가서는 로마자보다는 비교도 안 될 만큼 한글이 나으니까 중국에서도 속으로만 앓으며 산업 스파이만 보내지 말고 한글을 쓰도록 깨우쳐 주어야 한다. 저우언라이가 말한 "라틴문자(로마자) 아닌 표음문자"는 한글일 수밖에 없다.

옥스퍼드 대학교가 1990년대에 합리성·과학성·독창성을 기준으로 세계 글짜 가운데 으뜸으로 꼽은 한글이, 지금 디지털 문명 시대에 걸맞게 컴퓨터나 손전화 글짜판에 입력하기도 쉽고 빠르다.

어느 나라 말이든지 어느 나라 글짜보다도 훨씬 많이 적어 나타낼 수 있는 한글을 쓰면, 중국에서도 그냥 문맹의 씨가 마르고, 앞선 문화 강대국이 될 것이다.

## 우리 말글의 갈길 — 정재도의 말글강좌

정재도 지음/ 신국판/ 반양장 528쪽/ 값 23,000원

50여 년에 걸쳐 우리 말글살이의 길잡이가 되어온 저자가 단순히 남의 나라말, 고쳐야 할 말을 골라내는 것이 아닌 스스로 올바른 말글살이의 방법을 터득할 수 있도록 엮은 우리 말글 지침서. 270여 항목을 〈낱말상식〉, 〈바로잡기〉, 〈말 다듬기〉, 〈말글 산책〉의 다섯 갈래로 나누어 담고 있으며 말글에 대한 궁금증을 다양한 보기와 함께 쉽고 재미있게 풀고 있다.

## 우리말 바로쓰기 사전

김정섭 엮음/ 신국판/ 반양장 1135쪽/ 값 43,000원

우리 말살이에서 흔히 틀리게 쓰기 쉬운 말과 잘못 쓰는 말투를 바로잡는 길잡이로 만든 사전이다. 뜻이 비슷하면서 쓰임새가 다른 말, 소리가 비슷하면서 뜻이 다른 말, 모양새가 비슷하여 헷갈리는 말, 뜻을 잘못 알고 쓰는 말, 말이 되지 않는 말 그리고 다른 나라 말투를 닮아서 비뚤어진 것을 신문, 잡지, 방송 그리고 여러 가지 책에서 가려내어, 고치고 바루어 우리말을 바로 알고 바로 쓸 수 있도록 돕는다.

## 말꽃 타령

김수업 지음/ 신국판/ 반양장 247쪽/ 값 12,000원

김수업의 우리말 사랑 이야기를 담았다. 1장에서는 우리 이름씨 낱말의 속살을 깊숙이 들여다보고, 2장에서는 학문을 우리 토박이말로 하는 것이 겨레를 살리는 길임을 주장한다. 3장에서는 나랏말을 갈고 닦는 것의 중요성을 강조하고, 4장에서는 사람들이 알아듣기 쉽고 깨끗한 말을 주고받는 세상 만들기에 대해 이야기한다.

## 배달말꽃 — 갈래와 속살

김수업 지음/ 신국판/ 양장 616쪽/ 28,000원

순수한 우리말로 우리 문학을 연구하는 것을 평생의 업으로 여겨온 김수업 선생의 국문학 개설서. 한국문학의 바탕을 새롭게 가다듬으면서 우리 말꽃(문학)의 이름을 뭐라고 불러야 마땅할 것인가, 그리고 속살(내용)이 어떠한지를 살펴서 그것들을 어떻게 갈래지어 볼 것인가를 밝히고 갈래(장르)에 따라 하나씩 그것들의 속살을 세월의 흐름에 따라 살피고 있다.